臺灣歷史與文化研究輯刊

二三編

第2冊

近代東亞格局轉變中的臺灣（下）

李 理 著

花木蘭文化事業有限公司

國家圖書館出版品預行編目資料

近代東亞格局轉變中的臺灣（下）／李理 著 -- 初版 -- 新北市：
花木蘭文化事業有限公司，2023〔民112〕
目 4+172 面；19×26 公分
（臺灣歷史與文化研究輯刊二三編；第2冊）
ISBN 978-626-344-194-1（精裝）
1.CST：臺灣政治 2.CST：臺灣問題 3.CST：臺灣史
733.08　　111021712

ISBN-978-626-344-194-1
9 786263 441941

臺灣歷史與文化研究輯刊
二三編　第二冊　　ISBN：978-626-344-194-1

近代東亞格局轉變中的臺灣（下）

作　　者　李　理
總 編 輯　杜潔祥
副總編輯　楊嘉樂
編輯主任　許郁翎
編　　輯　張雅淋、潘玟靜　美術編輯　陳逸婷
出　　版　花木蘭文化事業有限公司
發 行 人　高小娟
聯絡地址　235 新北市中和區中安街七二號十三樓
　　　　　電話：02-2923-1455／傳真：02-2923-1452
網　　址　http://www.huamulan.tw 信箱 service@huamulans.com
印　　刷　普羅文化出版廣告事業
初　　版　2023 年 3 月
定　　價　二三編 13 冊（精裝）新台幣 38,000 元　

近代東亞格局轉變中的臺灣（下）

李理　著

目次

上冊

前　言 …… 1
　一、美國是日本對外擴張的幕後黑手 …… 2
　二、美國支持日本出兵征討臺灣 …… 3
　三、割斷朝鮮與中國的宗藩關係 …… 4
　四、趁法軍侵臺而占釣魚島 …… 5
　五、清政府被迫割讓臺灣 …… 6
第一章　中國古籍中記載的臺灣 …… 9
　一、從南島語族的起源看臺灣與大陸的關係 …… 9
　二、考古學證明大陸與臺灣關係密切 …… 13
　三、古籍所記載的臺灣與大陸的關係 …… 17
　小結 …… 21
第二章　臺灣島與中華王朝連接的開始 …… 23
　一、大明帝國的行政因海盜涉足到臺灣本島 …… 23
　二、沈有容驅逐在臺倭寇——臺灣納入中國防禦體系的開始 …… 25
　三、對臺灣原住民確切記載——陳第的《東番記》 …… 30
　小結 …… 33
第三章　漢民族在臺灣的落地生根 …… 35
　一、顏思齊、鄭芝龍等人早於荷蘭人來到臺灣 …… 35
　二、荷蘭統治同期鄭芝龍對臺灣的控制與開發 …… 37
　三、荷、西統治臺灣時期的評價 …… 40
　小結 …… 42
第四章　中華體制在臺灣的建立——明鄭政權 …… 45
　一、鄭成功對臺灣的收復 …… 45
　二、漢民族文化體制在臺灣的初建 …… 49
　三、怎樣評論鄭成功收復臺灣 …… 52
　小結 …… 58
第五章　清統一臺灣納入版圖的國際法意義 …… 61
　一、施琅統一臺灣是中國歷史上最大規模的跨海戰役 …… 61
　二、「棄留問題」的真實意涵是治臺策略的討論 …… 65

三、新時期重新評價施琅統一臺灣的重要性……68
小結……74
第六章　朝貢體系下的朝鮮與日本……77
一、以中國為中心的朝貢體系……77
二、典型朝貢體系的代表——朝鮮……79
三、東亞傳統體系中的特殊成員——日本……84
四、琉球國與日本薩摩藩的異常關係……87
小結……90
第七章　近代條約體系對朝貢體系的衝擊……91
一、近代條約體系的特點……91
二、近代東亞國際體系轉型期……93
三、中日在接收國際法時受容的差異……94
四、日本對近代國際體系的受用……100
小結……108
第八章　列強挖朝鮮皇家祖墳強迫其開國……111
一、列強欲挖國王「大院君」祖墳強迫朝鮮開國……111
二、美國要求朝鮮開國的「舍門將軍號」事件……115
三、美國借「舍門將軍號事件」武裝入侵朝鮮……118
小結……127
第九章　「羅妹號事件」的處理及所帶來的歷史影響……129
一、「羅妹號事件」的處理及影響……130
二、美國公使德朗向日本介紹「臺灣通」李仙得……139
三、副島種臣與李仙得的兩次會面……145
小結……153
第十章　美國人教唆日本利用「難船」事件出兵臺灣……155
一、「山原號難船事件」的原貌……155
二、美國駐京公使教唆日本利用「難船」事件出兵臺灣……165
小結……169
第十一章　美國幫助日本謀劃出兵臺灣……171
一、美國人「臺灣通」李仙得的雇入……171

二、李仙得為日本政府提出的侵臺策略…………177
小結……………………………………………184

下　冊

第十二章　日本密謀強行出兵中國臺灣…………187
一、「臺灣蕃地處分要略」的提出………………187
二、李仙得助力下的「討伐生蕃之作戰計劃」的出臺……………………………………………191
三、英國為首的諸外國干涉反對日本出兵臺灣…198
四、美國公使交涉反對日本出兵………………202
五、西鄉的強行出兵……………………………206
小結……………………………………………209
第十三章　日軍對臺灣原住民的剿殺……………211
一、日軍登陸後對原住民的剿殺………………211
二、西鄉從道在戰地對清官員搪塞式的談判……216
三、清政府欽差潘蔚與西鄉從道的再交涉………227
小結……………………………………………230
第十四章　釐清「中琉」關係的《北京專約》…231
一、確保「義舉」出兵為目的清日談判…………231
二、英國公使威妥瑪調停………………………240
三、大久保搬弄國際法威懾中國………………242
四、大久保脅迫中國以賠償換撤兵……………249
五、清政府妥協以撫恤換撤兵…………………252
六、承認出兵為保民「義舉」北京專約簽訂……260
小結……………………………………………263
第十五章　吞併琉球——朝貢體系開始瓦解……265
一、日本實質斷絕「中琉」的藩屬關係…………265
二、設置沖繩縣完成吞併「琉球」………………271
小結……………………………………………278
第十六章　日本偷竊中國臺灣的「釣魚島」……279
一、釣魚島在歷史上與「琉球國」沒有關係……279
二、日本現存竊取中國釣魚島的資料……………285
三、1885 年日本欲竊取釣魚臺群島的歷史………288

四、日本「竊占」釣魚島群島 …………………… 296
小結 ………………………………………………… 299
第十七章　法國侵入臺灣及粵桂滇三省勢力範圍的攫取 ………………………………… 301
一、中法戰爭 ……………………………………… 301
二、法國入侵臺灣及臺灣建省 …………………… 303
三、法國覬覦海南島及粵桂滇三省勢力範圍的攫取 ………………………………………… 305
四、法國強租廣州灣 ……………………………… 309
小結 ………………………………………………… 313
第十八章　甲午戰爭中日本強迫清割讓臺灣 …… 315
一、日本對臺灣的野心 …………………………… 316
二、日本謀取割讓臺灣 …………………………… 319
三、攻占澎湖以強制割讓臺灣 …………………… 321
四、西方列強對割讓臺灣之態度 ………………… 324
五、馬關談判中割臺之議 ………………………… 328
六、簽約前國內的反割臺 ………………………… 333
七、《馬關條約》對現今東亞格局的影響 ……… 336
小結 ………………………………………………… 339
結　語 ……………………………………………… 341
參考文獻 …………………………………………… 343

第十二章　日本密謀強行出兵中國臺灣

1871 年 7 月，日本實施「廢藩置縣」，佔領著琉球北方五島的薩摩藩改為鹿兒島縣，琉球的歸屬問題，成為明治新政府必須解決的問題。正當日本無計可施之時，發生了「山原號難船」事件，薩摩藩士建議出兵征討臺灣番地，兼以明確琉球的歸屬問題。日本以換約並賀同治帝親政為名，派副島種臣等赴中國，以求「討伐生蕃」之口實。清官員不知日本此行之真意，對臺灣番地答以生番「乃化外之野蠻」〔註 1〕。日本將之篡改為「化外之地」，為出兵臺灣找到藉口。此後日本加緊征臺之準備，但由於事情洩露，諸外國均反對日本出兵。

一、「臺灣蕃地處分要略」的提出

1873 年 7 月 26 日，副島種臣自清返回日本後，加緊鼓吹征臺事宜，但當時征臺論沒有在政府內部形成共識，因留守閣員皆為「征韓派」。而此時又恰逢赴美歐考察二年之久的岩倉考察團返回日本，政府內部也出現了「內治」與「外征」路線鬥爭，即所謂的「大陸派」（征韓論）與「內治派」的論爭。

大陸派的代表人物，主要是留守的主張征韓的西鄉隆盛、副島種臣、板垣退助、江藤新平、後藤象二郎及桐野利秋等人。而內治派為北門經營論（樺太問題解決論）的黑田清隆、（木夏）本武揚，南門經營論的大久保利通、大隈重信、岩倉具視，純正的內治派木戶孝允及井上馨等。〔註 2〕

征韓論也可說是一種武斷的外交論，因此從某種意義上講，征韓派就是所

〔註 1〕（日）《柳原鄭両書記官清國総理衙門官員ト応接書》，JCAHR：A03031119000。

〔註 2〕（日）清沢列：《外政家としての大久保利通》，東京：中央公論社，昭和十七年，第 49 頁。

謂的對俄強硬派。而內治派中的北門經營論，也主張在樺太問題上有所作為。這些人物中，岩倉具視地位最高，故雖基本不表明自己的立場，但他明確表示反對征韓，不反對征臺。而握有重權的大久保利通，是現實主義者，他也反對征韓，認為此時日本染指大陸，將陷入長期戰爭，這必然使俄羅斯坐收漁人之利。

另外，在明治初年，由藩閥轉變而來的明治重臣，其對外意見，亦難於跳開各自所屬藩屬的利益。故「內治」與「外征」的路線鬥爭，也關係到長州藩閥與薩摩藩閥大久保利通、大隈重信、西鄉隆盛等人的權力之爭。長州由於對馬島的淵源，與朝鮮有很深的關係，故對朝鮮問題非常關心。而薩摩由於貿易的關係，與琉球相近，故對南方的諸問題感興趣。而大久保、西鄉、大隈、黑田等人，均出自薩摩藩。明治維新後，由於「廢藩置縣」，使琉球的歸屬，成為必須面對的問題。

另外，「廢藩置縣」使一些士族武士失去了世襲的俸祿，而全民徵兵令的實施，又能使他們推動了當兵打仗的特權。西鄉隆盛對士族抱以深刻的同情，提倡征朝鮮，意圖用對外戰爭解決內政壓力。

1873 年，正院閣議針對征朝論進行辯論，結果演變成為政爭，史稱「明治六年政變」。最後天皇支持內治派，西鄉隆盛、江藤新平等大陸派悉數辭職下野。這導致 1874 年 2 月 1 日～3 月 1 日的「佐賀之亂」〔註 3〕。

長州征韓派江藤新平等不滿征韓派被大久保利通等內治派壓制，起兵造反，期望西鄉在鹿兒島舉兵，板垣在高知舉兵，九州、四國的士族群起呼應，雖然叛亂最後被壓制下去，但軍隊內部不滿情緒十分高漲。面臨嚴重的內亂，大久保通等人開始考慮以「征臺」之役，解決琉球的歸屬，並轉移國內的不滿情緒。

日本出兵臺灣的主要原因，究竟是為解決琉球的歸屬，還是為了轉移國內的不滿情緒，筆者認為應為解決琉球歸屬為主。

〔註 3〕1874 年 2 月 1 日，以曾任參議的江藤新平為首領的舊佐賀藩士二千數百名在佐賀揭起了反對新政府的旗幟，其出師的主要名義是指責對朝鮮的軟弱外交，打倒現政府，恢復舊的朝議制度，大大地發揚皇威。2 月 4 日，太政官命令陸軍省出動附近鎮臺。反政府軍 16 日燒掠了佐賀縣廳。大阪、廣島、熊本各鎮臺的軍隊，擊敗反政府軍，28 日奪取了反叛分子的根據地佐賀城。對於抓獲的殘餘分子，大久保迅速將其所有幹部處於極刑。史稱佐賀之亂。http://baike.baidu.com/view/1123312.htm。

首先，1609 年薩摩藩大將樺山久高入侵琉球後，薩摩藩便佔據了琉球北方的四個島嶼，並控制琉球的對外貿易，以琉球的統治者自居。「廢藩置縣」後，琉球的歸屬問題隨薩摩藩變為沖繩縣而浮上檯面，本身出生薩摩藩的大久保利通，出於維護薩摩藩的利益，當然希望琉球的歸屬問題早日解決。

其次，大久保利通為平定「佐賀之亂」之亂的領導者，儘管在短期內順利地鎮壓了叛軍，但安撫士族需要一個過程，而此次反抗意識最強的薩摩士族，由於西鄉隆盛的原因，並沒有跟起，大久保利通不得不考慮，怎麼安撫薩摩藩士的不滿情緒，而琉球歸屬問題，是由薩摩藩提出的，故以出兵臺灣來明確琉球之歸屬，必定得到支持。

筆者的推斷在清沢洌的《外政家大久保利通》中，被明確證明，該書明確說明出兵臺灣的目的是為「解決琉球歸屬的必要」〔註4〕。

而此時，赴臺偵察的樺山資紀，也派兒玉利國及成富清風等回國，向大久保報告了偵察臺灣的情況。兒玉利國還向海軍大臣勝安房提出「征臺建議書」，詳細地介紹了臺灣番地的情況。另外，在 1873 年以假畫家身份遊歷臺灣的福島九成，也提出了「臺灣偵察報告書」，認為日本可輕而易舉地征臺，並取得臺灣這塊土地。

出於以上種種原因，本不占主流意見的「征臺論」，因琉球歸屬的迫切性，開始被大久保等人重視起來。

1874 年 1 月 18 日，日本召開內閣會議討論征臺問題，正式確定征討臺灣番地。26 日，大久保利通和大隈重信被任命為臺灣朝鮮問題調查委員。30 日上午，大久保與兒玉利國會談，估計「征臺」的費用；下午與李仙得、大隈、柳原前光、鄭永寧等召開會議，聽取李仙得的意見。2 月 2 日再次與李仙得等會談。〔註5〕

而此時又發生了「佐賀之亂」，為轉移國內矛盾，日本政府加緊了各項征臺準備。2 月 6 日，大久保利通、大隈重信於內閣會議上提出了「臺灣蕃地處分要略」，其內容如下：

> 第 1 條　臺灣蕃地，為清國政府政權所不逮之地，其證據在於從來清國刊行之書籍，特別是去年前參議副島種臣使清之際，清朝官員之回答，可以判其為無主之地。就我藩屬琉球人民之殺害而報

〔註 4〕（日）清沢列：《外政家としての大久保利通》，第 52 頁。
〔註 5〕（日）《大久保利通日記》下卷，東京：北泉社，1997 年，第 234～236 頁。

復，實為日本帝國政府之義務，討蕃之公理，玆亦得大顯。然而這一行動，實際以討蕃撫民為主，因此只可以讓清國生來一些議論而已。

第 2 條　應派出公使使京，備公使館，辦理交際事宜。清朝官員若問琉球之屬，即照去年出使之口實，言琉球古來為我國之所屬，並明示現今沐我皇恩之實際。

第 3 條　清朝官員若以琉球遣使獻貢之故，發兩屬之語，我方可不顧為佳，蓋控制琉球之實權已在我帝國，且欲止其遣使獻貢之非禮，須等臺灣處分之後，為此目的則不可空口與清政府辯論。

第 4 條　清政府如對臺灣處分提出異議，則我方確守去年之議，堅持以蕃地政權不逮版圖為證據。若以土地相連之故而生議論，則以和言辯之。其事件如涉至難，可將此質詢本邦政府，惟推託而延時日，既能成事而又不失和，此為謀交之術也。

第 5 條　蕃人之地雖看作為無主之地，但與清國版圖犬牙交錯，必因鄰境關係而產生矛盾，所以應在福建省所屬臺灣廈門港，設置領事一人，兼轄淡水事務，當征蕃之時，可辦理有關船隻往來諸事。另外，亦可擔當臺灣處分之際與清國地方官之接洽，以保護和好為長策，也可任命視察清國之某人為領事。

第 6 條　領事不參與蕃地之征撫，這樣關係明確，維持和好也。如果事情至重，可將其轉為北京在勤公使。

第 7 條　福州雖為福建省之一大港口，臺灣征討之便路，應以臺灣及淡水為要地，且福州有琉球館，應暫時放棄，以避嫌疑。

第 8 條　應先派 6 人到臺灣，進入熟蕃，偵察地勢，且懷柔綏撫當地土人，他日征討生蕃時，可方便諸事。

第 9 條　偵察之要地，要注意熟蕃之地琅嶠社寮之港口，為預定士兵登陸，偵察地勢及其他停泊登陸之便利等諸事。〔註 6〕

從以上「要略」內容分析來看，日本出兵臺灣的藉口，是因為臺灣番地為「無主之地」。而「無主之地」成立的理由有兩個，一個是清書籍上沒有刊行過，另一個最重要原因為清政府官員之回答。而清官員的回答，在日本資料中

〔註 6〕（日）《大久保大隈兩參議蕃地処分要略九ヶ條上申》，JCAHR：A03030099800。

白紙黑字在寫著「化外之野蠻」〔註 7〕。日本將屬人性的說辭，篡改為屬地性質的「化外之地」，顯然就是為出兵的尋找藉口。

另外「要略」還聲言，琉球古來為日本所屬，此次征臺灣番地，實為日本帝國政府之義務。這道出兵征討臺灣的實質，是借助出兵事宜，割斷與中國的所屬關係，向全世界表明琉球為日本所屬，同時，並佔領臺灣番地，與清政府分線而治，最後佔領整個臺灣。

同時，海軍省的兒玉利國提出了「蕃地事宜建言」〔註 8〕，提出開拓、建築、完備等諸方面所需要之費用，內閣會議就出兵等進行議論，最後決定征臺。3 月 9 日樺山資紀等被派往臺灣，作為先行的偵察與接應者。

二、李仙得助力下的「討伐生蕃之作戰計劃」的出臺

在日本政府準備出兵之際，李仙得更加活躍。他於 3 月 13 日向大隈重信提出第 22 號「覺書」——《論生蕃略有後設置統轄官、制定其權限並施行之政令》〔註 9〕，他強調日本「征臺」的真正目的雖然在於殖民，但表面上必須以「問罪」和防止「生蕃殺人」為藉口：「目前所計劃之編成遠征人數之最上策，本人陳述意見以前，先表明日本政府應著眼於在臺灣島土人中，欲悅服於我者應加以馴服，反抗者應加以壓制，最後促使全部土人開化，並於鎮定後使該等土人有益於自身及日本。且到達彼地時，應非常謹慎注意勿使清人或其他外國人生起猜妒之心，暗地裏妨礙我所為。且遠征之真正目的雖然在於日本兼併土著所轄之臺灣一部分，但表面上應著眼於僅僅問罪牡丹社人，並防止其將來再造惡業而已。」〔註 10〕

為了達成佔領整個臺灣之目的，李仙得提出必須將以下事情做為必要條件：

> 應請清人封鎖（blockade）之停泊場。而該停泊場位於牡丹領地之西北部，為清國管轄地內。日本可對牡丹正西方之加洛堂至社寮間，長約六十公里之地內，可停泊小船之四處港口，各派三十人之

〔註 7〕（日）《柳原鄭両書記官清國総理衙門官員ト応接書》，JCAHR：A03031119000。
〔註 8〕（日）《海軍省八等出仕兒玉利國蕃地事宣建言並開拓建築守兵等諸費積書》，JCAHR：A03030099900。
〔註 9〕（日）《李仙得ヨリ大隈參議ニ呈スル第二十二號覚書》，JCAHR：A03031119400。
〔註 10〕（日）《李仙得ヨリ大隈參議ニ呈スル第二十二號覚書》，JCAHR：A03031119400。

小隊加以封鎖，並佔據之。其港口位於清領地之外邊。與豬勞東社酋長統治之土人與東海岸之卑南人種進行談判，當我征服牡丹社時，使其協助我方，提供嚮導及援兵。或以兵力，或與土人談判後，應佔據現尚未經他國人管轄的北緯二十四度三十三分之東海岸岬角附近，並設武裝殖民地。

完成上述事情後，征服牡丹社人或其後，日本政府再平定臺灣島，此乃身為一開化國應佔據其島之必要。目前並無其他國佔領，幸好日本軍駐紮於其地，故公告將留軍隊於此地。且為裨益於全世界，而應公告由日本帝國兼併臺灣島土人之領有地。〔註 11〕

李仙得不但為日本出兵提供了具體的操作，而且還就雇用外國人，批評了封閉的日本政府：「日本皇帝政府極不願頒給外國人（以日本國民）等級待遇，此為我所熟知之事。根據我曾使人翻譯之神道一書而明白其道理。其書中曰：『且我國自古向萬國採用各種事物，此事猶如居於高位之貴人自身並不營作一切事物，唯命令臣下庶民製作後採用一般，又如運作視聽言動等機能之耳目口鼻等器官生在一頭上，為下方胸腹四肢之根本一般。此為我邦國體雄冠於萬國之緣故。』然而此說可謂是固陋陳腐之說。若採用外國人作為臣隸，且使其認為極下等卑賤地位之方法來進行時，則外國人將斷然不肯擔其職務。若當成日本人之友，並與日本人同等而任用時，則即使是有氣骨之外國人亦絕不會拒絕就任。」〔註 12〕

李仙得還就華生、克沙勒（Douglas Cassel）及曼遜（Dr. Patrick Manson）的雇用進行了建言。並提出具體的出兵時間：「待準備工作完善時，就應出兵。而若欲於本年內將事情辦妥至某種程度時，最遲也應在三月底前出兵。否則至十一月，氣候將變得寒冷，且在臺灣海面東北季風吹來以前，將無法成就這項偉大事業。……若能於本月底出發，以我想來在五月底前遠征之分隊將可紮營於社寮，且可於東海岸佔據三處地方。若不得已至十一月討伐牡丹社人，不久將由日本兼併臺灣島土著之所有領地。」〔註 13〕

〔註 11〕（日）《李仙得ヨリ大隈參議ニ呈スル第二十二號覚書》，JCAHR：A03031119400。

〔註 12〕（日）《李仙得ヨリ大隈參議ニ呈スル第二十二號覚書》，JCAHR：A03031119400。

〔註 13〕（日）《李仙得ヨリ大隈參議ニ呈スル第二十二號覚書》，JCAHR：A03031119400。

3 月 15 日，李仙得發電報與美國政府交涉日本雇用美海軍少校克沙勒（Douglas Cassel）一事，獲得美國政府的同意。明治政府也接受李仙得的建議，以每月五百美元雇用了美國人克沙勒和華生。〔註 14〕

3 月 20 日，他受西鄉的委託，交涉雇用在廈門洋行的醫師曼遜（Dr. Patrick Manson）為翻譯。他以日本政府代理人的身份，與美國商人磋商購買武器彈藥合同，還打電報到廈門，斡旋雇用美國船隻「紐約」號及在廈門購買軍糧等事宜。〔註 15〕另外，他還向日本政府提供了 1872 年 3 月美國海軍繪製的「社寮」附近港灣地圖，以及航海和氣象方面的情報。〔註 16〕

31 日，他向西鄉從道提出第 23 號「覺書」——《論各艦發航順序及李氏以下外國人著手方法》，詳細說明出兵計劃，並建議日本政府盡快讓克沙勒去廈門，接曼遜醫生前往社寮，雇用漢語翻譯官，裝載煤和其他在日本不易得到的物品，做好一切準備工作。他本人與總督將搭乘「紐約」號赴臺，親自與土人交涉，並提出安營紮寨之地，及如何恫嚇臺灣人民之策。其內容如下：

> 第一，應盡速將克沙勒少校要搭乘之一艘船送至廈門，接曼遜醫生前往射僚，雇用清國人通譯官，裝載煤炭及其他在日本不能得到之物品，作好一切準備工作。（克沙勒少校之忠告書上記載：該船應為コルロタ號。由於コルロタ號僅次於タホル號，最適合在東海岸執行所定計劃之故。且有必要僱用布朗氏或其他技巧熟練者，使其只暫時於其船內工作。此事我曾於與李仙得將軍談話時陳述過。）該船搭載曼遜醫生前往射僚，並公告謂，日本派大軍前來，把所有土人及混血種族殺光，以作為曾於二年前殺害日本人民之處罰。且為使紐約號及其他運輸船所載軍隊登陸而進行準備，上述軍隊之紮營處可選擇射僚附近。（克沙勒少校之忠告書上記載：必須建造三百人之堡壘及準備器具，此當然是不可忘記之事。這些器具可由先出發之コルロタ號載運過去，且該船載運為建造人員及軍需品、登陸地點防禦用簡單沙袋至少五千個。）且由於上述公告將使臺灣人民恐懼，以及若依照上述公告而實際執行時將會為人民帶來災禍，對於這兩件，曼遜醫生就在人民面前表現出深感同情之態度。並應向

〔註 14〕（日）《米人トクトルマンソン傭入ノ儀》，JCAHR：A03030100200；《米人ワッソン陸軍省ヘ雇入並給料下渡ノ儀》，JCAHR：A03030100400。
〔註 15〕（日）《李氏書翰》，JCAHR：A03030069300。
〔註 16〕藤井志津枝：《近代中日關係史源起》，第 102～103 頁。

上述人民表示，我將搭乘裝載軍隊之最初運輸船到來之事，已以書面寄送給我。

第二，四月十八日紐約號裝載二千五百名士兵，此外，運輸船裝載其餘人員及大砲彈藥等軍需品，熊本出發。我將與總督及其附屬軍官一同搭乘紐約號，如此則於四月二十八日大軍達社寮時，由總督下令命建設軍營，並應於社寮、車城等地的山谷等處建造堡壘，以防禦土人突襲。

第三，我抵達社寮後，將告訴混血人種說將有二萬五千名士兵從日本開來，且若上述混血人種協助已上陸之軍隊討伐牡丹社人時，則日本士兵將不會再上陸。而上述混血人種及統治豬勝束社人之土人將可成為日本之協力者。當我進行這些事時，克沙勒少校將與曼遜醫生一同前往卑南，對當地土人實施我所作之同樣策略，且可於卑南設置軍事殖民地。所有該氏於東海岸之舉動，應視與我談判之人民是否達成我計劃之情況而定。此外，將砲艦一艘送往ポンリー，應由該船指揮官接待清國官吏，並請該清官轉告當地人民勿協助牡丹社人。且各砲艦依照第二十二號備忘錄第二項所記，應佔據車城至社寮間小船停泊處。（克沙勒少校忠告書謂：為進行上述工作，應使用中等大船一艘或二艘為佳。）

第四，達成上述各事務後，則依照第二十二號備忘錄第四項所記，由克沙勒少校指揮於東海岸設殖民地一處或數處，且於其殖民地所在處觀察貿易上之可能發展，則可洞察臺灣島之財源如何。

第五，在日本先設大本營，上述遠征人數因疾病死去等原因而減少時，則可送出援兵以補缺。若社寮人民及豬勞束社領地之人民不協助日本時，則先前估計一千八百人之人數不足，必須要三千人。

第六，且必須準備妥快船及電信線等與日本通信之設備。此外，日本領事官若不停留於臺灣、廈門、福州時，就必須拜託邦交國領事處理日本之事務。如此當必須與清國地方官吏應對時，將可獲得極大便利。

第七，至於執行此計劃時應如何決定所需用之船隻種類及其他有關船隻之各種事務，則請參考此備忘錄中所記之克沙勒少校之忠

告書，以及我所提出之備忘錄第十五號為禱。〔註17〕

4月3日，大隈重信上奏明治天皇征臺。4日便設立了臺灣蕃地事務局，陸軍少將西鄉從道升為中將，並出任蕃地事務都督。〔註18〕大隈重信出任臺灣蕃地事局長官。陸軍少將谷干城、海軍少將赤松則良為參軍。〔註19〕

5日，太政大臣三條實美向西鄉頒布三條敕旨，授全權以討伐臺灣番地：「一、問殘殺我國人之罪，並應施以相當處分；二、彼若不服其罪，並應施以相當之處分；三、應訂定有效防制之法，致使爾後我國人至彼地時，不再遭受土人殘害。」〔註20〕

從此條敕旨內容來看，日本已經將琉球作為本國的領土，將琉球漂流民做為日本人。顯然這是接受了李仙得等人的建議，並事實上開始代表「琉球國」處理外交事務。但這種做法，是「琉球國」政府未知，更沒有授權下的一種非法行為。

同日，太政大臣三條實美又頒布了「給西鄉都督的十項特諭」，其內容如下：

一、著重點應在對服從之土人，要儘量以恩惠懷柔綏撫之，但若有抵抗不服者，則可以兵威壓制之。

二、平定後要逐步誘導土人，使其走向開化，最終的目的應在於使土人與日本政府間興起有益事業。此情形時，應詳細上奏與清國政府之關係及後來之利害等事宜，並請求指示。

三、於彼地開始進行時，應注意勿引起清國人及其他外國人猜忌之念，而妨害我之所為。

四、若清國政府提起異議時，應不予處理，並答謂：此事應與我駐北京公使商議。

五、著手之際，可權宜雇用清國人及其他外國人。

六、應注意於一行官員中勿使滋生絲毫不和事情，每事必協同商量。

〔註17〕（日）《李仙得ヨリ西鄉大輔ニ呈スル第二十三號覚書》，JCAHR：A03031119700。

〔註18〕（日）《西鄉陸軍大輔へ中將昇任宣旨並事務都督達》，JCAHR：A03031120000。

〔註19〕（日）《大隈參議へ事務局長官穀陸軍少將赤松海軍少將へ事務參軍達》，JCAHR，A03031120100。

〔註20〕（日）《西鄉都督へ勅旨三條》，JCAHR，A03031120300。

七、若讓李仙得輔佐時，則應諮議其想法，並由其懷服土人，並令其執掌應對清國地方官及其他各國領事事宜。

八、應注意辨明蕃地與清國管轄地犬牙交錯之界線，勿使彼生我方侵略之嫌疑。

九、於此地另設事務局，命令布告等皆由此通知，故凡一切申請報告等專皆應經由本局上奏。

十、應注意各種費用務必從簡節約，勿有濫冗之弊。

除上述條款以外，小事則自己決行，大事則應上奏請命。〔註21〕

從十條特諭內容分析可以透露出幾點信息，首先是三條實美得到征討命令的信息或許只是臺灣番地部分，不是臺灣全境，故有「應注意辨明蕃地與清國管轄地犬牙交錯之界線，勿使彼生我方侵略之嫌疑。」之語。第二，「應與我駐北京公使商議」的說法，明令出征軍沒有與清政府或臺灣地方交涉之權，這就將「軍事侵略」事件，改變為「單純」的外交事務。第三、反映出李仙得在臺灣出兵中的重要作用。

4月8日，三條實美又給駐清公使柳原前光頒布了內敕，就出兵事宜進行內命：

明治四年十一月我琉球人民漂流至臺灣蕃地，遭土人劫殺者有五十四名。又六年三月，我小田縣下備中淺江郡居民佐藤利八等四名漂流至岸，亦被當地土人掠奪衣類財物，其一再施暴情況具實如是。其土人分占蕃域，負隅逞暴已久，然而清國政權不逮，任其化外放肆，此事由前些年美國政府所為便可知曉。去年派遣全權大使副島種臣使清換約之際，曾提及此事。根據清國大臣之答覆，其此情形是證據確實的。若棄之不問，將後患無窮。現施行膺逞之意，在於教化野蠻而安良民，非故意開釁隙於鄰國。爾等作為公使駐清之際，若論及此事，宜以此意回答。

如上所語，清國政權未逮蕃地，且蕃人對我國人民施暴，故現我務必行安民之義，豈管他國是否有異議？但蕃地與清國府縣之地接壤，恐生矛盾。雖然尋常事務歸於我方派遣之理事官負責，但若事涉重大，則依據公使之職，予以關切辯論，始終保護兩國之和好友誼。

〔註21〕（日）《西鄉都督へ特諭十款》，JCAHR：A03031120400。

琉球藩自古為我所控御，既已受冊封，而服政化。至於向清國朝貢以求經營貿易一事，尚未脫離舊有窠臼。若提及前事而有疑義時，須辨明該藩從前歸服於我之證例，故不可滋生事情涉及屬何國之枝節小題。〔註 22〕

同時，三條實美還任命李仙得為蕃地事務局準二等出仕，赴臺灣蕃地擔任輔導都督之職、福島九成少校為首任駐廈門領事。〔註 23〕

4 月 10 日，天皇親自召見李仙得、克沙勒等外國雇傭兵，特別賜給李仙得一把武士刀。

西鄉從道向日本郵政蒸汽船公司租用了明光丸、有功丸、妊婦丸、成妙丸四艘汽船。〔註 24〕隨後又雇用了美國郵政公司的「紐約號」。〔註 25〕另外還租用明光丸等兩船以運輸煤炭。〔註 26〕

日本陸軍省在三月末，也制定出非常詳盡征討計劃，分為「討伐生蕃的步驟」及「討伐生蕃的作戰計劃」。〔註 27〕「討伐生蕃的步驟」具體內容如下：

一、已經快速下達出兵命令；

二、將在東京準備好的諸件，分給各官員，以便其瞭解具體情況；

三、海陸軍出兵者一律加俸，將官以下，曹長以上將加常俸的五分之三，以下的將加常俸的四分之三；

四、大本營諸官在各自地方，徵募殖民兵至長崎熊本鎮臺下；

五、分任各事務的諸官，整備完畢後快速至長崎會合；

六、長崎會合後，將共同出兵臺灣，計劃在車僚港上陸；

七、軍隊上陸後，馬上尋找合適地點，建立大本營根據地；

八、召募當地清人懂蕃語人數十名；

九、遣使至臺灣府，告之征蕃事由，請求其斷絕與生蕃的來往及物品的交換；

〔註 22〕（日）《柳原公使へ內勅三條》，JCAHR：A03031120700。

〔註 23〕（日）《外務省ヨリ李仙得職務條約等ノ儀往復》，JCAHR：A03030100700。

〔註 24〕（日）《駅逓僚へ明光丸外三艦西海運航ノ達並郵船會社各船入費積書》，JCAHR：A03030100800。

〔註 25〕（日）《汽船紐育號傭入條約ノ儀》，JCAHR：A03030101100。

〔註 26〕（日）《明光丸外二艦西海運航申付ニ付石炭積入ノ儀工部省併小野組郵船會社へ往復書》，JCAHR：A03030101300。

〔註 27〕（日）《主蕃進討ニ付処分ノ條件》，JCAHR：A03030101200。

十、在車僚南北一線的幾個熟蕃聚居地，派殖民兵一隊或半隊將其佔據，禁止其與生蕃進行往來交易；

十一、派殖民兵半隊，佔據生蕃東北岸的土蕃卑南；

十二、分派各地的殖民兵，不論官級與年紀，要多考慮當地土人利益，以求得和諧；

十三、上記各項確立後，生蕃將成為孤立之勢，再進兵對生蕃進行征討問罪，如不快速服罪，就將之全部誅滅，不留遺類。〔註28〕

日本政府此時已經秘密做好出兵侵略臺灣的各種準備，西鄉從道擔心夜長夢多，於4月9日，率領日進號、孟春號等軍艦，由品川港開往長崎港。

三、英國為首的諸外國干涉反對日本出兵臺灣

隨著日本「征臺」秘密準備工作的不斷擴大，外界也開始確切地知道日本政府並未放棄征臺計劃，這引起了各國駐日使節的高度關注。4月9日，英國公使巴夏禮（Harry S. Parkes）向外務大臣寺島宗則查問此事。〔註29〕

巴夏禮公使詢問日本出兵臺灣一事，是否徵得中國的同意。他還對此事可能給英國與臺灣貿易造成的影響等表示了強烈擔憂：「世間風傳貴國有大批軍隊及兵糧已運往臺灣，並於於各開放港口租賃各國船艦，我方代貴國政府向外國船艦中介人打聽，他們亦似乎不知貴國政府欲將上述軍隊、軍糧運往臺灣何處港口。上記這樣的租船事實，明顯是有重大的事項，且發生在臺灣的各開入港口。在臺灣各港口我國人民擁有不少貨物及相關利益，故詢向閣下貴國政府派兵前往該島究竟是為何緣故？已運送軍隊及外國船舶之名稱為何？將達到港口或地點為何地？此事為必須馬上注意之事項，請於明天下午會見時，以書面詳細答覆為禱。」〔註30〕

寺島不得不特意給公使回信，並與公使會晤，就出兵臺灣問題進行公式化的說明，就美國顧問李仙得的作用及雇用英美兩艘船舶運送軍隊及兵糧物資的必要性進行通告：「我政府派遣官員等赴臺灣地方，乃因我明治四年十一月及六年三月我國民漂流至臺灣蕃地時，遭到劫殺，或被掠奪衣服財物，蒙受極

〔註28〕（日）《主蕃進討ニ付処分ノ條件》，JCAHR：A03030101200。

〔註29〕（日）《英公使ヨリ寺島外務卿へ兵隊臺灣へ出発云々來柬》，JCAHR：A03031121000。外務省調查部：《大日本外交文書》第6卷，第23～24頁。

〔註30〕（日）《英公使ヨリ寺島外務卿へ兵隊臺灣へ出発云々來柬》，JCAHR：A03031121000。

苛酷之對待。此土蕃為清國政權所不逮之地，故仿傚美國政府遣使處理之例，我政府也派出官員做出懲罰之行為，以制止此惡行，以保證今後我國民航海之安全。在行使上述處分時，為預防土蕃番人之暴行，故而送出警察士兵等人，且為運輸事宜而租賃外國船艦，它們駛向臺灣蕃地社寮港。」〔註 31〕

11 日，俄羅斯公使也向日本政府明確提出照會，提出「今後至再公告前，禁止自身或俄國船隻為日本政府從事以出兵臺灣為目的的工作。」〔註 32〕西班牙等國公使也向日本政府就出兵臺灣一事進行詢問。〔註 33〕

13 日，英國公使再次向日本政府發函就出兵臺灣之目的進行質問，明確表示如果日本與中國發生軍事衝突，英國將嚴守中立：「已經瞭解到此次貴政府出兵臺灣，乃傚仿美國政府之先例，以貴國並無管轄權之該島上的土蕃對貴國人民施以苛酷之事由，來懲處土蕃的想法及原因。但就我本人所知，尚未有其他與清國訂定條約之諸外國，派出與貴政府此次這樣數量的軍隊出兵到臺灣，本人不知貴國與清國之間具體交涉事宜，也不知道清國政府對於如此軍隊究竟作何對策。因此貴國政府若雇用我國船舶或人民前往臺灣時，我雖不認為貴政府會與清國政府敵對，且清國政府未做任何表示之前，我國人民參與此次行動，由貴政府承當對清國之責任，此事請閣下明確告知我。不過貴政府在此事上，若已如實通告清國政府則無妨，但若清國政府欲對抗前述軍隊時，就不得不盡速召回參與此次行動之我國人民。敬請閣下瞭解為禱。」〔註 34〕

次日寺島回信辯解說：「雖然沒有通報清國政府，但去年清政府對我公使明確回答蕃地乃政令教化不逮之地。」〔註 35〕

英國公使巴夏禮又於 16 日第三次向日本外務卿寺島宗則提出照會，對日本政府所提出的臺灣番地「不逮」之說進行了反駁，「該地方是否是在清國政

〔註 31〕（日）《寺島外務卿ヨリ英公使ヘ我官員等臺灣社寮ヘ発遣云々復柬》，JCAHR：A03031121100。

〔註 32〕（日）《魯公使ヨリ同國人民ヘ臺灣一件ニ付布告書》，JCAHR：A03031121200。

〔註 33〕（日）《同上（上野外務少輔伊公使臺灣事件応接書）西班牙公使臺灣事件応接書二通》，JCAHR：A03030113400。

〔註 34〕（日）《英公使ヨリ寺島外務卿ヘ局外中立ノ趣意來柬》，JCAHR：A03031121400。

〔註 35〕（日）《寺島外務卿ヨリ英公使ヘ我官員等臺灣社寮ヘ発遣云々復柬》，JCAHR：A03031121100；多田好問，《岩倉公実記》（下），東京，原書房 1968 年復刻版，第 137～139 頁。

府管轄之外，我本人並不十分瞭解。但我本人曾在清國逗留二十多年，一直認為臺灣全島都為清國政府所有，而實在難以理解貴國政府以何理由確定其非清國政府所有？故貴國政府又以何種理由認為此次出兵之地在清國政府的管轄之外？」〔註36〕並警告日本不得出兵，以促使日本正視諸外國的干涉。

17 日，巴夏禮又透過橫濱英國使館的報紙《每日前鋒報》以「日本出兵臺灣」公開要求日本政府就出兵臺灣之目的進行說明，並對美國駐日公使支持出兵臺灣提出了明確的批評：

> 我輩前先報導日本征伐臺灣一事以來，再未再獲得更為詳細的消息。由於其處置方式異常曖昧，除了說明將派船隊赴臺灣以外，日本政府沒有陳述一件可以令人相信之事，故認為日本政府有必要將出兵臺灣之目的明確告知世人。
>
> 臺灣即福爾摩沙，是在中華帝國之境界內，此為無庸議論之事實。若派兵登陸和親國之土地，預先兩國之間要訂有約定而表示互相同意，否則，則為侵犯他國之領土。吾輩也聽說臺灣蕃民有這樣罪行，而若日本人將此事訴諸清政府時，清政府的答覆不對臺灣蕃民的所為負責，則允許日本人隨意求償，若未能獲得賠償，則同意可以對其進行懲罰。但日本政府沒有及時公告此事，且於數次接待外國公使時，亦不明確告知此事。在此事尚未明之前，為避免日後的困擾，堅守局外中立為外國公使之職務。由於出兵他國領土將成為戰爭之起源，故除非有政府之公告，其處置才不被視為含有敵意之行為，然而東京政府之日誌、北京政府之日誌，都沒有進行例行通告。
>
> 清國政府對偏遠領地的管轄並不嚴厲，以致無法充分行使其威權，導致當地民政府難以確立對其領地的主宰。且俄羅斯逐漸蠶食其北境，他們無法進行抗拒，此為吾人所知之事。然而，日本與俄國相比較，其大小強弱固不可同而語。清國允許強大俄國自由行動，但恐怕不會給弱小之日本這樣的便利。北京對日本出兵臺灣究竟持何種態度，目前沒有可靠消息。但日本出兵之目的決不僅止於懲罰一、二蕃民而已，而是想要佔據島之東部並永遠對它進行殖民。日

〔註36〕（日）《英公使ヨリ寺島外務卿ヘ臺灣地方清國管轄云々復東》，JCAHR：A03031121600。

本這樣的舉動，（若言）清國政府不介意，則吾人實無法相信。雖說可以蔑視清國人，但現今日本政府就遣兵臺灣，派遣使至北京進行巧言辯解也不能說服中國政府。即使日本無奪取土地之意，其所行為異於常理，試以類似之例而論，新愛爾蘭島為屬英國，島上有『毛利人』的人種，其名譽上為英國所管轄，但實際上則隨其自治，英國政府從不在島內實施管理。假如美國捕鯨船於該島海岸擱淺，幸存者遭當地土人殺害時，英國政府雖無力讓土人賠償，就任由美國人出兵登上英國進行討伐毛利人？此問題的答案只有一個，且假定美國人決意征伐而欲租賃運輸船，且不公告美國人征伐之目的，英國也沒有允許美國人之征討，才可能出現允許掛有他國國旗之船隊參與。美國駐日公使賓含雖已經與同僚進行交涉，但在清國與日本兩國政府尚未發布不可欠之公告之時，對於可視為半劫掠之征伐事件上，雖未明白表示允許掛有美國國旗之船艦參與，暗中卻允許其使用。而美國國內政府似乎並不瞭解此次日本征討之目的，否則為何允許其國之官吏為日本政府所啟用來參與征討之行為？既然美國與清國間為邦交之國，如協助他國攻打清國領土，清國可要求其進行賠償。若據日內瓦國際條約，則日後請求仲裁裁斷之時，步英國觸犯及法理外，美國應為第一要犯，實為理由充足。華盛頓曾勸告該國人避開招惹紛爭之結盟，此可謂賢明之舉，但以目前之情形而言，美國人的參與早晚將使其陷入紛爭或失誤之事件之中，日後將導致其追悔莫及。〔註 37〕

次日，英國又在「星期郵報」上，再度批評美國公使，促使美國公使於 18 日向日本表明局外中立，並禁止美國人、船參加征臺。意大利、西班牙等國也發布一切責任盡在日本的局外中立宣言。駐紮在橫濱的諸外國本著各自的目的，紛紛開始發表局外中立，干涉此事。就連沒有船隻在橫濱的俄國，也發表了一項禁止該國船舶受租與參與遠征的聲明。〔註 38〕這說明當時除美國外的諸外國，出於自己的利益考慮，都反對日本出兵臺灣。

〔註 37〕（日）《横浜ヘラルド新聞紙日本兵ヲホルモサニ遣ル云々抄訳》，JCAHR：A03031121900。

〔註 38〕（日）《魯公使ヨリ同國人民ヘ臺灣一件ニ付布告書》，JCAHR：A03031121200。

四、美國公使交涉反對日本出兵

給日本政府最大打擊的還是美國駐日公使賓含（J. A. Bingham）的局外中立宣言。日本政府以「琉球難民事件」為藉口的「征臺」計劃，是參考美國外交顧問李仙得及前任美國公使德朗的意見而形成的。日本方面也一直認為美國方面是瞭解並默默支持的。但 4 月 18 日，美國公使賓含突然拜會外務省少輔上野景范，並請求向日本外務大臣送達附有 4 月 17 日《每日先鋒報》（*Japan Daily Herald*）的信。

賓含詢問上野是否讀過先鋒報所報導的日本政府征伐臺灣的報導，並言：「至今日前我完全不知日本政府征伐臺灣之事。閱讀此報紙後，極為愕然。一般說來，美國政府認為臺灣全島皆為清國所有，且清國政府與美國政府間所訂條約第一條中規定：務必和睦往來，若有其他國家對其有不公平之處置時，清國政府告知美國，美國將會涉入其中協助其調解，以表友誼。現日本政府雇用美船或使用我人民，若我袖手旁觀，即等於違反該條約，反而成為日本幫手。這樣將會產生清政府對我產生不和，甚至求償，使我政府亦不得不對日本政府求償。這將嚴重違背國際公法，破壞彼此親厚之交際，從而釀成嚴重之事端。因此本人實難同意。故擬公開向外務卿聲明應馬上停止本事件中掛有我國旗下之船舶及人民，現已備妥書翰，敬請收閱。」〔註 39〕

上野馬上辯解到：「此次我政府派船艦前往臺灣絕非為了征伐。如閣下所知，我藩屬琉球島民五十餘人漂流彼地，為該島人民所殺害，財貨旅資也全部被掠奪。其後「備中人」漂流至此地，財貨衣服等亦同樣被掠奪，受到最慘酷的待遇。該島位於琉球附近，貴國人等也時有漂流到此地，為使今後不再發生上述的暴虐處置，我政府想與此島民定立條約，故命西鄉陸軍大輔為長官，前往該地。然如前所述，該島民為無知殘暴之眾，因此難以保證不會對西鄉作出舉動，派兵只是保護西鄉而已，這也是為了和親友好，絕不是要討伐，請您充分瞭解此事。」〔註 40〕

從上述內容來看，上野對美國公使公然說謊。日本政府內部已經制定好詳細的出兵征討計劃，上野不可能不知道，在這裡卻說，「絕非為了征伐」，而是要「立約」，以示「和親友好」，並言派出軍隊只是為了保護西鄉。

美國公使並不相信上野的話，馬上追問到「此次行動有無事先與清政府正

〔註 39〕（日）《上野外務少輔米公使ト臺灣一件応接記》，JCAHR：A03031122400。
〔註 40〕（日）《上野外務少輔米公使ト臺灣一件応接記》，JCAHR：A03031122400。

式談判後再實施」、「有發信函及清政府的回信？」上野回答：「去年副島前外務卿全權大使奉命入清之際，曾在北京與清大臣略提及此事，他們的答覆是以臺灣為清政府化外之地。不得已我政府才直接派員前住該島。」「雖沒有信函往來，但我政府此次行動與前些年貴政府於該島的行為之目的是相同的。」〔註41〕

此處上野的回答也值得注意，就是有意將清政府官員所言之「化外野蠻」，篡改成為「化外之地」，並將日本此次的出兵行為，與美國因「羅妹號」登陸臺灣島相提並論。

公使賓含馬上反駁道「此事完全不同。我政府的處理為首先將其事件向清政府正式提出請求，經過充分談判，最後由清政府借與數名士兵而進行的，因此無外國提出異議。然而此次貴政府之處分，既無正式行文向清政府談判之證據，即使只有一名貴國士兵登陸臺灣島，也等於破壞國際公法，在實際上也難保不會發生重大事件。故於此時嚴正拒絕使用我國船舶及公民。先前受雇於貴政府之我國士官，與此次出兵沒有關係，僅是用於國內事務，如此瞭解之下，我政府予以同意，但若用於如此事件時，就不得不加以禁止。總之，請帶回書信，並擬與外務卿會見，請惠覆見面時間。」〔註42〕

從公使賓含與上野的會面談話內容分析來看，賓含作為美國公使，已經意識到問題的嚴重性，他知道此次日本出兵臺灣，完全是殖民臺灣一部或全部，而其主要參謀者即為美國人，而且日本也以美國「羅妹號」登陸事件為例的出兵理由，特別是日本出兵沒有與清政府有任何的知會與交涉，這嚴重違背國際法，若清政府對美國提出異議及交涉，美國將處於極為不利地地位。另外，如果美國對日本出軍臺灣沒有表示，以英國為首的諸外國，也會以美國、日本違反公法，向清政府提出要求賠償意見或單獨向美國提出異議。

賓含在給日本外務卿寺島的信中，向日本政府指出，《每日先鋒報》的報導認為日本「征臺」計劃目的曖昧，其實質是要殖民臺灣島，還認為賓含默認了日本對美國船舶的雇用及美國軍人對日本的協助。賓含在信中明確通告日本政府：「關於此事，若無必要至當之公告，此舉即屬半掠奪之行為。」〔註43〕美國政府尊重美中友好關係：「本人鄭重聲明，絕無參與此次戰爭，或因此次戰爭而傭用美國船隻及美國軍官之談判事宜，即使有二名美國人受雇於貴國

〔註41〕（日）《上野外務少輔米公使ト臺灣一件応接記》，JCAHR：A03031122400。
〔註42〕（日）《上野外務少輔米公使ト臺灣一件応接記》，JCAHR：A03031122400。
〔註43〕（日）《米公使ヨリ寺島外務卿ヘ新聞紙中日本征蕃ノ條款ニ付同國人民並船艦等使役禁制云々來柬》，JCAHR：A03031122000。

政府，亦絕不是為反對任何國家而受雇用，且目前貴國政府對於清國或其他與美國和平之任何國家並無爭鬥之舉動。」同時禁止美國船舶及人員參與出兵行動：「本人想立即知道，貴國政府不論對清國、或其一部分人民、或任何其他國家、或其人民，是否有如本人前所引證之報導所述，歸責於貴政府之發動戰爭的意圖呢？而此事物亦為我政府所關心之事，故請閣下盡快明確告知。若貴政府要進行如此事業，而不為本人所知時，則貴政府不論對清國政府、官員或其國民中之某一部分，為敵對而採取海陸征討行為而傭用我國船艦或國民時，則本人認為以我政府之名義，公然拒絕乃為我的職責。此乃因此種雇用為我政府所禁止之緣故。」〔註 44〕

賓含在此信中一反前任公使德朗支持的態度，明確提出日本此次出兵臺灣是「半掠奪」性的，其真意是要殖民臺灣番地或全島，美國並不支持日本這樣的行為，更以公使身份，表示美國船隻及人員不能參與此行動。

賓含對前任駐日公使德朗支持幫助日本政府準備出兵征討臺灣之事毫無所知嗎？筆者認為這似乎不太可能。德朗將悉知臺情的李仙得介紹給日本政府，還與美國政府及美國駐華公使溝通，使李仙得順利充任「準二等出仕」。李仙得受任日本官職，為日本「征臺」招集美國現役軍人，雇用美國輪船，親自參加日軍的侵臺行動等，都與美國政府有所交涉。而前美國海軍軍官克沙勒雇用一事，還是公使賓含所批准，故賓含說對此事無所知，顯然是說謊之脫辭。

筆者以為在英國報紙揭露之前，美國政府已經知道日本想要做什麼，但一直深藏諱言。而英國報紙將這消息公開，明確提出此行為為美國公使所支持，揭開了美國人參與的事實，將美國推向處於極為尷尬的不利地位。事實上美國知道，臺灣島為中國領土，日本沒有知照清政府就擅自出兵，不符合國際慣例，而現役美國軍人隨軍出征，更是嚴重違反國際法，如果不表示態度，就意味著縱容協助日本的侵略行為。

為了鄭重表達美國的立場，18 日，美國公使會見了寺島外務卿，就日本出兵臺灣一事，進行交涉，再次表明其作為美國公使所代表的美國立場。賓含首先就日本雇用美國人一事進行了辯解：「報紙報導之出兵臺灣所雇用之美國船隻及美國人皆為本人所許可，本人先前允許日本雇用前海軍少校克沙勒之

〔註 44〕（日）《米公使ヨリ寺島外務卿ヘ新聞紙中日本征蕃ノ條款ニ付同國人民並船艦等使役禁制云々來柬》，JCAHR：A03031122000。

申請時，並不知道日本將要出兵臺灣。而根據 1860 年我政府訂立的中立規則，其中規定同盟國與同盟國發動戰爭時，禁止出借船舶及人員參與。基於此原則及我的職責，本人認為所有不妥。」〔註 45〕

寺島進行了辯解說雇用李仙得等並非用於戰爭，且決無與清政府敵對之意，只是要問罪牡丹社，也不會登陸別處。但賓含進一步質問，日本的行動是否獲得清政府的許可，寺島回答副島談判時並未提及派人問罪出兵一事，但清政府說處分無法及於臺灣，上陸地點為清管轄不及之地故不會與清國為敵。

賓含反問說清政府若不同意貴國派人問罪，即可視為是戰爭。並再次強調：「若採取敵對戰爭之時，則與我職務職責有關。我國局外中立之原則，對日本對清國都是一樣適用，日本向清國出兵時，不論對日本還是對清國，我方都不能協助，清國向日本出兵之時，也是相同原則。故嚴格禁止船舶及人員的參與。若將來美國政府因此受到責難時，則為本人未盡職責所致。而此次，若日本有不法發動戰爭時，相信貴政府不會雇用美國人當作日本士兵或美國船隻當為日本軍艦來使用。」〔註 46〕

出兵臺灣是日本明治維新以來最大的軍事行動，李仙得及由他介紹的美國士官和已經簽約的「紐約」號商船都是此計劃不可缺少的重要部分，但由於美國的中立宣言，原來的計劃全部被打亂。出兵臺灣遇到的最大麻煩，就是所需要船舶的租用問題。載有克沙勒和華生的「北海丸」，原定於 4 月 15 日從品川港開赴長崎，因故而推遲。20 日，「北海丸」出發的前一刻，信使帶來美國公使的信函，公使告誡克沙勒、華生不得參與出兵行動。同時太政大臣三條實美也派員傳來信息，「北海丸」先行開到長崎等待指示，但美國公使已經要求日方不得雇用美國人及船隻。

在明治政府內部，也因出兵一事出現分歧。明治維新三傑之一的木戶孝允，是堅決反對出兵的，並於 4 日 14 日提出辭呈，陸軍卿山縣有朋也一度提出辭呈，工部卿伊藤博文也消極響應。在英國、美國公使的強大壓力下，日本政府最高權力者太政大臣三條實美也有所擔心，「我方雖進行種種辯解，但此到底說的在理（指美使質問之語），故即使是外務卿也無回答之語。此外，英國公使謂欲訂有關臺灣處分，若造成英國損失時將會索取賠償之言。另外，各

〔註 45〕（日）《寺島外務卿米公使ト臺灣一件応接記》，JCAHR：A03031122100。
〔註 46〕（日）《寺島外務卿米公使ト臺灣一件応接記》，JCAHR：A03031122100。

國公使也有種種反對意見提出。」〔註 47〕故緊急讓大隈重信通知西鄉從道在長崎待命，並召大隈回京進行商議，並派出權少內使金井之恭赴長崎進行阻止征臺之行動。

同時，三條向大隈重信發出停止啟用美國人及美國船舶的命令：「此案之美國人李仙得等人員及船艦停止航行臺灣。因此次行動相關之事皆委任該人，但如上述情形，此事只能暫時停止，且需要的船艦等也被禁止。此次行動不可能達到其目的，故已經難以實施具體執行。且與清政府的交涉也只有去年柳原大丞應對的辯解。故我政府的理由並不充分，且各國公使都公論臺灣為清國版圖之事是十分清楚的，他們先後提出議論，言我方必須先派使節與清政府協商後再採取行動。故請足下快速回京。事到如今，實際處分實在頗感勞神困難。時機既然已經喪失，也沒有更好的辦法，只好請足下回京。故請早日上京。至於西鄉都督方面，亦須處理好隨行官員、軍隊、各船艦等諸事宜。且由於上述理由，另有委任事項，通知其暫時待命。現已差遣金井內吏通知北海丸回航長崎。此外已通知福島參議抵達長崎後，應遵照你的指令而進退，故請指揮該人之進退為禱。」〔註 48〕

從三條實美的二封信函內容來看，日本自知出兵臺灣的理由並不充分，而且各協約國都表示反對，特別是美國公使的反對，使出兵倚重的李仙得及美國船艦等不能參與此次行動，使日本政府意識到出兵取得勝利可能性極小，故決定放棄出兵計劃。

五、西鄉的強行出兵

日本出兵臺灣的計劃，因各國的干涉而被打亂。本來日本也欲租用英國的汽船「約克夏號」及美國太平洋郵輪「紐約號」。4 月 19 日，太政大臣三條實美派權少內使金井之恭赴長崎召大隈重信回京，並向西鄉從道發出了「出兵延期，等待後令」的電報。西鄉直接回電說「軍兵氣勢高昂勢不可擋」。〔註 49〕

25 日金井到達長崎與大隈會面並通報了各國公使的異議，但西鄉認為「陸海軍氣勢高昂恐難遏制」，與大隈產生了對立。為此大久保利通不得不動身前

〔註 47〕（日）《三條太政大臣ヨリ大隈長官ヘ米公使臺灣一件異論云々覚書》，JCAHR：A03031122200。

〔註 48〕（日）《第三十三號米公使ヨリ寺島外務卿ヘ李仙得外二名臺灣行差留云々來柬》，JCAHR：A03031122600。

〔註 49〕多田好問：《岩倉公実記》（下），第 145～146 頁。

往長崎。

而當日李仙得接到禁止美國人參與遠征活動，同時美國公使還命令美國太平洋郵輪公司不得出租「紐約號」。

「紐約號」噸位龐大，載重量可觀，對遠征的成敗極為重要。日本人包括李仙得本人，也沒有想到友善的、一向支持日本此次行為的美國公使會突然變卦。禁租「紐約號」給日本出兵行為帶來的沉重的打擊，而英國汽輪「約克夏號」也被禁止停靠任一清國的開放港口。〔註 50〕而此時「北海丸」又在赴長崎途中遭遇暴風雨，只好在長崎港內拋錨，於是整個出征計劃為之癱瘓。

但西鄉從道並沒有停止出兵準備行動，他動員各方力量，立即購買了數艘輪船，以代替「紐約號」和「約克夏號」。陳政三在《武士刀下的牡丹花》中記述：「日本總共以一百五十萬六千八百美元（約為四百一十萬日元）購入七艘船，雇用日船四艘，雇用英、法船各一艘，共十三艘。購入的七艘中，有艘法船值六萬美元，改稱為『社寮號』；另艘英船『三角洲號』，以十萬美元賣下，改名為『高砂丸』。」〔註 51〕

筆者沒有查閱到更多的資料，但日本政府緊急調船卻為事實，在「紐約號」及「北海丸」之後，又馬上雇用了「浪花丸」號〔註 52〕，另外，還雇用了英國船「ラツプチック號」。此船 462 噸，150 馬力，可乘人員 30 名。〔註 53〕筆者推斷，此船可能為陳政三所言之英船「三角洲號」。另外，還修繕了「豐瑞丸號」〔註 54〕，雇用了「三邦丸號」〔註 55〕、「天幸丸號」〔註 56〕。

另根據《申報》（七年九月五日）的記載，當時日本出動了戰船四艘、炮船七艘及運兵船五六艘，另外還有兩隻帆船。〔註 57〕可推想出日本當時為出兵而進行的船舶之準備。

李仙得在 4 月 25 日，獲悉美國公使賓含禁止美國人參與征臺事宜，及命

〔註 50〕（日）《西鄉都督ヘニウヨルク號出帆故障申出云々並北海丸関帆之義往柬》，JCAHR：A03030129700。
〔註 51〕愛德華豪士著，陳政三譯，《武士刀下的牡丹花》，第 37 頁。
〔註 52〕（日）《横山租税権助ヨリ浪花丸借上云々來柬》，JCAHR：A03030129800。
〔註 53〕（日）《支局ヨリ英船ラップチッグ號入港來柬》，JCAHR：A03030129900。
〔註 54〕（日）《都督本営ヘ汽船豊瑞丸修繕之義往柬》，JCAHR：A03030130700。
〔註 55〕（日）《林大佐外一名ヘ入港英船並三邦丸乗組中重官云云往柬同件居書》，JCAHR：A03030130800。
〔註 56〕（日）《支局ヨリ浪花丸天幸丸入港來柬》，JCAHR：A03030133800。
〔註 57〕（日）《申報一》，JCAHR：A03030478600。

令美國太平洋郵輪公司不得出租「紐約號」。李仙得聯合克沙勒、華生，發表了共同聲明：

一、賓含公使早在本年三月即已獲日本政府知會本案；

二、賓含公使在三月十五日至電美國政府，力促當局贊成克沙勒少校以休假方式參與遠征行動；

三、不管賓含公使基於何種理由不贊成，但他在行動正式展開後才突然表示反對，已使三人無法及時循正常管道向美國政府表達異議，也使整個行動遭到近乎不可挽救的延遲，迫使日方蒙受龐大的額外財政支出與政治困擾；

四、「紐約號」從東京出發時，賓含公使並未阻攔，但卻在該船由長崎開航時提出黑手，造成兩位美國軍官與近三百名日本軍士官極大的不便。〔註58〕

從李仙得的「聲明」中分析來看，日本政府早就在1874年3月時，將出兵臺灣事宜通報給美國公使賓含，而且克沙勒能夠順利地被日本政府雇用，也是出於賓含公使與美國政府的溝通，這些都說明，美國政府早就知悉日本出兵事宜。而公使賓含出爾反爾，實為被英等國的逼迫使然。

李仙得也回信給美國公使，表示遵守日本的命令：「依照美國法律，本人瞭解對我政府之義務之前提下，本人遵守日本政府之命令。本人受雇用於日本政府，為閣下前任者在職時以其官位強力勸誘才得以擔當的。由此，今天本人才就職於日本。其緣由已經上報給聯邦政府，而現在正遂行其職務。」〔註59〕

李仙得也回信給大隈重信，表示美國公使有不同意見，可視為「政府與該公使之間事情」，表示：「賓含所提出的異議，僅為日本皇帝陛下之政府與美國公使兩者間關係之事件，故本人對此不予置評。」〔註60〕

李仙得先是將美國公使的禁令出示給克沙勒及華生，又把西鄉從道的出發令交予兩人，並將自己的處理方法告訴二人。克少勒及華生也仿傚李仙得，並由李仙得向大隈重信傳達其效命於日本政府的決心。

所以，李仙得對日本出兵征臺的作用就可想而知了。西鄉也是與李仙得商

〔註58〕愛德華豪士著，陳政三譯：《武士刀下的牡丹花》，第36～37頁。

〔註59〕（日）《李仙得長崎ヨリ米公使ヘ日本政府ノ命令ヲ遵守云々復柬》，JCAHR：A03031122800。

〔註60〕（日）《李仙得長崎ヨリ米公使ヘ日本政府ノ命令ヲ遵守云々復柬》，JCAHR：A03031122800。

量之後，於 5 月 2 日由谷干城率大部隊乘「明光」號出發，李仙得幫助雇用的美國人克沙勒及華生等人分別以中校、少校身份隨船出征。這樣，在大久保沒有到達之前，出兵「征臺」即成事實。

西鄉從道迅速租用一艘小汽船「有功丸」。李仙得也於 25 日草擬了 A 案和 B 案兩種「征臺計劃書」給西鄉。〔註 61〕

26 日，西鄉從道、李仙得、克沙勒共同商議，決定美國人克沙勒、華生隨行先頭部隊出發。

4 月 27 日，西鄉命令福島久成率領 270 名士兵乘坐「有功丸」號強行從長崎出發征臺，駛向中國的廈門。此消息是由長崎稅關向蕃地事務局通報的。〔註 62〕而前來阻止出兵的金井內吏只好轉至碼頭為征臺兵送行。日本方面不但沒有再設法阻止西鄉等人的魯莽行為，反而讓各地方調查隨軍出征之軍士名薄，發布命令給予高額的工資和俸祿。〔註 63〕

小結

綜上所述，日本政府在李仙得等人的指導下，出臺了「臺灣蕃地處分要略」，計劃出兵臺灣，最終達到殖民臺灣一部或全部的目的，但在各國反對下，特別是在美國公使的反對下，日本政府決定終止出兵行動。但西鄉從道不顧明治政府暫緩出兵之決定，強行發船出兵中國臺灣，「西鄉暴走」不但開創了日本軍閥跋扈的首例，也奏響了近代日本染指侵略中國的大幕。以上歷史事實，令人深思，出兵臺灣是明治新政府成立後的第一次大規模的軍事行動。但它也是在政府沒有允許，由地方軍閥擅自興起的。這似乎為日本以後的諸多軍事行為，做出了「光輝」的榜樣，更開啟了日本軍國主義對外侵略擴張的第一步。

〔註 61〕（日）《臺灣出兵ニ付手続書》，JCAHR：A03030999500。

〔註 62〕（日）《長崎稅関ヨリ有功丸出港復東》，JCAHR：A03030132000。

〔註 63〕（日）《支局ヨリ渡蕃士官名簿回付往復》、《都督以下日給加俸賄等概表》，JCAHR：A03030132200、A03030132100。

第十三章　日軍對臺灣原住民的剿殺

「有功丸」於 4 月 27 日從長崎出發後，並沒有直接發兵到臺灣，也沒有經停福州拜會閩浙總督當面交遞照會，而是採用迂迴的策略，於 5 月 3 日直接抵達廈門。翌日，拜訪廈門同知李鍾霖，並請他向中國福建總督李鶴年轉送西鄉都督的書信。福島九成並未等李鶴年回覆，大兵於 5 日下午六點出發直接開往臺灣。

一、日軍登陸後對原住民的剿殺

5 月 6 日下午七點左右，福島久成率先頭部隊到達臺灣琅嶠港。7 日，派翻譯官邀請社寮頭目綿仔到船中，與克沙勒一起瞭解當地人的實際情況，之後福島率眾上岸巡視各處並紮營於海岸。7 日，雇用五百多人開始挖掘壕溝及建構堡壘等，在幾天時間裏完成十五餘丁的軍事工事。

10 日上午明光丸、日新艦抵達，與日軍先頭部隊會合。12 日任命車城人林海國為執策。13 號，孟春艦、三國丸抵港。14 日，任命車城人林元竹為軍營掌旗官。

日軍在沒有任何軍事行動的前提下，已經控制了北起風港南至大樹房的全部地區。福島又與美國人克沙勒及華生，共同拜會生番界內的綱社詹姆金，並在其家中招待社貓狸頭人伊薩及豬勞束頭人文傑（此人乃卓其篤之子），商量臨時條約，並同意逐次對卑南牡丹社進行征討之事。〔註 1〕

〔註 1〕（日）《福島參謀ヨリ大隈長官へ兵艦琅キョウ著港土情並別紙筆話其他書類回付來柬附筆話傍訓》，JCAHR：A03031125000。

在日軍安頓下來後，有英國艦船為查看日軍動向而抵琅嶠港，發現了大量琅嶠屬清政府管轄的各種證據，最令福島九成擔心：「惟九成暗自憂心者，琅嶠大約於清朝乾隆時代由中國人開始著手開墾，當時有很多中國人，連其死者的墓碑都刻以清朝年號，尤其是車城南門有道光年間建築的字樣，而在鳳山縣，也有任用當地的土人（即山地人）為經理或生員等的情況」。〔註2〕

雖然當地屬中國的證據十分確鑿，但福島並不甘心，仍然固執地收集清政府政教不及琅嶠的證據。他召集當地人進行交流來獲取情報，並有意識地誘導他們承認番地非清政府管轄，並將其做成口述筆錄。他在購買或租借土地時問道：「在枋寮清國官人姓郭，未知此地田園有租稅嗎？此田園是你們的，不是臺灣府的吧？」〔註3〕「我要買本地數頃田園建築軍營，未知此地是本地人民自行開拓領有的，還是臺灣府的？」〔註4〕還在 5 月 16 日寫給大限長官的信中堅持錯誤立場，向日本政府提供符合「番地非中國所屬」目標的證據。

福島還利用當地人對生番十八社的矛盾，利用當地的熟番來對付生番，並向他們發出信函表明態度：「前年二次我國邊民遇颶，破船漂到生蕃牡丹社，土人剝奪其衣財，戕害其性命，我大皇赫然震怒，敕我輩率兵艦數艘，來問其罪。雖然我輩之意，非悉剿絕生蕃十八社，要降者撫之，敵者殺之。你們能體此意，竭智盡力為我先導到那地，則他日成功之後，我必重報謝你們。今我鎮營則是居民田園，我固不要蕪之荒之，使居民失利，近日將移營於他地，而其園稅則當商議，以酬之。若其墳墓，則我不敢毀傷。且數日前你們見我通事，以陳述事情，我通事漠然不言，勃然發怒，是唯依東西異音言語有所不通耳，你們毋敢疑懼。抑我輩之來襲，禁生蕃之暴，除人民之害，使我漂到之人，免喪財失命之慘，而你們亦得莫大之利也，你們宜寬心領之。」〔註5〕

而當地人曾經受到牡丹番的欺凌，「我弊莊，人丁稀少，每受牡丹番欺凌，無處可投。」〔註6〕所以從感情上來講，很希望能有人替他們懲罰敵手，加之

〔註 2〕（日）《福島參謀ヨリ大隈長官へ兵艦琅キョウ著港土情並別紙筆話其他書類回付來柬附筆話傍訓》，JCAHR：A03031125000。

〔註 3〕（日）《大日本外交文書》（第七卷），第 223 頁。

〔註 4〕（日）《大日本外交文書》（第七卷），第 224 頁。

〔註 5〕（日）《福島參謀ヨリ大隈長官へ兵艦琅キョウ著港土情並別紙筆話其他書類回付來柬附筆話傍訓》，JCAHR：A03031125000。

〔註 6〕（日）《福島參謀ヨリ大隈長官へ兵艦琅キョウ著港土情並別紙筆話其他書類回付來柬附筆話傍訓》，JCAHR：A03031125000。

當時臺灣島與中國大陸距離遙遠，民間和政府間的溝通比較少，普通百姓不可能擁有今天的國家觀和民族意識，所以，無論什麼人只要能為自己提供安全和利益，都不會被拒絕，甚至會欣喜萬分，對其表示感謝。「幸貴國大兵前來征滅，我等莊眾甚喜。但弊莊近山迫海，前年劉鎮臺亦要來征誅，喚我莊人採收路關，豈知路徑已他收乎，並無與牡丹番交戰。收兵回府，致使弊莊已他致恨，今聞貴國欲往剿滅，弊莊等十分喜悅」。〔註 7〕

福島借勢便進行宣傳，「王師討有罪者殺之伏之撫之，你們勿以疑懼」，「征牡丹番人之聖意者，不獨問殺我國人之罪，要使你全島生民，及各州之行旅，長免此患害耳。」〔註 8〕並動員當地番人幫助日本軍隊，「你如欲此舉，乃要東西一齊，同心協力，隨我軍征討牡丹生番，如果這樣，明日同我們，到社寮本營，述你助勢之意可也。」〔註 9〕

福島的此文中還非常值得注意的筆錄，即瑯嶠總理林明國同生員廖周貞前往日營筆話。福島將率兵來此的理由，解釋成本國國民被殺，要求番地人幫助日本進行征伐戰爭。廖周貞不知其詳，探聽日本人的真正來意，表示願意執行自己的職責，代替政府處理生番內的事務。〔註 10〕福島做出一副體恤當地人民的姿態，「我到此地，唯怕多少兵士恣赫本地人民，嚴禁眾兵，不敢蕪人田園驅人家畜，你們更勿疑之，若有事不協本地人心等事，就來商議可也。」〔註 11〕

廖周貞不知道福島真意，便願意聽從副島之命，「宜應預知其大人所囑咐之事，我們應當糾集各莊頭人民，商議聽大人取裁。」〔註 12〕於是福島誘其說出土地非中國所屬的言證，「我要買本地數頃田園築軍營，未知此地是本地人民自開領之的，或是臺灣府之的，如是本地人民所有的地，即與你們面議買之

〔註 7〕（日）《福島参謀ヨリ大隈長官へ兵艦琅キョウ著港土情並別紙筆話其他書類回付來東附筆話傍訓》，JCAHR：A03031125000。

〔註 8〕（日）《福島参謀ヨリ大隈長官へ兵艦琅キョウ著港土情並別紙筆話其他書類回付來東附筆話傍訓》，JCAHR：A03031125000。

〔註 9〕（日）《福島参謀ヨリ大隈長官へ兵艦琅キョウ著港土情並別紙筆話其他書類回付來東附筆話傍訓》，JCAHR：A03031125000。

〔註 10〕（日）《福島参謀ヨリ大隈長官へ兵艦琅キョウ著港土情並別紙筆話其他書類回付來東附筆話傍訓》，JCAHR：A03031125000。

〔註 11〕（日）《福島参謀ヨリ大隈長官へ兵艦琅キョウ著港土情並別紙筆話其他書類回付來東附筆話傍訓》，JCAHR：A03031125000。

〔註 12〕（日）《福島参謀ヨリ大隈長官へ兵艦琅キョウ著港土情並別紙筆話其他書類回付來東附筆話傍訓》，JCAHR：A03031125000。

可也。」〔註 13〕廖的回答當然是日本預料之中的，「此田園乃是本地人民自開墾，並無借約，可同園主直接買賣。」〔註 14〕另外廖周貞還介紹了土地開墾的實際情況，但是也道出了中國徵稅的方式。

清朝統治臺灣時期，行政管轄是以土地開墾和當地人的漢化為基礎逐漸向山地推移的，清政府對臺灣的管轄，是隨著土地開墾不斷推進的，生番演變成熟番，再逐漸設置官府，派駐官員，而且政府主要是以開墾主來主持諸如稅收等一般性事務的。一般從事開墾的居民，未必瞭解上層統治的具體方式，不僅是臺灣，就連內地統治者和下層民眾也少有直接聯繫。而當時居民出賣土地，注意的主要是價錢是否合理，恐怕沒有人知道土地也會與國家、民族以及國際關係具有某種聯繫。而廖周貞作為普通的「生員」，就是一般的番地基層統治人員，其本身就說明清政府對番地的統治，但由於清政府並不向生番人等徵稅，稅收主要是通過園主繳納，其他人並不清楚此事原委，生員也無法述說清楚。但此情況卻被副島歪曲地利用為「番地非中國所屬」的證據。因此福島以此為證明臺灣番地不歸中國政府管轄的說法，實在有些牽強，只能說是為出兵臺灣尋找藉口罷了。

當地人實際上並不知道日軍出後臺灣的目的，在福島、克沙勒及華生的努力下，在當時借用了約九萬多坪的土地來建設軍營。

22 日，西鄉從道隨高砂、社寮及孟春艦抵達臺灣，次日開始對臺灣生番的討伐。日本人對臺灣番人情況不瞭解，沒有辦法區別生番與熟番，所以凡是形跡可疑之人，一切按軍律處置，引起當地番人不滿，當日引發番人的襲擊：「出兵四重溪邊收繳武器，完成準備後，於一時左右經過山邊時，見兩山壁立之間有溪流，遂指揮徵集兵第六小隊左半隊涉溪前進，其間正欲射擊以探虛實時，蕃賊於左峰林間集結，突然發動狙擊，又由右峰岩石堆中開槍，故立即開槍還擊，並跑到第四小隊第一分隊，散開於兩側開槍激戰約一小時，其間蕃賊有潛逃趨勢，便乘勢追擊，終於捕獲首級武器，並進行搜索，但蕃賊已悉數逃逸，不見蹤跡。故分別於前後實施警戒，依序撤退，死傷名單如附件，特此陳報。」〔註 15〕

〔註 13〕（日）《福島参謀ヨリ大隈長官へ兵艦琅キョウ著港土情並別紙筆話其他書類回付來東附筆話傍訓》，JCAHR：A03031125000。

〔註 14〕（日）《福島参謀ヨリ大隈長官へ兵艦琅キョウ著港土情並別紙筆話其他書類回付來東附筆話傍訓》，JCAHR：A03031125000。

〔註 15〕（日）《西鄉都督ヨリ雙渓口戦狀屆書》，JCAHR：A03031125400。

西鄉為了盡快剿平生番，採取極為殘暴的鎮壓手段，雙方損失慘重：「派遣一小隊至潘源豐附近各村，正午過後，甫至牡丹人堡壘地，對方馬上開火而展開戰鬥，徵臺兵本隊二分隊及其他士兵齊由正面進攻，此時下士官、兵卒死傷四名，其餘半隊一分為二，分別攀登左右山頂，正圖摧毀敵方堡壘時，彼等已有自堡壘撤退之意，正面之各兵立即趁機進入奪取堡壘，信號軍官一名率本隊松永少尉率領分隊前進放火燒屋，松永少尉再次率兵前進，再放火燒屋。」〔註 16〕

西鄉還派出日進號船來測量番地附近海岸地形，同時，責令克沙勒等人，與琅嶠附近的酋長進行談判，但番人酋長不為所動，且連日天雨，西鄉恐軍營發生水患，打算轉移兵營至離牡丹社更近處的四重溪口處。但 18 日突遇意外狙擊，21 日亦遭受埋伏狙擊。日軍認為重溪口周邊三村落番人行為可疑，為偵查並收繳其兵器，22 日派遣二百人的軍隊，前往沒收番人的兵器，以圖日後之攻擊行動順利。但在石門之要害處，遇到原住民頻頻發動的狙擊，經過二小時的激戰，打死十四名原住民，其他人等被迫敗走。〔註 17〕

由於石門之戰日本的殘暴，殺死原住民三十多人，其中某社酋長及兒子被殺死，使生熟兩番都極為恐懼。加之克沙勒等人的游說，生番十八社中豬勞束的酋長卓其篤、小麻里的酋長伊薩、蚊蟀的酋長卡露特艾、龍眼蘭的酋長皮那萊、加釣來的酋長朱雷等六社，透過社寮酋長彌亞向日軍進獻牛、雞等物品要求歸順。

6 月 1 日，日軍軍議決定兵分三路，亦即以石門為中間，左自風港，右自竹社，同時進攻牡丹社。西鄉親自任總指揮，率領「第六番小隊篠崎指揮副長率九十一人為前軍，熊本鎮臺步兵十九大隊第四番小隊小島上尉率九十二人為中軍，同砲兵三番隊今津中尉率四十九人為後軍，信號軍官第一組合松尾上尉率九人，同第二組合橫田大尉率三十二人為遊軍，會計部中澤軍吏副率六人掌理糧餉，武庫司中馬國盛率三人掌管彈藥，工兵部原田榮率工兵二十人隨行，鎮臺兵小隊松永少尉率四十四人護衛輜重，前軍一隊由保力莊人鍾戊郎、徐錦鄉導首先出發，清晨六點近衛軍官川上上尉、比志島上尉、川邊少尉、福崎少尉、參謀部古海海軍中秘書、福島少秘書、地方事務課安藤定、淺田六郎

〔註 16〕（日）《谷赤松両参軍琅キョウヨリ蕃地形況屆書》，JCAHR：A03031125500。

〔註 17〕（日）《西鄉都督ヨリ大隈長官ヘ石門一戦後諸酋長來降云々來柬》，JCAHR：A03031126200。

等十餘人隨從，率領中軍、遊軍自本營出發。」〔註18〕截止到30日，日軍共與牡丹社人交戰三次，日軍死亡四人，負傷十二人，但牡丹社方面損失慘重，僅22日一戰，就有12人死亡。之後，西鄉6月7日向蕃地事務長官大隈重信報告，臺灣番地已經基本平定，並在此地休整養兵，開墾山野，並請求派遣谷干城、樺山資紀到臺灣瞭解實地情況，再派遣赤松則良，神島九成赴北京以為柳原之謀士。〔註19〕

二、西鄉從道在戰地對清官員搪塞式的談判

閩浙總督李鶴年於5月8日從廈門同知李鍾霖處收到西鄉的照會〔註20〕，馬上於5月11日即聲明要求西鄉立刻照約撤兵。李鶴年的照會是日本收到的、清政府要求日軍撤退的第一次正式聲明。此照會書援引發得耳的公法書而寫成，強調既是屬地無論生熟番人及一切對象皆歸中國所屬，所以生番自然也是中國屬民，屬民的處罰當然按照中國律法，由中國獨立來處理，日本毫無權利自作主張出兵治罪。李鶴年以此為據，要求西鄉從臺灣撤兵。照會中除主張臺灣全島都歸中國所屬外，還譴責日本違約侵犯中國版圖，聲明此事件由中國本身辦理，與日本無關，日本出兵懲罰更無道理。日本政府為駁倒此主張，立即命令翻譯局迅速翻譯肯特的萬國公法，晝夜兼程送給番地事務局長官。〔註21〕

李鶴年的照會雖是清政府第一份要求撤軍的聲明照會，但交到日本軍手裏，已經很晚。在沈葆楨未到臺灣之前，日本1323人〔註22〕的大軍登陸臺灣，並租用大片土地，修築軍營，並對生番進行討伐等重大事件發生，臺灣府方面沒有任何動作。直到日本準備大規模出擊牡丹社之時，臺灣府方面才於5月21日，由臺灣道派安平協副將周振邦、署臺防同知傅有禮和準補歸化縣知縣吳本傑會同揚武輪船管駕官參將貝錦泉，赴琅嶠社寮港約見日方將領進行理論。

5月22日，臺灣府一行人等抵達社寮港，當時西鄉從道乘高沙丸兵船已經進入社寮港。周振邦等即赴高沙丸要求會見西鄉從道，但西鄉卻託詞不見，

〔註18〕（日）《西鄉都督ヨリ石門竹社風港三口進撃届書》，JCAHR：A03031127200。

〔註19〕（日）《西鄉都督ヨリ大隈長官ヘ蕃地処分略定云々來柬》，JCAHR：A03031127300。

〔註20〕（日）《処蕃類纂》第七卷，第58～59頁。

〔註21〕（日）《東アジア近代史》第二號，第8頁。

〔註22〕（日）《征蕃兵隊長崎解纜云々上申》，JCAHR：A03031125600。

他們只好先將李鶴年的要求撤兵的照會交給日軍。〔註 23〕

5 月 23 日，周振邦等又託英國人法樂前去詢問，西鄉從道顧忌英國，才答應在日本兵營會見周振邦等一行人。當時西鄉率二百餘人列隊迎接周振邦。周向西鄉詢問是否收到李鶴年的照會，西鄉答覆已經收到，便詢問有無回文。西鄉辯稱需等待日本公使從北京發來信函，方回覆總督照會。〔註 24〕這樣西鄉將撤兵一事完全推脫給在清的日方官員，以便自己在臺灣的征討行動。他用酒菜招待周等，根本不再提及此事，周也因無法與之交涉退兵事宜，只好悻悻而歸，雙方並未能形成正式會談。

而在 5 月 22 日，日本駐廈門領事福島九成同書記官吳碩面見臺灣道夏獻綸，夏獻綸質問道：琅嶠係中國管轄，何議無故動兵？福島狡辯說：前年琉球島人遭風，被生番殺害多命，及上年備中州民四名遭風，被其搶劫，欲將生番稍示懲警，不敢擾害中國地方，上年又使臣到京，曾對總理衙門說過，以生番非中國所管，故而前來。聽聞此種說辭，夏當即予以反駁說：琅嶠係隸中國版圖，確為憑據，既有生番滋事，應移中國地方官吏辦理，日本不應擅自出兵。此時的福島並無心進行辯解，只是推辭說：此事伊等作不得主意，須俟西鄉裁奪，尚有使臣柳原前光已赴北京與總理衙門專論此事。〔註 25〕

夏獻綸極力想討論出兵理由，但被福島婉言拒絕，並推給了柳原。副島因曾在《臺灣府志》上發現過琅嶠為中國政府管轄地的記載，因此他揭力避免提及琅嶠，而使用番地一詞。福島登陸之後日本再也不用琅嶠地名，而刻意使用「蕃地、生蕃、熟蕃」等用語。〔註 26〕清官員並不瞭解此語的真正用意，當然不以為然，附和著日方稱「番地」一詞，無意中給日方增添了一個中國認可其地非中國所屬的口實。為此，西鄉稱讚副島：「善用花言巧語，使臺灣府糊塗，苟且偷安。」〔註 27〕

而閩浙總督李鶴年苦苦等待日本的回覆照會，但始終沒有得到日方的照會，只好又在 6 月 2 日，發出了第二次撤兵的照會，並於翌日交由福建鹽運使陸心源，轉交給日本品川領事，而品川又將此轉交給柳原。〔註 28〕

〔註 23〕《甲戌公牘鈔存》，第 29～30 頁。
〔註 24〕《甲戌公牘鈔存》，第 29～30 頁。
〔註 25〕《甲戌公牘鈔存》，第 31～32 頁。
〔註 26〕（日）《大日本外交文書》（第七卷），第 97 頁。
〔註 27〕（日）《大隈重信関係文書》第二卷，第 352～353 頁。
〔註 28〕（日）《大日本外交文書》（第七卷），第 101～103 頁。

後來臺灣府認為此照會書有些不妥，主要是「六年間合眾國「羅妹」商船遭風被瑯嶠生番戕害一案，前臺灣鎮劉明燈、前臺灣道吳大廷，曾有『瑯嶠不隸版圖，為王化所不及』之奏。前憲臺吳、撫憲李，亦即據以告，劉前鎮、吳前道等，並以此言照會合眾國領事李讓禮，及該國水師總兵官費來日。原文兩件，抄呈察閱。現李讓禮為日本主謀，彼如籍前說以為執憑，恐反添枝節。其二是，雖然在臺灣南北兩路設立理番同知專管番務，但實際上久未舉行。其三是，臺灣鎮道報告說瑯嶠十八社年完餉二十兩有奇，但後來又有五十一兩等報告送到臺灣府，因此臺灣府當局只好坦白地承認不知實情。」〔註 29〕

李鶴年自己似乎也並無太大信心，但因為中央政府已有命令：「若謂該國僅與生番尋仇，未擾腹地，遂聽其蠻觸相爭，必為外國所輕視，更生覬覦。釁端故不可開，體制更不可失。該督惟當按約理論，阻令回兵，以敦和好，不得以藩地異於腹地，遂聽其肆意妄為也。」〔註 30〕所以他也不得不做出一定的反應，即在日軍不干擾其他地方的情況下，以條約為根據，要求日本撤兵。

沈葆楨方面接受臺灣府的意見，不提自己認為不妥之處，以日軍攻破牡丹社已顯示膺懲番人為由，要求日軍撤退。〔註 31〕

清政府最初是以歷史和國際法為根據主張臺灣東部的主權，從而要求日本撤兵，但由於自己在此方面信心不足，加之日本聲稱本國出兵是為三項目標，於是此後中方的外交目標就隨之發生了改變，開始為了滿足日本的三項條件的目標而奔波。其實這並非中國官員的做法有何不妥，而是因為中國方面事先並無明確和固定的目標，缺乏對國際法的充分瞭解，用其維護本國利益則更是奢望，所以很容易被對方所左右，而一旦自己喪失信心，更容易退縮和做無原則地讓步。

6 月 21 日，沈葆楨命幫辦潘蔚攜夏獻綸帶同隨員張斯桂及日意格、斯恭塞格等持他的照會和柳原公使信函，乘艦於 6 月 22 日上午，到龜山日本軍營，面晤西鄉從道與之談判。沈葆楨給西鄉的照會篇幅較長，但立場很鮮明透徹。

沈葆楨明確地表示臺灣番地自古即為中國領土，「生番土地，隸中國者二百餘年，雖其人頑蠢無知，究係天生赤子」，並闡述了中國政府對當地人的治理方式，「朝廷不忍遽繩以法，欲其漸人摩義，默化潛移，由生番而成熟番，

〔註 29〕《甲戌公牘鈔存》，第 65 頁。
〔註 30〕文慶等奉敕纂：《籌辦夷務始末》卷九三，第 45 頁。
〔註 31〕《甲戌公牘鈔存》，第 74～75 頁。

由熟番而成士庶。所以仰體仁愛之天心也。」至於殺人者死，律令上有明文規定，即使是生番當然也不能放縱。但是「此乃中國分內應辦之事，不當轉煩他國勞師糜餉而來」，此次「貴中將忽然以船載兵，由不通商之琅嶠登岸，臺民惶恐，謂不知開罪何端，使貴國置和約於不顧。」〔註32〕

沈葆楨一針見血地指出日本這是違反和約的行動，不僅中國作為受害國為之愕然，即使是「西洋曾經換約各國，亦群以為駭人聽聞」。對於日本所藉口的琉球難民事件，更是無法立足，因為「無論琉球雖弱，亦儼然一國，盡可自鳴不平。即貴國專意恤憐，亦何妨照會總理衙門商辦。倘中國袒護生番，以不懲辦回覆，抑以兵力不及，籍助貴國，則貴國甚為有詞」，何況「積累年之舊案，而不能待數日之回文，此中曲直是非，想亦難逃洞鑒。」〔註33〕

沈葆楨的分析，明確指出日本出兵無據，是無視中國領土主權的侵犯行為，完全違背兩國及國際間的和約精神。沈葆楨對日本的違約背信行為恰當而準確地揭露和批判之後，根據潘蔚與柳原的談判結果，對今後的處理提出自己的意見，「今牡丹社已殘毀矣，而又不波及無辜之高士佛等社。來文所稱殛其凶首者謂何也？所稱攻其心者謂何也？幫辦潘布政使自上海面晤貴國柳原公使，已商允退兵，以為必非虛語」，〔註34〕希望西鄉及時撤兵回國。

但是西鄉軍隊卻「仍紮營牡丹社，且有將攻卑南社之謠」。對於日軍的此種意圖，沈葆楨覺得是恩將仇報的做法，讓人難以理解。「牡丹社戕害琉球難民者也，卑南社救貴國難民者也，相去奚啻霄壤？以德為怨，想貴中將必不其然」，沈葆楨同時認為卑南日本人被劫之事未必屬實，如果對其用兵有違常理，因為「鳧水逃生，何有餘資可劫？天下有劫人之財，肯養其人數月不受值者耶？」況且「貴國謝函具在，並未涉及劫掠一言。貴國所賞之陳安生，即卑南社生番頭目也；所賞之人，即所誅之人。貴國未必有此政體。」〔註35〕

沈葆楨還擺出日本繼續使用武力進攻的害處，「或謂貴國方耀武功，天理不足畏，人言不足恤；然以積年精練之良將勁兵，逞志於蠢蠢無知之生番，似未足以示武。即操全勝之勢，亦必有所殺傷。生番即不見憐，貴國之人民亦不足惜耶？」〔註36〕如果對卑南社實施進攻，可以說是無功傷民之舉。

〔註32〕《甲戌公牘鈔存》，第75頁。
〔註33〕《甲戌公牘鈔存》，第75頁。
〔註34〕《甲戌公牘鈔存》，第75頁。
〔註35〕《甲戌公牘鈔存》，第75頁。
〔註36〕《甲戌公牘鈔存》，第75頁。

最後沈葆楨也對日本可能存有的領土企圖給以堅決的回擊。他說：「或謂貴國既波及無辜各社，可知意不在復仇。無論中國版圖尺寸不敢以予人，即通商諸邦，豈甘心貴國獨享其利？日來南風司令，琅嶠口岸資糧轉運益難。中國與貴國和誼，載在盟府，永矢弗諼。」〔註37〕沈葆楨明確表明不僅中國守土意志堅定，就連外國也不會熟視無睹，更有後勤補給的困難，還要承擔破壞中日和好的責任。

西鄉對於沈葆楨的照會，沒有表達意見，更沒有與潘蔚就此進行深入議論。潘蔚在獲悉西鄉尚未收到柳原關於談判結果的情況後，將自己帶來的、自己與日本公使會面文書，即柳原公使致中國沈欽差之文書，交給西鄉閱覽，其內容如下：

> 明治四年十一月間，八重山島人民，遇風漂流至生蕃牡丹社鄉內，被該土人掠奪衣物，殺死五十四名。又於八年三月，小田縣民四名，漂至生蕃卑南之地，亦被酷虐剝衣奪財已甚，幸脫一死，救養於熟蕃陳安生家，然被土人作踐，欲自經者再三，後送至鳳山縣，得蒙貴國官長救恤，送還本國，我朝感德奚窮。當時經由駐滬領事，贈物酬勞陳李兩人，及難民到滬日，並具不腆之物，稱謝護送員役，特所恨者，蠢彼蕃人，殺難民如麋鹿，盜財物為生業，而脫然於化外。凡數百年於茲，夫殺人償命，盜物受罰，萬國通典，為君上者，不可一日忽諸，況我國境，與該蕃地一葦可航。方今東西，海泊旁午，該地蕃此蠻種，嗜殺行劫，深堪憂慮，若不即事下手懲辦，後患何極，此我朝之所以斷然舉行，而從前英美二國，亦有此舉，非創見也。故我欽差頭等全權大臣，去年在天津換約後，進京議覲之際，派本大臣至總署，告明遣使問罪之意。今西鄉中將發遣陸軍之時，特送公文知照浙閩各臺，然後經由水路，直至蕃地，慎防兵丁滋生事端。凡此俱出保存兩國和好之衷，並非有他意也。茲聞陽曆五月十八日，即貴國四月初三日，我兵已與生蕃交鋒，至十九二十二等日，互有殺傷等語，此事經於日前收到西鄉來信，已知本因生蕃伏於箐間，狙擊我兵之入牡丹社為斥候者而起。理所當然，本大臣以不肖辱蒙簡拔此來，無非我朝保存兩國和好為重。於十日前到滬得晤沈道臺，即悉貴國總署特發公文，寄我國外務省，又經浙閩制臺給西鄉以回文云，生蕃亦屬清國之民，即有殺人之罪，應憑中

〔註37〕《甲戌公牘鈔存》，第75頁。

國查辦，不必日本代謀，故須西鄉退兵回國等。本大臣因思，我師既出交鋒，況西鄉奉君命，豈肯輕退，我朝經已布告通國，誓其保民之義，何可中止，恐貴國未熟悉我情，故有是言。旋據西鄉信云，五月二十三日，有中國兵船到琅嶠，其兵官傅以禮、周振邦、吳本傑三名，來索李制臺前送回文之照覆。本中將答云，我奉軍權行事而已，如其交涉兩國和好辦論事宜，請與全權公使柳原協議可也等語。本大臣亦聞沈船政大臣，已奉欽差，查辦臺灣生蕃事務，應與西鄉談論一切，忽遇閣下奉旨，回閩幫辦沈欽差大臣，顧本大臣承下問曰：貴國此次臺灣之行今既如此，惟此生蕃原有三十六社，未知西鄉欲向何社生蕃問罪，究竟作何結局？故本大臣，陳以我民被害情由，並據西鄉奉敕限辦三事，答曰：

第一捕前殺害我民者誅之；第二抗抵我兵為敵者殺之；第三蕃俗反覆難制，須立嚴約，定使永遠誓不剿殺難民之策。

此本大臣耑請閣下到閩，會同沈欽差大臣辦理，言歸兩國和好，是所切望，本大臣幸獲剖心吐赤，惟閣下宏度容納焉，如有矩教，敢效駑力，和衷酌辦以為兩國愈敦和睦之地。謹啟。〔註 38〕

柳原在此信中完全沒有透露出日本欲殖民臺灣番地的目的，僅強調為保其民而問罪生番並希望立約發誓之目的。而潘蔚不知道內情，認為已經懲罰了牡丹社，日本應退兵，並講述了自己來臺的辛苦過程來求得同情：「此次前來拜訪貴所，係因我政府完全不知貴軍登陸臺灣之事，直至四月初旬，始有聞及，故政府立即指派沈欽差及本人與四月十二日（清曆）搭輪船自北京出發，二十二日抵上海港，於該所與貴國公使柳原前光大臣兩次會晤，獲悉貴中將已出發赴本地，因事態緊急，本人便火速出發，尤其因長途滯留船中，致長出如此腫瘤（手指臉部側面之小瘡）。此次閣下出發之事，若先行告知，我方不論何事必當協辦，惟閣下並無交涉，致延宕至今始來拜訪」。〔註 39〕

此段開場說明中，表明中國政府聽到日本出兵的消息，即迅速派出官員著手辦理，自己也絲毫未曾懈怠，一路疾行，在上海見過柳原日本公使後，日夜兼程趕赴此地。並指出日本此次行動的不當，並且表示中國對於此類事情肯定會知情必辦。

〔註 38〕（日）《柳原全權公使ヨリ福建布政使潘イヘ往柬》，JCAHR：A03031127600。
〔註 39〕（日）《往七第一號西鄉都督ヨリ大隈長官ヘ清官來蕃ニ付応接手続其他數件來柬》，JCAHR：A03031129400。

西鄉讀完上述文書後，潘蔚又詢問日軍來此地一路的經過情況，西鄉則歪曲事實的辯解說：「本國出發前已先與福州總督詳細交涉，諒已知悉」。〔註 40〕正如前述，日本出兵之時，作為先行軍官的福島，只將日本事先寫好的照會，遞給了廈門的一個同知，並未與住在福州的閩浙總督李鶴年會面，更無須詳細交涉了。面對潘蔚關於日本出兵的目的的詢問，西鄉解釋道：「去年副島外務大臣前往北京時，曾於貴國交涉去年我國民遭生番殺害剽掠事宜，其後一年之間，貴國全無任何音信，故此次奉我政府之命，前來此地問罪。」〔註 41〕此回答中又將副島上年獲取口實的行為搬出，並將其說成是和中方進行了溝通的交涉活動。而且頑固堅持琉球國為日本所屬的片面決定，並指責中國在長達一年的時間，仍未給日本滿意的處理結果，所以日本應該理直氣壯地獨立處理此事，可以前來此地興兵問罪。

潘蔚覺得此次日本的目的似乎與李仙得相同，即是處罰殺害難民的番民，因此也應該採取前次的配合行動，協助日本人完成處罰即可，於是便向西鄉詢問日本的具體要求，「牡丹社之事若閣下有所請求，我方當全力處理。不知閣下將如何處置？對加害者悉數加以逮捕？捕獲兇手後就地解決？帶回國內處置？抑或要求賠償金？尚請告知」。〔註 42〕

對於清官員近乎獻媚的徵詢，西鄉擺出盛氣凌人的架勢，故弄玄虛地說：「在本地處置即可，但最終之處分方式尚未制定」，其實是不向中國通報自己行動的計劃，讓中國無法清除日本的行動取向，將行動的主動權操持在自己手裏。接下來西鄉又將武力衝突的責任推給當地的番民，「先前抵達本地之際，因船艦因素並未著手處分，其間眾士兵於附近散步，不料行至四重溪附近時竟遭生蕃槍殺，故不得不加以攻擊」，而且為自己今後的行動預設了藉口，「牡丹、龜士滑等蕃人雖逃散潛入山林，但仍陸續自林中以步槍對巡邏士兵射擊。」〔註 43〕似乎如此一來，日本今後便可繼續實施軍事行動。

〔註 40〕（日）《往七第一號西鄉都督ヨリ大隈長官ヘ清官來蕃ニ付応接手続其他數件來東》，JCAHR：A03031129400。

〔註 41〕（日）《往七第一號西鄉都督ヨリ大隈長官ヘ清官來蕃ニ付応接手続其他數件來東》，JCAHR：A03031129400。

〔註 42〕（日）《往七第一號西鄉都督ヨリ大隈長官ヘ清官來蕃ニ付応接手続其他數件來東》，JCAHR：A03031129400。

〔註 43〕（日）《往七第一號西鄉都督ヨリ大隈長官ヘ清官來蕃ニ付応接手続其他數件來東》，JCAHR：A03031129400。

潘蔚無法揣測到西鄉的此種心理和行動動機，甚至還覺得作為臺灣的統治者，應該在日本軍隊面臨棘手難辦事情時，伸出援手，幫助完成抓捕罪犯的義務。他便熱情地說：「果若如此，想必閣下亦無法立即處分。我等也因此事特奉政府之命前來，臺灣素為我支配之地，故提議由我代替貴國執行處分，逮捕兇手送交貴軍。閣下對上述潛入山林之番人動用軍隊圍捕，彼等勢必更為驚恐不敢現身，故由我等設法誘捕送辦如何？」〔註 44〕

西鄉對於潘蔚表示的友好並不以為然，並堅決給予否定：「不敢勞駕。我等歷盡萬難雖已於此地著手處分，預計不久即可完事。」〔註 45〕在西鄉出兵之前，日本已經充分計劃好各種應對策略，此時中國的表態，無論是示好也罷，還是爭取主權也罷，日本都不會接受和退讓。

對於西鄉的斷然拒絕，潘蔚為難的述說自己的職責，「但我等亦因此事特別奉派出京，故擬於西鄉大臣仔細討論有關貴國處分番地之意向，且擬討論與柳原公使於上海應接時第三條所謂制定本地未來之規則一事。」〔註 46〕西鄉根本對其所說置之不理，斷然回絕道：「不知其事」，並推託「余只知盡力完成聖上敕令」，至於「與貴國應接等事宜，一切由柳原公使交涉」，還故作同情地說：「貴國有事談判，請向北京報告後，與當地柳原公使談判，屆時請申述所見所聞，則公使必向我政府陳報。之後我政府若對余有所指示，余必遵照辦理。雖徒增煩勞，但請諒察。」〔註 47〕

潘蔚對西鄉的固執己見的做法，也只好無可奈何地收回自己的意見。但由於對西鄉的真正意圖無從獲悉，又擔心日本對其他生番和土地有所企圖，不得不更加直接地叮問：「除殺害琉球人之牡丹社番地外，是否將著手處分其他番地？」〔註 48〕西鄉明確地說道：「無此打算。」顯而易見這是西鄉的欺騙說法，因為日本出兵之前就對此確立了目標，而且部隊中的殖民兵任務也很明確，大

〔註 44〕（日）《往七第一號西鄉都督ヨリ大隈長官ヘ清官來蕃ニ付応接手続其他數件來柬》，JCAHR：A03031129400。

〔註 45〕（日）《往七第一號西鄉都督ヨリ大隈長官ヘ清官來蕃ニ付応接手続其他數件來柬》，JCAHR：A03031129400。

〔註 46〕（日）《往七第一號西鄉都督ヨリ大隈長官ヘ清官來蕃ニ付応接手続其他數件來柬》，JCAHR：A03031129400。

〔註 47〕（日）《往七第一號西鄉都督ヨリ大隈長官ヘ清官來蕃ニ付応接手続其他數件來柬》，JCAHR：A03031129400。

〔註 48〕（日）《往七第一號西鄉都督ヨリ大隈長官ヘ清官來蕃ニ付応接手続其他數件來柬》，JCAHR：A03031129400。

概西鄉是擔心中國事先知道日本的企圖，可能會給自己今後的行動帶來阻礙，於是採取了此種騙術。因為無法摸清日本特意籌劃的詭計，同時又擔心日本對領土的侵略，對於西鄉的回答難以確信，所以潘蔚再三詢問西鄉的行動是否涉及其他番社，並極力表明「我將盡全力教誨與此事無關之番人不得有粗暴之行為」。潘蔚非常關心日軍今後的行動，對牡丹社處分所需期限、日軍的去留時間等，一一叮問日本的西鄉總督。西鄉表示不需太多時間便可解決處分行動，至於軍隊去留則要聽從本國今後的政府命令。儘管潘蔚詳細詢問了自己關心的問題，但得到的皆是模棱兩可，或是推諉迴避的答覆。

清官員耐心交涉的行動，換來的只是矇騙和搪塞，日本還是我行我素地實施自己擬定的計劃。雖然西鄉絲毫不理會潘蔚的要求和希望，但是卻對中國政府指手畫腳，要求「牡丹社處分結束前，請廣為告知貴國人民勿有販賣彈藥等予生番之行為」。〔註 49〕

同日下午四點，西鄉都督、佐久間參謀、小川上尉、盧高朗、彭城中平等拜訪欽差幫辦潘蔚、臺灣道臺夏獻倫，於車城寓所，席中兩名法國人在座，席間交談內容如下：雙方互致問候後，中方的一名法國顧問出示筆記問道：「據稱對卑南亦有派兵，是否確有此事？」西鄉堅決地予以否定。中方又繼續叮問：「對牡丹社問罪之處分，兩三日內即可結束否？」〔註 50〕西鄉表示：「先前雖陳述，期望於近日中處置」，但又藉口「蕃人皆逃散入山林」，推翻前言，以「日期難料」來模糊此問題。潘蔚順勢要求：「牡丹社之事交由清國處分，將兇手捕捉後交與貴軍如何？」並表示也希望：「此事宜盡速平定。」西鄉一聽中國欲收回處置的權利，忙不迭的予以否定，並表示「自我來此地著手以來，已達到今日之局面，豈能假手他人？」潘蔚見西鄉不肯放手，便退而求其次地問道：「對第三條中未來之處置方式有何高見？」西鄉則推說等「牡丹社處分結束後再處理」。對於西鄉的捉迷藏式的策略，潘蔚不得不繼續追問其處置方法，但是西鄉仍以其他藉口加以搪塞：「雖有某些概略腹案，但皆有待牡丹之事結束後視後勢而定，目前難以預告。」〔註 51〕雖然潘、夏等中國官員，再三要求該

〔註 49〕（日）《往七第一號西鄉都督ヨリ大隈長官へ清官來蕃ニ付応接手続其他數件來柬》，JCAHR：A03031129400。

〔註 50〕（日）《往七第一號西鄉都督ヨリ大隈長官へ清官來蕃ニ付応接手続其他數件來柬》，JCAHR：A03031129400。

〔註 51〕（日）《往七第一號西鄉都督ヨリ大隈長官へ清官來蕃ニ付応接手続其他數件來柬》，JCAHR：A03031129400。

牡丹社應由中國處分，且後續處理亦應由中國為之，但最後還是被西鄉斷然拒絕。

潘蔚試圖沿襲前次美國「羅妹」號事件的處理辦法，力爭禁止日本軍隊進入番地，在日本軍隊已經進入番地後，則採取協辦的方式應合日本人的要求。但是日本此來目的明確，就是想利用中國對番地的管理鬆懈，撈取對日本有利的結局。所以西鄉根本不接受潘蔚的協辦建議，無奈的潘蔚與夏獻綸只好為維護領土主權，單獨採取處置番民的對策。

6 月 23 日，他們派縣丞周有基、千總郭占鼇進入番社，傳各社頭目來具結，使之不剽殺難民。24 日早晨，除牡丹社、中社、果乃三社為了迴避日本人未到外，有十五社一百五、六十人來，皆謂日人欺凌，斷其生路請求保護。潘蔚好言安撫，承允為之做主，並犒賞銀牌、衣服等物，宣示朝廷德意，各頭目皆歡欣鼓舞，請求設官經理，永隸編氓，且均具結不敢劫殺。潘蔚將各社具結事情辦好，以為如此即可滿足日本的要求，於是致函西鄉約定時日再談，他們不曾想也不能想到日本的要求是無法滿足的。

西鄉見潘蔚短時間竟能聚集如此眾多的生番頭目，非常顧忌，只好於 6 月 25 日，派通事彭城中平持覆函約潘蔚在龜山日營相會。雙方以柳原前述三條件，進行談判。潘蔚問道：柳原信內三條，即貴將奉敕限辦之事，如能照辦，可以商定嗎？西鄉答道：欲辦三條，到此臺灣生蕃之地，將照柳原所云施行處分。潘蔚又問：柳原第一條所云捕前殺害我人民者誅之，查牡丹社雖害琉球人，惟該處係中國所屬，應由中國派兵辦理，現在本幫辦來議此事，先請貴中將按兵勿動。西鄉答曰：第一條辦議，其理不能解。何則？如前日面晤，本中將到此，及將施行處分，牡丹人埋伏於菁間，擅自阻擊我軍殺之，故不得已舉兵進擊，剿其巢窟，親視此地光景，況實非中國版圖明矣。今雲貴國派兵辦理，是何云謂？潘蔚回應道：牡丹社實係中國版圖，載在志書，歲完番餉，可以為憑。因係中國所管，故應由中國辦理。西鄉說，我聞謂版圖者，保護其人民，施其政教，況於歲完蕃餉乎？所以奉敕航海遠來，不憚艱險，將施處分也。潘蔚反駁道：湖南之猺、貴州之苗、四川雲南之猓，皆與生蕃相類，不得不為中國版圖。因其性與人殊，難施政教，我朝廷寬大之仁，聽其生聚。〔註 52〕以此為例證實臺灣生番屬中國版圖。西鄉仍堅持番地非中國版圖的論點，潘蔚即將所帶

〔註 52〕《甲戌公牘鈔存》，第 80～81 頁。（日）《往七第一號西鄉都督ヨリ大隈長官へ清官來蕃二付応接手続其他數件來柬》，JCAHR：A03031129400。

臺灣府志拿出，從中尋出生番各社歲輸番餉之數，與各社所具切結。西鄉閱後辯駁道：生蕃非中國所管，中外各國書中俱有記載，即英國、花旗、荷蘭諸國人，亦皆有此說，並有地圖。潘蔚請其交出文獻證據，但西鄉卻拿不出。〔註 53〕

潘蔚再以柳原所議三條與之逐一辯論，促其退兵。就第一條潘蔚問：牡丹社究竟應若何辦理？西鄉說：事已辦至半途，現派兵進山駐紮，牡丹蕃俱已逃散，擬俟其能否悔過請罪，再見機行事。潘蔚徵詢道：中國官員如令牡丹社番出來謝罪，可省貴國兵力，願意辦否？西鄉說：此等辦法甚好。三年前如能似此辦理，中國官員可不必管問。雙方就第二條也進行了商量。潘蔚說：現在各社均無此事，可毋庸議，惟貴國此來，係專辦牡丹社，其高士佛因何剿辦？西鄉答道：因初到時有兩名手下被牡丹、高士佛、裏乃三社生蕃殺害，故往剿辦。續又有兵經過竹社內，有蕃暗放鳥銃，被他打死四人。關於第三條，潘蔚說：現已傳各社番頭出具切結，以後永遠保護，不敢再有欺凌殺害搶奪情事，此事已照柳原公使所云信內辦妥，應將番頭各結由本幫辦寄與柳原公使查核。西鄉說：中國官員未到之前，所有未與相距各蕃社已商議明白，似中國可不必管。潘蔚駁斥說：此事係關中外保護，中國應行辦理。乃云我中國不必管，大不盡理。捨中國有憑之志書，謂不足信，而硬說生番各社非我所管，譬如長崎係日本所管，我硬說非貴國轄境，有是理乎？只得另議，即當回臺灣府城。西鄉婉請再繼續商議道：此三事辦好，即可永歸和好。潘蔚說：第三條所議立約，如能辦到，以後永遠保護，不敢再有欺凌殺害搶奪情事，即中外各國，均霑利益。貴中將自辦，亦不過如此。請各國公評，亦必均以為是矣。即柳原信內之意，故不必再商。現在辦定，即可告知柳原，並通知各國也。西鄉說：此事亦理所應辦。但牡丹社出來謝罪，究係如何辦法？潘蔚說：牡丹番如能悔過，以後誓不剽殺，並將前年戕害琉球人屍身交出，即算謝罪。西鄉說：此事容易辦理，惟興兵來此，費用已多，須補貼，而牡丹社能辦否？潘蔚回絕道：牡丹社俱係窮番，從何補貼？西鄉說：原共籌銀二百一十萬元，現已用去一百二十萬元，如何補貼，則以前所議三條皆屬易辦。且握有全權退兵，可以做主，而貼項未為設法。潘蔚說：貼補兵費是不體面之事，中國不能辦理。既係貴國擅行興兵前來，更無補貼之理。貴中將應先將各社之兵調回勿動，並知照貴國以後不必添兵前來。西鄉應允，並承諾將致書與柳原報告。〔註 54〕

〔註 53〕《甲戌公牘鈔存》，第 81～82 頁。
〔註 54〕《甲戌公牘鈔存》，第 82～83 頁。

三、清政府欽差潘蔚與西鄉從道的再交涉

26 日午前九時，雙方的交涉繼續進行。西鄉先對潘蔚上次版圖之說，提出辯詞，堅稱自己不知中國內地「如瑤苗猓之類」，只知牡丹蕃這樣的地方，並非「貴國之版圖」，而且證據很多。本國考慮到蕃地接近中國邊境，所以為了兩國友好，特意用書信通報閩浙總督。

潘蔚繼續以臺灣府志證明生番歸屬中國的事實，他說：瑯嶠十八社歸化為中國所管，記載於臺灣府志，是最有說服力的證據。如果貴中將說久聞非中國版圖證據頗多，不妨略舉一二加以說明。西鄉見潘蔚追究證據，只好又借各國的記載為據，反駁中國的番地所屬論，並表現出有些不厭煩的表情，對潘蔚說：「不可虛度時日宜就實地理事速辨之」。〔註 55〕

潘蔚進一步追問並要求西鄉拿出證據，西鄉不屑一顧的強調，書籍上的記載不如親眼所見，根本不理睬潘蔚所提證據之說，潘蔚見第一條無法繼續交涉下去，只好轉入第三條的交涉。

西鄉強調日軍已經行動半途，接下來的事情要視牡丹番「能否出來悔過請罪見機行事」。〔註 56〕於是潘蔚徵詢西鄉後事交由中國辦理的可行性，西鄉予以回絕，並帶有埋怨的語氣說：「前年如有此辦法最好」，但是現在「事已辦至半途應歸我一手辦理」此時「貴國官可不必管」。西鄉回絕得可謂堅決而又徹底，而且似乎是因為中國未能及時處理，日本現在具備充分的理由獨立處理此事。

潘蔚在第一條和第三條交涉無法進行的情況下，又試圖在第二條有所進展。潘蔚對西鄉仍以抗拒為敵做藉口殺戮番民的行徑提出質疑，「現在各社均無此事可無庸議」，又「因何勦辦」？西鄉又以生蕃殺害日軍為由予以回覆。潘蔚表示已按柳原所說，與番民立約為據，「已傳各社番頭出具切結」，如此似乎事情可以結束。但是西鄉則對此根本不予理睬，妄稱「貴國官員未到之前所有未抗拒各蕃社已與商議明白」。潘蔚認為中國已經按日本要求，做到了本國應做的事情，即便西鄉不予肯定，再節外生枝，各國也不會坐視不管，「請各國公評亦必均以為然事」。西鄉對於潘蔚的一番話，非但不理睬，反而還污蔑

〔註 55〕（日）《往七第一號西鄉都督ヨリ大隈長官ヘ清官來蕃ニ付応接手続其他數件來柬》，JCAHR：A03031129400。

〔註 56〕（日）《往七第一號西鄉都督ヨリ大隈長官ヘ清官來蕃ニ付応接手続其他數件來柬》，JCAHR：A03031129400。

潘蔚做法欠妥，「我兵力懾服各蕃既辨明其事」，何勞潘大人再次辦理，況且要辦理也應該先和我商量後再辦。並且揚言即使告之柳原也不足信，所以拒絕中國參與此事。顯而易見，這是無理狡三分的詭辯，完全是一派顛倒黑白的胡言。

午餐後，雙方邊飲茶邊繼續上午的交涉。潘蔚詢問西鄉對三條是否還有言猶未盡之處。此時西鄉道出了以賠償了結事情的端倪，他指出：「此事自前年以來已耗用眾多財物，率領數千兵士剿滅凶蕃巢窟，以至今日之地步。將來處分結束時，勢必面對償還費用一途」，而且把話題仍給了潘蔚，自己卻不明確的表示，反倒成了「大人如有高見，請示教」。〔註 57〕潘蔚回應說：「若由中國處分，捕其凶徒誅之，男女老少無罪者懷柔之，此可謂臺灣府道臺職責所在。」〔註 58〕又與夏獻綸商議了一番後補充說：「令凶徒謝罪，警備防範日後，起出藏於番地之琉球人屍體，並令其歸還，應予以寬大處分。」〔註 59〕

西鄉則對此不予贊成，他主張「所以寬大必須有相對合理之措施，然而所謂合理者，如前述我國大興兵師，耗費財物，折損兵員之處不在少數，其償還之道大人可有高見？」鑒於剛才自己提到的補償問題未引起潘蔚的反應，西鄉再次提出此問題，引誘潘蔚做出賠償的表示。經過潘蔚的叮問，西鄉終於說出「若採取凶蕃謝罪一途，則必須向蕃地要求賠償費用，」〔註 60〕夏獻綸對此表示不解，「牡丹番地人口僅二百餘人，其所有財務惟有家畜及數畝田園，焉能償還此大軍之費用？」

潘尉見狀催促西鄉講出真正的意圖：「談論迄今，彼此皆尚未表達真意，所幸並無其他閒雜人員，如今彼此應吐露肺腑之言。此時若以國事公函即難以辦理，視為餐敘之間友好親善之交談如何？」〔註 61〕

通過上面的交談，潘蔚已然知道西鄉的索取賠償的算盤，為了瞭解日本的胃口，潘蔚繼續詢問日本行動費用情況。西鄉以盼望快速解決問題的語氣表

〔註 57〕（日）《往七第一號西鄉都督ヨリ大隈長官ヘ清官來蕃ニ付応接手続其他數件來柬》，JCAHR：A03031129400。

〔註 58〕（日）《往七第一號西鄉都督ヨリ大隈長官ヘ清官來蕃ニ付応接手続其他數件來柬》，JCAHR：A03031129400。

〔註 59〕（日）《往七第一號西鄉都督ヨリ大隈長官ヘ清官來蕃ニ付応接手続其他數件來柬》，JCAHR：A03031129400。

〔註 60〕（日）《往七第一號西鄉都督ヨリ大隈長官ヘ清官來蕃ニ付応接手続其他數件來柬》，JCAHR：A03031129400。

〔註 61〕（日）《往七第一號西鄉都督ヨリ大隈長官ヘ清官來蕃ニ付応接手続其他數件來柬》，JCAHR：A03031129400。

示，「今日立即撤兵，費用尚不至太多」，但是「若此後再長此以往，兵員之俸給及其他種種費用勢必不少」，又誇大其詞地透漏了費用「大約二百一十餘萬美元」。〔註 62〕潘蔚趕緊叮問至今為止的花費，西鄉答以「已核銷之花費約一百二十萬美元」，於是潘問夏，依匯率換算中國銀元為若干？夏獻綸告之一百美元等於七十兩清銀，大約為八十餘萬兩。潘蔚立刻做出表態，「此事我等三人均將考慮，回府城諮請沈欽差大臣後再與柳原大人商議。」同時也要求日本「應立即停止派遣後續軍隊，已抵達此地之軍隊應按兵不動。」〔註 63〕西鄉接受了潘蔚的建議。潘蔚又以中日曆來友好相處，規勸日本不要被他國所離間，他說：「貴國臨近我國，自古來未曾有過挑釁事端，與其他各國相比，貴我兩國唇齒相依，既已互結友好，遵奉條約，更應敦睦友情。然而洋人動輒有以離間伎倆從中慫恿之傾向，彼此不可陷入其計謀中。今兩國若生不和，對彼此將大為不利，望請多加注意。」〔註 64〕

其實，日本此次行動固然是外國人深入參與其中，特別是李仙得自始如影隨形，對日本的行動影響極大，但更重要的是日本國內的改革所致。日本的明治維新，促使其對國際關係準則的認識發生徹底變化，本國國家利益被格外的強化，特別是領土和安全問題被極端重視起來，而且處理方式亦發生質的變化，所以日本毅然決然地採取了此次行動。此時的中國官員是難以瞭解到此種變化的，還是沿用以往的方式，去思考和處理新形勢下的中日關係，把邊境安全視為主要目標，來處理已經變化了的東亞國際關係。潘蔚還自我就範地指出此次問題的責任在於中國，「貴國有此舉實因我國政令有所不及所致」，同時還表明「貴國之意又何僅止於牡丹社乎？此點我心亦知」。〔註 65〕

如果中日關係雙方都像以往互諒互讓的方式，如此自責也許會換來對方的理解和謙讓，但此時的日本已非昨日的日本，現在仍沿用此法只能換來日本的得寸進尺。7 月 21 日（舊曆六月初八日），沈葆楨和潘蔚對於交涉情況向中

〔註 62〕（日）《往七第一號西鄉都督ヨリ大隈長官ヘ清官來蕃ニ付応接手続其他數件來柬》，JCAHR：A03031129400。

〔註 63〕（日）《往七第一號西鄉都督ヨリ大隈長官ヘ清官來蕃ニ付応接手続其他數件來柬》，JCAHR：A03031129400。

〔註 64〕（日）《往七第一號西鄉都督ヨリ大隈長官ヘ清官來蕃ニ付応接手続其他數件來柬》，JCAHR：A03031129400。

〔註 65〕（日）《往七第一號西鄉都督ヨリ大隈長官ヘ清官來蕃ニ付応接手続其他數件來柬》，JCAHR：A03031129400。

央政府作了彙報。〔註66〕經過資料對比可以發現，雙方對於此次交涉事實的記載基本相同。

縱觀此次交涉，也可以說取得了一定的成果。由於日兵軍事活動費用巨大，西鄉提出了補貼軍費作為結束此次行動的辦法，不再反覆討論出兵事由，不再增兵前來。接下來似乎中日間的外交應該進入如何賠償和賠償數量上的交涉，但後來柳原對此結果並不滿意，因為距離他的預期目標，以及日本政府的最初計劃相差太遠，所以柳原推說西鄉不負責外交為由，予以否定，完全推翻了西鄉與潘蔚達成的一致意見。

小結

日本不顧各國的反對和清政府的反對出兵臺灣東部，其目的是為了釐清琉球與中國的關係，也是為了開拓海外的第一塊殖民地，故在其平定牡丹社事件後，便要求派員進行實地調查，並打算開發臺灣番地。但要取得臺灣番地，必須得到清政府的認可。故西鄉在與清政府談判時，頑固地以國際法為己狡辯，聲稱既然清官員說臺灣番地為「化外」，即符合國際法上的「無主之地」概念，也就是在清政府實際統治之外，而日本出兵也有先例可循，並提出三個條件，來掩飾真正的目的，一方面曖昧地宣稱不破壞兩國關係，並將談判的行動推託給柳原。而清政府官員不知道日本出兵之真實目的，為了求得事情的盡早解決，放棄了繼續和柳原辯論日本出兵理由的交涉，天真地認為如能達成日本的三項條件，對方自然會撤兵回國，當然無需再多加辯論，於是開始為滿足三項條件的努力。特別是西鄉又提出補貼軍費作為結束此次行動的辦法，使清政府官員錯誤地認為，不需要再反覆討論出兵事由，也不需要再增兵前來，只要滿足三項條件，並按先例給予一定撫恤，就可以使日軍撤退，這又步入了日本人設置的圈套，自我丟棄了本來正當的交涉理由，造成了為滿足對方的要求而努力的被動局面。

〔註66〕《籌辦夷務始末》同治朝，卷九五，第3～5頁。

第十四章　釐清「中琉」關係的《北京專約》

清政府已經知道日本要殖民臺灣番地及全島的野心，便全力維護臺灣領土的安全，強烈抗議日本的侵略行為而要求撤兵。日本雖然提出臺灣番地無主論以對抗中國，但其理論不能獲得廣泛的共鳴，尤其難以說服列強各國。同時由於日本當時也不具備對外發動戰爭的能力，又由於李仙得的被拘留，使日本對於清政府的談判改變了最初的步驟，先達到釐清琉球與中國的關係，即柳原以日本佔領臺灣的現實，要求中國承認日本出兵為保民義舉，並以清政府賠償來達到出兵口實合理化，來換取日本的撤兵，並以「保民義舉」來達到切斷琉球兩屬的目的。

一、確保「義舉」出兵為目的清日談判

（一）天皇敕旨大久保利通全權談判

鑒於清政府對臺灣番地所屬權的堅決維護，而且出兵行動引起列強的堅決反對，日本政府認為殖民臺灣番地的計劃難以實現，便退而力求清政府承認日本出兵為保民義舉。

為達此目標，日本除以武力佔據臺灣番地為後盾壓迫清政府外，還加緊實施吞併琉球的措施。7 月 12 日，日本政府匆忙地將琉球事務，從外務省轉移到內務省管轄，以表明琉球與日本的關係非國際關係，是歸屬內務省管轄的中央與地方的行政關係，從形式上完成吞併琉球為日本領土的國內程序。

7 月 14 日，日本政府擬定對琉球藩的公告，其中言稱日本已經攻破牡丹

社，此後如有漂民遭殺事件的遺屬想要赴臺，須先行通知長崎蕃地事務局：

> 臺灣蕃地處分之趣旨已於本年第六十五號公布在案，西鄉都督渡蕃後，剿憮得其所，蕃人往往前來軍門投降，目前全蕃地幾已趨向皇化，現正全力搜捕先前劫殺之藩民凶徒，如此獲得平定，且都督率兵仍駐於蕃地期間，慘死者之親屬等，若有赴蕃地祭拜墳墓、遺骸之素志者，絲毫勿須掛念，亦可渡蕃，航海船班等事宜，請向蕃地事事務局長崎支局提出申請即可獲得照料，希知照。〔註 1〕

7 月 20 日，海軍省秘書偵察員兒玉利國，攜帶給琉球藩民的公告前往琉球，正式藉此事件向琉球民眾宣布吞併的決定，將以後琉球難民遺屬及民眾赴臺的審理權，歸入蕃地事務局，向琉球人表示日本政府從此正式統治的姿態。〔註 2〕

日本政府經過精心運作，力圖使「外征」臺灣轉為「內治」琉球問題，將日本出兵變成日本內治問題，爭取在國內取得日本出兵的正當名義，同時為了向外表明琉球為日本所屬的意圖，準備派遣內務部長大久保作為全權辦理大臣，繼續前往中國交涉，試圖證明琉球是日本的內治問題，圖謀使清政府承認日本出兵為義舉，並藉此宣揚清政府承認琉球歸屬日本的假象。

6 月 13 日，臺灣蕃地事務參軍赤松則良提交一份作戰報告，即是針對雙方開戰後的應變之道。文中共列有 9 項要點，主要是以琅嶠為根據地，北上進攻臺灣府（臺南市），並以海軍攻佔澎湖，切斷臺閩的聯絡；必要時再從長崎調一大隊攻擊雞籠，並循著河流入據艋舺（臺北市萬華區）；此時若與清廷談判破裂，再從長崎速調 12000 名軍隊佯攻臺灣，實開赴天津突擊，另在鹿兒島新募 3000 名軍隊，速攻浙江舟山，擾亂上海附近的航運、通商。〔註 3〕7 月 27 日，大隈重信向正院建議，日本在外交和軍事的危機之下，必須先籌劃對中國宣戰時的具體措施，並提出具體的「密議條件」，促使政府迅速採取行動。〔註 4〕雖然大隈的建議有文官干涉軍事的批評，〔註 5〕但是卻促使政府認真考慮大久保為全權出使的問題。因為此前在爭論蕃地平定後日本政策之初，大久保就

〔註 1〕（日）《大隈長官ヨリ蕃地勦撫ニ付琉球藩ヘ御達ノ儀云々伺》，JCAHR：A03031130900。

〔註 2〕（日）《処蕃類纂》第八卷，JCAHR：A03031007400。

〔註 3〕（日）伊能嘉矩：《臺灣文化志》下，第 106～107 頁。

〔註 4〕（日）《大隈関係文書》第二卷，第 411～414 頁。

〔註 5〕（日）《岩倉具視関係文書》第六卷，第 185 頁。

提出以外交攻勢屈服中國，如中國不服日本不惜一戰的開戰論，此時的大久保進一步向政府提出備忘錄。〔註 6〕

7 月 28 日，政府決定「海外出師之議」〔註 7〕和「宣戰發令順序條目」〔註 8〕，表示如中國不屈服於外交，日本將不惜一戰，來堅持出兵為義舉目的的強硬政策。

此種政策決定後，大久保便進入實施階段，他首先要落實軍隊的指揮和調動準備工作，7 月 29 日，大久保與海軍大輔川村純義達成協議，海軍方面支持他全權辦理外交，〔註 9〕並不斷與陸海軍各方面人士開會討論，協調他們配合自己的外交活動，〔註 10〕

8 月 5 日，大久保與山縣有朋之間也達成協議，〔註 11〕陸軍方面也支持其實施強硬外交。日本政府為了強化政權的權力基礎，對政府成員進行了一定的調整。

8 月 1 日，大久保被正式任命為全權辦理大臣。〔註 12〕

8 月 2 日，左院議長伊地知正治、開拓廳次官黑田清隆和陸軍卿山縣有朋就任參議，大久保內務卿的職務暫由工部卿伊藤博文代理。

8 月 3 日，太政大臣三條實美給陸軍大臣及海軍大臣發出秘密通知，讓他們進行戰爭準備：「臺灣蕃地處分之後，如先前之秘密通知，今後萬一開啟戰爭時，有關軍事方略事宜，皆由爾等專任，應協議後上奏為要。」〔註 13〕

8 月 5 日，天皇下旨給大久保，要求其必須要貫徹日本的理論，並維護日本為正義舉兵的榮譽。〔註 14〕天皇下旨委任狀內容如下：

> 大日本國皇帝宣示：凡瞻諟書者，往歲有我人民破船漂到臺灣島，被彼土人橫暴者，以之命我委員往問其罪，且派兵屬之，以警不虞。有此舉也，或恐有事出，謬傳交際生釁，因以命我派駐清國全權公使柳原前光，令與大清國政府，將懇親之意，妥為商議在前，

〔註 6〕（日）《大久保利通文書》第六卷，第 19～22 頁。
〔註 7〕（日）《大久保利通文書》第六卷，第 30～34 頁。
〔註 8〕（日）《大久保利通文書》第六卷，第 34～35 頁。
〔註 9〕（日）《大久保利通日記》下卷，第 292～293 頁。
〔註 10〕（日）《大久保利通日記》下卷，第 293～295 頁。
〔註 11〕（日）《大久保利通日記》下卷，第 295～296 頁。
〔註 12〕（日）《大久保利通日記》下卷，第 292～293 頁。
〔註 13〕（日）《處蕃提要卷六》，JCAHR：A03031133600。
〔註 14〕（日）《大久保利通日記》第六卷，第 44～46 頁。

而適後致啟種種論端。朕又為事屬至重，宜別簡於朕之信重大臣，以其熟知朕意且近所望者，委付全權令往，便是參議兼內務卿大久保利通。朕深信其有才幹，且忠直能堪厥任，乃茲授為全權辦理大臣，著往清國，令與大清國皇帝所派該其同權大臣，或議定條約，或議成約書，以副朕意所望為要。而其所議定之約，准即用朕名批准，以便令其盡權從事，好為收局也。凡此行辦事，即與朕親臨做主無異，准此為憑。〔註 15〕

另外，在同旨中，明治天皇委任給大久保事項如下：

全權公使柳原前光及田邊太一所持綱領，以不予變動為原則，實際不得已時，得便宜取捨；

談判的主要目的在保全兩國的親善關係，如不得已，則有決定和戰之權；有指揮駐在中國的各級官員的進退之權；事實上不得已，雖為武官亦有指揮進退之權；李仙得雖有天皇之委任，但必要時，亦有進退指揮其之權力。〔註 16〕

天皇不僅給大久保在清談判全權及指揮各級官員的權力，還為其配備了在日本司法省從事刑事法熟悉國際法的法國專家布瓦索拿德（Gustava Emile Boissonade），並親自下敕語給布瓦索拿德，望其能「勉勵從事」。

在接到天皇敕旨之後，8 月 6 日大久保率領太田資政等十六名官員和法律顧問法國專家布瓦索拿德，從橫濱出發，開始踏上出使中國之路。19 日到達上海與上海領事品川忠道會合，7 月 21 日與李仙得會合。

9 月 1 日，大久保抵達天津，在津期間，見到前來迎接的田邊太一，聽取其關於北京情況的彙報。3、4 日，再次與李仙得會談。10 日，越過北洋大臣府衙，未與李鴻章進行交涉，只是與李鴻章交換了禮貌上的名片，直接前往北京。大久保抵京後，仔細閱讀柳原和總理衙門的往返文書，認為如此反覆地辯論下去毫無意義，不如直接針對其論點提出問題。14 日大久保一行前往總理衙門，會晤奕忻、文祥、寶鋆、董恂、沈桂芬、崇綸、崇厚、成林、夏家鎬等大臣，進行第一次談判。

〔註 15〕（日）《大久保弁理大臣へ勅旨》，JCAHR：A03031133900；外務省編纂：《日本外交文書》（第七卷），第 176～177 頁。

〔註 16〕（日）《大久保弁理大臣へ勅旨》，JCAHR：A03031133900。

（二）大久保利通先發制人的談判策略

9 月 14 日，大久保與清政府進行第一次談判。大久保首先陳述日本政府派遣辦理大臣的目的，明確表示仍然保證柳原公使的權限。對於清政府官員的「貴大臣之言皆是貴朝廷之意嗎」質問，大久保答道：「可將本大臣之言視作本政府之言」。〔註 17〕

談判開始，大久保就採取反客為主、先發制人的策略，不再糾纏日本出兵侵臺的理由，而直接把談判的話題指向臺灣的番地不屬清政府版圖，展開外交攻勢：

大久保：本大臣想問貴政府對生蕃究竟有幾許實地治理呢？

文　祥：至於實地治理問題，一時難以詳述，一言以蔽之，自有臺灣之地既有生番。猶如廣東省有瓊州，其島中雖有開港場，但周圍居住著很多象生番那樣的人們。

大久保：既然說是屬地，當然就要置官派兵加以治理，因此希望領教當地治理的詳細情況。

文　祥：中國地域廣大，在此難以詳細說明，難以回答貴大臣的問題。

大久保：如此說來本大臣便難以理解了，生蕃之事非自今日生，自五月至今，今日本大臣奉命正式前來當面商討，應該可以得出明瞭的回答才對，但是，如果貴大臣說不能回答的話，今日的商議當然就毫無意義，而且歷來和柳原公使談判時所謂的蕃地為其所屬的言論決難相信。

文　祥：我政府事務繁忙，各官分司其職，因此我一時難以作答，作為證據這裡有臺灣府志。已然在照會中詳細說明，別無可言。

大久保：引用府志的照會已拜讀過，然而在實地到底有何證據呢？公法上講，荒野之地，某國對此實際佔領，且在當地設置官府，如不能從其地得到利益，其所領有之權及主權將得不到承認。〔註 18〕

大久保狡猾地將談判的問題歸納「蕃地無主」，即「簡而言之，貴國政府

〔註 17〕（日）《単行書・使清弁理始末・完》，JCAHR：A04017223600。

〔註 18〕（日）《単行書・使清弁理始末・完》，JCAHR：A04017223600。

認為生蕃乃為屬地，本國則認為其為無主野蠻之地。」他實質上在用臺灣番地是化外之地，即是近代國際法的無主之地的邏輯操控談判的主動權。他利用國際法上的實際統治理論追問中國政府官員，將談判話題轉向中國無法瞭解的收稅問題，令中國官員無以答對，從而轉變了對清政府有利的談判話題，迫使清官員從此開始跟著自己的話題：

沈桂芬：自古此地就歲歲繳納稅餉，顯而易見此地是大清國的屬土。

（此時書記官遞給大久保一紙文書，內容是：生番等處，宜其風俗。聽其生聚。叛者征之。服者容之。向不設官設兵。其輸餉等事，已詳照會。）

文　祥：貴大臣的問題是虛辯，根本無法回答。因此一定要把出處搞清楚。

大久保：此種輸稅之事，至今有官管理嗎？

沈桂芬：由當地頭人先行徵收，然後再一併繳納。

大久保：向何處繳納？

沈桂芬：向縣衙。

大久保：像牡丹社這樣的地方向那個縣衙繳納呢？

崇　厚：向鳳山縣衙。

大久保：本大臣聽親赴當地的日本官員調查報告所說，據當地土人所言，不曾有過交稅之事。在此有文書為證，不妨一閱。〔註 19〕

大久保還當場出示了副島九成和臺灣車城人借地的筆錄。文祥見此筆錄，回應說：「我國不僅在生番之地，而且在內地如此管理的地方也不少。租稅主要由村官統一上繳，百姓可能不瞭解詳情。」〔註 20〕大久保反駁到：「既然是貴國屬地，按照常理應該定期派官，租稅也應定期徵收，對於此問貴中堂的回答開始說一切具備，後來又說是由民莊來做。貴中堂所言前後不符，本大臣尤為不解。」〔註 21〕文祥再駁說：「言語可能會有錯雜或者難於理解之處，但是貴國和本國是同文之國家，即使文字有分疏，自己本身還是應該明白。」〔註 22〕

〔註 19〕（日）《単行書・使清弁理始末・完》，JCAHR：A04017223600。
〔註 20〕（日）《単行書・使清弁理始末・完》，JCAHR：A04017223600。
〔註 21〕（日）《単行書・使清弁理始末・完》，JCAHR：A04017223600。
〔註 22〕（日）《単行書・使清弁理始末・完》，JCAHR：A04017223600。

大久保雖以番地沒有實際管轄為藉口，並以清政府在當地並無納稅之例，以此否定清政府對番地主權的主張，但在但中方的反論下，也使大久保的說法也很難成立。

（三）大久保無視《臺灣府志》的證據

9 月 16 日午後一點，總理大臣董恂、沈桂芬、崇綸、崇厚等四名官員，前往大久保居住的旅館，雙方進行第二次會談，就大久保提出兩點質疑，總理衙門提出《臺灣府志》予以反駁答辯，其中有臺灣生番曾經納稅二十兩的記載。總理衙門大臣們以為憑此可以證明清政府對其擁有主權，並付以書面答覆：

> 第一條查臺灣生番之地，中國宜其風俗，聽其生聚。其力能輸餉者，則歲納社餉。其質較秀者則進入社學。即寬大之政以寓教養之意，各歸就近廳州縣分轄，並不設官也。特中國政教由漸而施，毫無勉強急遂之心。若廣東瓊州府生黎亦然，中國似此地方甚多，亦不止瓊州臺灣等處也。況各省各處辦法均不相同，而番黎等辦法尤有不同，此即條約中所載兩國政事禁令也各有異同之意。
>
> 第二條查中國與各國通商友好，遇有各國官商民人船隻意外遭風，及交涉案件各國商民受虧等事，一經各國大臣將詳細事由情形照會本衙門，必為立即行文查明妥辦。雖辦理有難易遲速不同，卻從無置擱不辦之件。如此案生番，貴國如有詳晰照會前來，本衙門無不查辦。且本衙門甚不願有此等情事，此後尚須設法妥籌保護以善將來。〔註 23〕

清政府還以《臺灣府志》及戶部冊籍為證，反駁日方云：「番地」並非全無政教，生番要繳納名為社餉的租稅，優秀的番童也要進入社學來學習。而「土番」的行為，則根據各國使臣及領事的照會，予以處罰。這一事件，日本如有照會，自當查辦，向無放置之理。即對臺灣，亦頒法設官以轄之，而盡中國自主之權，請勿無謂干涉。〔註 24〕

當時大久保當場就對以《臺灣府志》作為清對番地擁有主權的說法提出質疑：

> 大久保　：貴國的答覆書待熟讀後再行申告，雖然答覆中所說的蕃

〔註 23〕文慶等奉敕纂：《籌辦夷務始末》卷九七，臺北，國風出版社，1974 年，第 39～40 頁。

〔註 24〕（日）《単行書・使清弁理始末・完》，JCAHR：A04017223600。

地就和廣東瓊州相仿，但是將此地同樣看待之事難以苟同，況且發生蕃人殺害我國人民之事，引用其和內陸地方相類似來加以論辯，本人難以認同。

中方大臣：無法事事皆以書面作答應該可以以此來答覆。

大久保　：就像前天曾說過的那樣，僅憑府志上交納了二十兩稅收便可作為生蕃屬貴國的證據嗎？

中方大臣：雖以府志為徵，但也不是年年都固定徵收，因為終歸還是有豐收和災年免稅的情況。〔註 25〕

此次會面並未進行太多的辯論，因為大久保的策略是揪出對方的錯誤，當場無法立刻尋覓出來，無法當面予以反駁，所以只就前次出現的一事提出異議。而中國方面則是只對對方的疑問給以回答，以期證明對番地的所屬權。此種釋疑解惑的想法及其做法，當然無法對付專以對方失誤獲取外交主動的狡黠，因此形成了被對方控制的局面。

（四）無果而終的第二次談判

9 月 19 日，第三次談判在總理衙門進行。會談剛開始，大久保為了將清官員的氣勢壓下去，率先提出兩條質疑，雙方對臺灣番地所屬展開激烈的辯論：

大久保：答覆書中存在答非所問的情況，臺灣蕃地如果確實是貴國的版圖，前日的答辯還是不能解釋。夫版圖者，須確有證據。如果政權不曾波及，公法上非政權管轄之地，不承認其為某國的版圖。我相信蕃地決不是貴國的版圖。

文　祥：正像前日會晤時詳細陳述的那樣，如果互相詰難地辯論的話，最終也難有結局。不妨現在約定，在和約中商定兩國政事禁令有異同，存在事先未知的事情。按照此條約各司其政，此乃本人的談話要點。貴大臣如果也有和好之意圖，可達成友好，這對商議本身來說至為緊要。萬國公法乃近來西洋各國創立的，未曾記載我國之事，因此不應使用它來商議，應該用正理友好地商談。如果說生番之地我國政令不及，好像是咎問我國政事。生番之事可由我國辦理，

〔註 25〕（日）《単行書・使清弁理始末・完》，JCAHR：A04017223600。

而且以政事不及就認為不在我國管轄，無論辯論幾次，我也無法解答。

大久保：我也並非喜歡辯論，奉使來華的宗旨是為了友好，本來關於生蕃之事已經派了柳原前來，現今本人又來貴地，更加表明本國為了友好之意。然而貴國依然稱生蕃為自己的版圖，今日的話題實際上是關於生蕃到底是否屬地的辯論，所以不得不反覆加以辯論。儘管知道中日修好條規中規定不干涉對方的政事禁令，但是蕃地之事與此無關。正如一直表述的那樣，蕃地人及其兇惡，將殺害他國人民之事視為平常，以至於釀成現在這樣的事情。我國認為並非貴國所屬，所以自己著手處理。貴國如果堅持是自己的屬地，就請問證據何在呢？

文　祥：若問在實地有多少政令，我確實難以回答。但也不能因此就說我國未對生番實施政令。像如此之處，尚有四川雲南湖南湖北瓊州等地，即使在京師附近也有類似之地，不設官之地很多。如果籍此例證來詰難不是本國版圖的話，那我國可就為難了。貴大臣所說的我國懈怠於管理的事情或許存在，但是如果詢問版圖的證據，確是難以一一指證，更不能說我沒有證據。按照彼此不干涉政事禁令的規定，由我國自己處理番地之事才是理所當然。貴大臣如果不信任我，本國政府該如何是好呢？

大久保：內地之說前些天已領教過了，但是生蕃之地並非同日而語。為何蕃地兇暴的人殘殺外國人，堂堂政府卻置之不問不理呢？貴大臣稱其為自己的屬地，本人更是難以理解。本來並無妨礙貴國自由行使權力之心，但稱其為版圖，又看不到實證，才不得不反覆辯論。〔註26〕

從上述對話內容來看，中國政府認為番地屬中國，日本提出的政教不及非為所屬之說，是在干涉清政府的內政，和中日修好條約相違背，是不友好的行為。大久保堅持認為，既然是屬地就應有實地管轄的實證，日本認為中國並無實證，所以番地和中國無關，日本可以自由處置，並引用萬國公法為據，反駁

〔註26〕（日）《単行書・使清弁理始末・完》，JCAHR：A04017223600。

中國的觀點。眾所周知，此時的中國政府對萬國公法並不十分熟悉，日本以前述西方領土殖民標準來衡量臺灣主權，〔註 27〕將根本風馬牛不相及的兩種情況牽強地作比，清官員當然無法理解和接受，所以雙方談判未有進展。

二、英國公使威妥瑪調停

大久保為了順利地進行接下來的談判，避免列強的反對成為桎梏，在第一次談判後的次日，開始相繼拜訪了英美等國公使館，採用矇騙手段進行外交斡旋，取得了很好的實效。9 月 16 日，英國公使威妥瑪還到大久保處登門造訪。根據日本外交文書的記載，當時談話內容如下：

威妥瑪：今日有一問題前來相見，如果無妨的話想請教一下。

大久保：請講無妨。

威妥瑪：臺灣之事據斯伊爾帕克來信，日本外務卿講支那如果說日本征番之事非理的話，便可退兵，此事可否屬實？

大久保：此種說法差異很大。

威妥瑪：大意有何等差異？

大久保：日本行動前已曾就此事發布聲明。

威妥瑪：就像如此闡述嗎？明後日本國的船隻會來此，因此為瞭解現今的狀況，以便向本國彙報。本國人在支那地方很多，為了根據形勢派出很多船隻保護國民等事，所以不顧貴大臣嫌煩而前來詢問。

大久保：貴公使的擔心不無道理。

威妥瑪：明晚可應家人之許到達京城，明後日即快速地向政府呈遞書函，因此特向貴大臣詢問。〔註 28〕

大久保與列強使節的交往，目的在於獲得他們的支持，但是卻不願讓對方瞭解自己的真實想法，所以威妥瑪想要瞭解日本的行動真實情況，卻被大久保

〔註 27〕即使按照西方國際法的條款，中國也有臺灣東部的領土主權，因為當時的公法中規定：「國人徙居荒地遂據為己有者」，「開墾新地……若人民擅行於先，國家允准於後，亦無不可。」中國的《臺灣府志》，完全可以看作是中國政府的允准。參見《公法便覽》，卷一，第二章，第 16 頁，以及《公法會通》卷三，第二百七十九章，第 2 頁。同時，公法中的「某國人民遷徙墾荒，佔據海岸，其附近之內地，應從而歸之」，也證明臺灣全島完全是中國的土地。參見《公法會通》卷三，第二百八十二章，第 3 頁。

〔註 28〕（日）《単行書・使清弁理始末・完》，JCAHR：A04017223600。

避開話題，與他嘮起家常，可見大久保唯恐洩漏談判機密給對方和列強以干涉的機會，影響自己通過談判獲取更大利益，這是極端狡黠的伎倆。

對於大久保牽強的以實效統治為籍口，徹底否定中國臺灣東部屬權的強硬做法，清政府最初冀望英國公使「公評」。英國公使當然願意在中日談判中表達本國的利益，實現對中日兩國的影響，所以 9 月 22 日，便給總理衙門遞交了一份節略，〔註 29〕迫不及待地探聽清政府的授權界限。當時清政府只是將日本侵臺的合理性與否交各國公使發表意見。中日雙方第三次談判後，9 月 26 日英國公使前往日本外交官一行的旅館，再一次前來探聽雙方談判的情況，但大久保為了掌握談判的主動權，堅持本國既定的行動計劃，還是避開話鋒，始終未向威妥瑪透漏出自己的真實意圖和談判底線。

威妥瑪：據心腹稟告，據我所知好像臺灣全島歷來屬支那，但是近日日本卻派兵前往，征伐土番。支那政府稱此地為其屬地，常常向我討論曲直。本人不能以偏聽之言來回答，所以貴政府如果說非其屬地有何根據嗎？本人願聽貴方賜教。

大久保：根據很多，很是錯綜複雜，非一朝一夕所能說明，但正如前述，隨著不斷商議道理自然會明瞭。不出幾日雙方便會討論出結果，屆時將會有所奉告。

威妥瑪：現在想要瞭解的是臺灣的日軍打算長期駐紮嗎？或者根據事情發展情況可以退兵呢？如果決不退兵，兩國間可能會出現紛爭，如果出現此種情況，本國要事先做出準備，所以希望告知一下。

大久保：本國未說決不退兵，具體要根據商議情況而定，現在尚無法詳細回答。

〔註 29〕節略中稱：1. 我是否瞭解正確，總理衙門所謂「公評是非之處」意即公斷，或者僅僅意味著，根據目前一方所述，論其曲直，如係後一種看法，我願知道中國是否仍然盼望提出公斷？2. 如果提議公斷，中國將以什麼問題交付公斷？3. 總理衙門和在京日使往還中，有無某些情況說明日本政府準備提交外國公使公斷？交給所有外國公使或只是某幾個國家的公使？4. 如遇必要，是否準備接受日本的條件？5. 為使英國政府瞭解情況，我願知道，如果日本拒絕提交公斷，中國意圖採取什麼辦法？威妥瑪致德比，第 222 號，北京，1874 年 11 月 16 日，附件 2 號，威妥瑪致恭親王節略，北京 1874 年 9 月 28 日，F. O. 17/676．轉引自王繩祖著：《中英關係史論叢》，北京人民出版社 1981 年版，第 57 頁。

威妥瑪：根據情況退兵那是日本政府決定的事情，本人充分瞭解。本人會力圖讓中國政府接受此種結局。

大久保：承蒙厚意，我想正如前面所說，近日兩國政府間便可做出決定。所以不再麻煩您了。

威妥瑪：此事本來與我並不相干，但正如閣下所知，本國國民的商社在此地有二百餘家，每年的貿易額達到四億元。如果真出現兩國交戰的話，本國不得不保護本國商人的利益，所以十天後，本人想到上海和水師提督面商，事先做些準備。所關心之事非本人私事，而是和本國人民利益相關。

大久保：高論確實有理，前幾天已領教過貴公使的高論，此事讓貴公使顧念，所以希望早一天達成和平的結局。〔註30〕

雖然英國公使威妥瑪接受清政府的請求，試圖在中日間進行調停，更主要的是英國擔心戰爭會影響本國商人的利益，因此主張和平的解決爭端，即實現懲罰番人杜絕危害遇難船民生命，從而保護今後英國商業利益的目標，又不會因為戰爭而影響本國商人的貿易活動。但大久保並不想給外國人支配的權利，認為通過本身的狡黠可以促使清政府做出退讓，既能佔據臺灣，又能使中國在懵懂之中承認琉球歸屬日本的事實。當日威妥瑪並未得到日本撤兵的條件，一時難於左右中日談判的進程。

三、大久保搬弄國際法威懾中國

10 月 5 日，大久保到總署與文祥等進行第四次談判，其談判內容大體如下：

大久保　：貴照覆中稱本大臣無端揣測，但是貴方所謂的社餉及一旦有外國照會必然查辦，任由英美自辦的例證是本大臣隨意猜測的嗎？

中方大臣：儘管責備不明確回答，但是這樣的語言我們不相信是出自總理衙門之口。

大久保　：是呀，難以相信。

中方大臣：此事雖經幾次答覆仍不相信。

大久保　：不是猜測，我們確實有證據。請就外國有知照不會耽擱、

〔註30〕（日）《単行書．使清弁理始末．完》，JCAHR：A04017223600。

府志的社餉等詳細予以答覆。

中方大臣：我們已經用證據答覆完畢。

大久保　：尚未對我的疑問給予詳細答覆。我詢問的各節未曾有答覆，如果再如此下去的話，就又會說不奉政教等，這是保持兩國和好嗎？

中方大臣：此事自柳原大臣來京後就曾詳細闡述過，之後和貴大臣會面及照會中已然非常詳細說明了。再無需陳述了。貴國說生番不屬我管轄，我畢竟難以苟同。如果堅持狡辯生番非我所管轄的話，那就有違貴大臣所說的和好的宗旨。

大久保　：我歷來認為生蕃之地為無主野蕃，但貴方卻主張轄屬。不回答我的問題就不是追求友好之道，即使說一經外國知照就行查辦等事，也絕難相信。貴大臣越是曖昧地回答，本人就越是相信非中國版圖。

中方大臣：有外國的知照一定處理，但是查辦有快慢、事情有難易之分，決無放置不問之理。貴大臣所說的作為證據的府志，也明顯地說明蕃地非貴國版圖，而且當地也有非貴國管轄的證據。我所詢問的至今尚無明確的答覆，雖然已經是數十回了，但還是不得不辯論，這是我奉使的任務。

中方大臣：雖然責備應該舉出證據，但近來的會面和照會，該答覆的我們已經言盡了。

大久保　：以一己之私見，不值得再三詰問。既然府志上記載明瞭，而且一經知照即行查辦，那我這裡有一確證，請貴大臣詳閱。（此時大久保拿出臺灣府官員發給廈門美國領事的照會，請中方大臣們閱覽。）

大久保　：曾經稟告過幾次，都是一樣不變的。副島大臣派兩個人通告，當時明確地回答和貴國無關。因為貴國回答是化外蕃地，所以才以此意來行事。

中方大臣：貴大臣如果引用副島大臣之事來辯論，我絕對未曾聽到。回顧當時情形，我未說過無主之言。

大久保　：幾次辯論皆如此，應該相信去年的答覆。（此時文祥對鄭永寧說：談論到此種程度，白白的破壞友好，貴翻譯官注意一下此處，請給予說明。）去年答覆副島的話應該相信，與貴大臣討論了幾次都無結果，近期將停止談判回國。

中方大臣：去年的事我也未曾說過無主這樣的話。我們雖然該回答的都回答，如果要回國也不強留。〔註31〕

此次談判，大久保特別拿出1867年的「羅妹」號事件時，臺灣府給廈門領事李仙得的照會為證，還以副島使清時的言質為由，逼迫總署承認臺灣番地非中國所屬。

雙方都不肯在此事上讓步，且都試圖迫使對方退讓，甚至大久保以停止談判來要挾。對於臺灣番地，清政府從當時的東亞國際政治方式角度，認為臺灣理所當然地應該為中國領土，但大久保再次牽強地引用西方的標準，否定中國的主張，謂「一國新占曠地，該國如非實際領有，且於其地建設館司，獲得實益，則公法不承認其主權」、「一國雖有掌管邦土之名，而無其實者，他國取之，亦不為侵犯公法」。〔註32〕彼此之間展開了激烈爭辯。

此次談判中，大久保搬出李仙得關於番地無主論的意見，以及布瓦索拿德的國際法知識。李的意見主要記載於1874年在上海匿名出版的《臺灣番地是中華帝國之一部乎？》（Is Aboriginal Formosa a Part of the Chinese Empire？），即「番地所屬論」。在談判中，李仙得一再給大久保送意見書，據大久保的日記記載：「今晚李仙得意見書，由吉原報告大意。」〔註33〕李仙得的意見書既是他的「番地所屬論」，他在這個著作中，引證「羅妹」號事件認為，第一，中國對於臺灣番地，並無任何權利，縱使中國過去獲得其權利，但在番地未嘗開發之時，這種權利也是不完全的，即是一時的。這是因為中國過去在此地區，實施政權之時，曾有一種遂行義務的約束，現在則看遂行的意志及能力如何？第二，中國在條約上所得的權利，乃由其對「生番」怠忽實行義務之日起而告消失。即所有放任未開土地的管轄主權，概自消失；這與文明國的下述情形相同：租地人如果不付租金，或租地人對於租地契約所列的義務未經履行，則地

〔註31〕（日）《単行書・使清弁理始末・完》，JCAHR：A04017223600。

〔註32〕（日）《単行書・使清弁理始末・完》，JCAHR：A04017223600。

〔註33〕（日）《大久保利通日記》下卷，第312～317頁。

主可以驅逐租地人。第三，對於無主之地最初著手經營的文明國，亦即對於先人完全放棄之地最初著手經營的文明國，必須以此土地相贈與。日本佔領臺灣番地，著手經營番人開發事業，故有充分權利可以請求其土地。另外，番地經日本軍隊佔領以後，經過與讓受別國領土的同樣的順序，可以付出相當的賠償金而求和解之方。〔註 34〕同時他還教唆大久保，說：「日本已盡應盡的義務與責任，中國如果以日本這次舉動為非是，不為懇篤的協議，反欲襲擊日本，則日本不惜與中國一戰。戰事一旦開始，日本豈能墜其祖先的勇名。」〔註 35〕

儘管外國顧問一再教唆大久保，但由於中國政府寸步不讓，大久保仍然無法在外交上取勝。清政府對前年副島使清時的言質提出反論：清政府給李仙得的照會解釋說，這是地方官之失誤而中央政府不為其負責任；副島未就臺灣生番一事提出正式照會，所以中國當然不用去查辦，而且柳原與大臣毛、董會談時，並未表明日本擬定查辦之語，故認為只是一場說話而已，沒想到日本會真的舉兵侵臺。同時，中國政府一再強調，中國官員雖說是化外番地，但未曾說是無主之地。〔註 36〕

清政府不能漠視日本明目張膽地佔據臺灣領土，更不會承認日本以牽強的藉口侵略臺灣的土地，日本圖謀臺灣的目的不可能輕易實現。大久保在談判中以停止談判回國來向中國施壓，因為觸及中國的核心關注與最大利益，中國當然不能相讓，於是日本的態度迫使談判無法進行下去，雙方不歡而散。

但是出於維持最低談判利益的目的，大久保仍想繼續談判下去，以期獲得中方對出兵性質的承認，所以主動提出了兩國改換話題，尋求彼此皆能接受辦法的建議。經過幾次談判，大久保察覺臺灣番地所屬論爭，絕不是達成兩國協議的方法，必須另謀其他方法解決。他發現總理衙門雖然堅持中國的自主權及日軍撤退，但也同樣地宣稱要保全中日兩國的和平，所以不再與其爭論臺灣主權問題，而是趁中國防範琉球心裏薄弱的空隙，獲得出兵為義舉之名，並得到中國的賠償是極為可能的，由此就可以為以後延伸解釋琉球主權預設鋪墊。所以提出了「兩便辦法」的主張。

大久保認為，日本在外交談判上，未獲正當名目之前，即使談判破裂，使節回國，拒絕邦交的情形真的發生，也不能由日本來宣戰，只能等待中國開戰，

〔註 34〕（日）《大久保利通日記》下卷，第 321～322 頁。
〔註 35〕（日）《大久保利通日記》下卷，第 322 頁。
〔註 36〕（日）外務省編纂：《大日本外交文書》（第七卷），第 255～256 頁。

但是沒有任何跡象顯示，中國真的會攻擊西鄉的征臺軍，但是如果先由日本發動戰爭，則反而陷入中國的策略，因為日本沒有任何正當的理由先行宣戰。〔註37〕所以大久保為維護日本發動「征臺」的正當名譽，不願意輕易放棄由外交途徑來解決糾紛。於是他在10月10日，照會給總署，呼籲停止兩國代表的論辯，為達成和好由中國方面提出「兩便辦法」，〔註38〕試圖保持住談判底線，維護「征臺」的所謂名譽。照會云：

> 本大臣自奉命入京以來，日夕耿耿以思，臺蕃一案，兩議殊岐，紛無了期。致從而為兩國大事，兩國生靈終為何狀未可知焉。是豈兩國大臣弄詞鬥辯之日乎哉？惟天下理無兩是，事必歸一。（中略）貴國所轄治也。今我勞師耗財，劈榛除梗。衿束蕃民，污言相加，多辭相擾。實出意外。貴王大臣易地措身試一思之，亦豈所堪哉？侵越云，犯約云，實案未具加人以不容之罪。及其反覆討論情事漸露，猝又諉以不好辯論，斥以不堪煩瀆，所謂情誼相推者何在？至柳原大臣依例請覲而不見，許有輕侮中國等語。本大臣明知貴王大臣已不以好意待我國也。夫兩國大事不同於匹婦口角勃窣隨罵隨笑者，今日之事知有所定。是天未欲成兩國之好也。本大臣亦何所求，而久躑躅於都門哉？抑我國再三派使，不為不恪，本大臣輸誠致矣，不為不竭，啟釁滋端，其咎孰任，盡言至此，萬非得以。祈貴王大臣中夜清閱，一再致思，衡平鑒明之間，固已瞭然矣。今期五日，欲知貴王大臣果欲保全好誼，必翻然改圖，別有兩便，辦法是實，見大國雍雍氣象也。我國素非貪土加兵者，兩國人民之慶。本大臣固有深望，若乃過期不復，別無改圖，則是貴王大臣口說保全和好而其實委之塗泥也。本大臣臨去倦倦於兩國和好，莫非以盡其分也。〔註39〕

第二天，總理衙門發出兩封公文。一封是回覆大久保4日的照會，針對美國處理「羅妹」號事件和中國的照會事宜，糾正日本所說的自己帶兵前往的說法。正如前文所述，當時的情況也確實非自行處理的，美國方面包括李仙得多次向中國政府通報情況，而且中國還曾派官員帶兵去處理。這一系列說明番地

〔註37〕（日）《大久保利通日記》下卷，第80～83頁。

〔註38〕（日）《大久保利通文書》（第七卷），第261～264頁。

〔註39〕（日）《単行書・使清弁理始末・完》，JCAHR：A04017223600。

屬中國的事實。

另一封信是對於日本十日最後通牒的回答。信中並未對大久保的說辭采取相應的回辯，只是回覆說因為恭親王等要隨皇帝去南苑，所以五日的期限不可能給予回答。於是大久保同意再推遲三天。

在此期間大久保重視起了外國的反應，特意派遣李仙得前往美國使館、布瓦索拿德去法國使館、皮特曼赴英國使館活動，利用這些雇傭的外國顧問搜集外國和清政府的情報，以利準備今後的談判工作。

大久保自己則於 10 月 14 日主動登門拜訪英國公使威妥瑪，企圖利用英國迫使中國在談判上做出讓步，他們交流內容如下：

大久保：臺灣之舉本是因為我國五十餘名遇難船民，去年遭遇生蕃殺害，我政府為懲戒此地蕃民而開化指導他們。這同時保護了我國及護世界各國航海者的安全，期望以此杜絕後患。五月份，我國西鄉都督率兵前往當地。去年春季時分我國副島大使在北京期間，據前件所述，曾告知中國總理衙門要派遣人員赴當地查辦，因為生蕃之地與中國相接壤，所以為珍重兩國友好才加以通告。但是總理衙門毫無異議地回答說生蕃是化外之地乃政權不及，於是我政府日益認定是無主野蠻之地。（中略）去年春天副島告知時，回答說毫無異議，因此我國將其視為無主野蕃，更加應該開化此地蕃民，保護我國及各國航海者安全，除去將來的患害。關於此情形，可以在以往的照會及商議中得到證據。期待五天後中國總理衙門能夠翻然改圖，形成兩便的辦法，使雙方繼續進行深入的談判能夠達成和約這才是本人的使命。本大臣歷來重視兩國和好，希望解除中國的疑惑，平穩地將事情處理好。（後略）

威妥瑪：副島公使在北京告知的內容是用公文方式嗎？

大久保：不是，是讓柳原代理，面見總理衙門大臣相告的。

威妥瑪：是那樣啊。

大久保：一到期限應該有可否的回答。根據答覆的情況決定回國的時間，出使已經兩個月有餘了，近日本國特意派船來傳達政府的命令，我也想盡早回國。

威妥瑪：前幾日到貴寓，曾經詢問是否可根據情況來退兵，退兵是當然的，但是事情現在還難說，現在可以聽聽事情的進展嗎？

大久保：此次出兵本是我國的義舉，懲罰蕃人並加以教化，不僅保護我國人民而且還有各國航海者，杜絕將來的後患，這是我國的本意。不敢貪圖土地，只要能保住名譽便可退兵。

威妥瑪：涉及名譽問題，不退兵無須詢問。除此事之外還有什麼希望的嗎？

大久保：正如貴公使所知，此舉最初是向本國國民發誓要完成的義務。而且在當地的士兵們風餐露宿非常艱苦，甚至還有死傷，耗費了巨大的經費。因此，如果不能滿足政府的要求，以及足以向人民說明的理由，便難以退兵。

威妥瑪：如何才能夠滿足貴國的要求呢？

大久保：這應該由中國來思考。

威妥瑪：任憑他們的主張嗎？

大久保：是的。

威妥瑪：回國時是與柳原公使一同還是公使留下呢？

大久保：此事尚未決定，屆時再定。

威妥瑪：所談之事已然瞭解了，多少對本國也有益處。本來已知悉中國的詳情，今日方知日本的意見和事情的進展情況，承蒙告知，多謝。〔註 40〕

可見，為了拉攏和利用英國公使，此時大久保終於將交涉的進展情況向威妥瑪作了介紹。英國公使發現和日本有了共同的利益，於是開始協助日本壓制中國，迫使其不追究日本出兵的理由，並予以適當賠償。大久保的說教果然見效，從此威妥瑪便開始了這項工作，日本的外交達到了意想中的目標。

為了更好地達到目標，大久保於當日還拜訪了法國公使館。期望得到法國公使的支持。大久保似乎是帶著期望而來，但是法國公使卻未表示出幫助的意向，因此，他便簡單陳述了一下要達成撤兵條件的理由，就告辭而別。〔註 41〕可見大久保也想借用法國來向中國施壓，迫使中國接受日本的條件。

〔註 40〕（日）《単行書・使清弁理始末・完》，JCAHR：A04017223600。

〔註 41〕（日）《単行書・使清弁理始末・完》，JCAHR：A04017223600。

四、大久保脅迫中國以賠償換撤兵

大久保於 10 月 10 日提出的「兩便辦法」，顯然就是包含著中國賠償的要求，其實這也是清政府準備妥協的方向，而且鑒於日本已在臺灣番地登陸的實際，也不得不放棄對日本出兵是非的追究，為了日本退兵也可以在金錢方面予以補貼。

10 月 16 日，總理衙門給大久保發出公文，同意基於大久保的提案，由總理衙門大臣前往日本大臣所居住的旅館，兩國開始關於兩便辦法的談判。

10 月 18 日，中國總理衙門大臣董恂、沈桂芬、成林、夏家鎬，日方的全權辦理大臣大久保、柳原全權公使、鄭永寧翻譯官、太田資政、金井之恭書記官，開始第五次會談，此時雙方代表都表示贊成商討兩便辦法，大久保先提出賠償問題，於是會談雙方開始討論補償問題：

大久保：前日的答覆書已經詳細閱讀，本大臣所書的書信畢竟是重視兩國和好的精神。尋求兩便的辦法。而貴大臣也當然是帶著和好的意願，為商議兩便的辦法，大駕光臨弊處，這是非常高興的事情。本大臣以為，今日的交談是事關兩國和好的存否的重大事件，本日的談論決定可否，而且不可更改，這些皆在於貴大臣的權利。

沈桂芬：正如貴大臣所言，兩國的大事，待商議後可決定今後該如何。萬事皆須和恭親王文祥等商議才可，兩便的辦法可與此兩人商議。

大久保：如此說來，本日四大臣在此難於決定可否了？

沈桂芬：可決定的當然可以，不可決定的當然不可以。貴大臣所說的未必是不可的事情。

大久保：此事不在說完之後是無法知道的。

沈桂芬：根據貴大臣的談話便知可否，希望不出現以往的議論情況。關於兩便的辦法，一定是可以商量的，如果是單方的辦法，就不得不與恭親王和文祥等商量了。

大久保：關於今日的兩便辦法，貴政府可有意見，希望先請貴大臣詳細陳述一下。

沈桂芬：我認為兩便的事，非主張我一方的便利，貴大臣也是如此認為吧，因此先聽聽貴大臣的陳述。

……

大久保：文中堂給柳原公使的書信中，曾說過，如果日本撤兵，將來可以處分生蕃。現在如果是此種意思的話，決不是兩便的辦法，那是貴政府自己的偏見，希望能得到明確的回答。

中方大臣可以撤兵不是本國所說，我們沒有對貴公使下命令的權利。我們只是以和好為宗旨，不然就會指責向我管內派兵非常不友好的舉動。貴國認為蕃地是其管轄，要求我們撤兵。我國不予承認是因為有所見為證。我政府討蕃的目的是保護國民、開導蕃民、保護將來航海者的安全的大義，我國士兵風餐露宿吃盡艱苦，特別是還失去了不少士兵的生命，加之我政府為了達到此目的耗用了莫大的費用。現今要撤兵蕃民有對我應盡的義務，現在貴政府如果有也可以。傷亡者的祭資自不待說，蕃地非常不便，我們需要的物資絲毫沒有，以至於修建營房和道路及士兵的糧食等，費用相當巨大。這些當然可由貴政府賠償，貴政府如果拒絕的話，本國政府可以為達目的繼續處理。為了始終不變的重大義務而努力，豈是貪圖領土之舉？

董　恂：本國本來就未說貴國討番的目的有何不是。我政府認為番民殘害貴國人民，因此來報復，最初不知是本國土地，知道是我國版圖後，已經作了一定的處分，今日妥議後，消除以往的事故痕跡。（中略）

大久保：正如以往所稟告的那樣，如果說討蕃之舉是不對的話，我政府對天地神明、對各國政府也絲毫不覺得可恥。我人民遇害之事已經在照會中說明了，特別是在蕃地他們挑起戰端。今日的辦法不是沒有條理，仍堅持查辦之說於今日是不合適的，對談判也是無益的。

中方大臣：不是我們拒絕辦法，考察一下雙方情況，此事我們是可以辦的。我們覺得換個角度考慮，牽強的按照貴國的意圖的話確實不是辦法。今日所提出的賠償之談，若不查辦則難以詳細回答，卻說我政府不辦。

大久保：過去的五日論辯已經結束，已經該談論回國之事。所以今日的兩便辦法，是改變前論，以和好為目的。但今日所說查辦等事，我認為好像不是辦法。

沈桂芬：查辦生番之事如果不經過一定順序，對於我國來說則會失去顏面。

大久保：既然如此那該如何來做呢？

沈桂芬：前往生番實地去查辦，籌劃將來保護難民的方法。

大久保：如不如此前述之事就不能做嗎？

沈桂芬：我們的意思是不去生番查辦是不可以的，請容我們向親王和文祥等申告後，在回覆貴大臣的問題。

大久保：既然如此領教四位大臣的意見，不然就失去了和各位大臣談判的意義。

沈桂芬：我們認為不可。今日直接拿出償金的事情，事關我政府臉面的問題，難以立刻回答。

大久保：本大臣回國日期已經臨近，本來以今日為期和貴大臣相商，還要不得不與親王和文中堂商議，前述之事可否的決定，請於明日後日兩天給予回答，不再聽其他的議論。〔註42〕

此次談判，大久保首先宣稱這是一次關乎兩國友好的重要會議，決定的事項不可更改，圖謀迫使清政府做出最後的讓步，明顯表示出對繼續談判下去極不耐煩的態度，而且直接提出自己對兩便辦法的觀點，聲稱中國方面曾提出的日本首先撤兵，中國將來再對生番加以處分之說，決不是兩便辦法，指責其為清政府單方面有利的辦法。同時表示了日本認為的兩便辦法：「我政府討蕃的目的是保護人民、開化蕃民、以維護將來航海者的安全為大義」，「耗費巨大，蕃民不能補償的話，貴政府便有補償的義務」，「傷亡者的祭資且不說，修建軍營及士兵的糧食等所需非常巨大。」〔註43〕

如此一來，清政府就需要做兩件事，即承認日本的義舉和巨大的軍費。總理衙門大臣在當時表示對日本出兵之事不予追究，這是清政府方面做出的善意和退讓，因為按照清政府最初的做法是要詰問日本出兵理由的，既然兩國都想尋求「兩便辦法」那就權且當作日本最初不瞭解番地所屬問題，不知者不怪，不再加以追究。很顯然，不追究出兵理由只是為尋求和解所做出的退讓，並非

〔註42〕（日）《単行書・使清弁理始末・完》，JCAHR：A04017223600。

〔註43〕（日）《単行書・使清弁理始末・完》，JCAHR：A04017223600。

是對日本為琉球人問罪的認可。大久保將賠償作為兩便辦法，要求中國直接接受。總理衙門大臣認為此事需要繼續商議，雖然中國已經決定用撫恤來換取日本的退兵，但是對於賠償金額和名目也還是有必要再商量，因為此兩件事為「兩便辦法」的重要內容，無論哪個國家都不能簡單做出允諾，所以沈桂芬推說需要查辦之，向恭親王申告後才可回答，並未在當時輕易做出答覆。

五、清政府妥協以撫恤換撤兵

10月20日，大久保全權辦理大臣、柳原全權公使、太田鐵道權頭、鄭永寧外務一等書記官、金井之恭權少內史等，前往總理衙門，與總理衙門大臣文祥、董恂、沈桂芬、成林等進行第六次會談。《使清辦理始末》中詳細記載了會談的具體情況：

大久保：前天四位大臣來到弊舍，當時本大臣談了關於兩便辦法的意見。覺得和親王與各大臣協議後，應該有明確的答覆，於是本日特地前來領教。特別是昨天接到照會，今日能夠和各位大臣一同相見，希望能得到可否的最終決定。

文　祥：正如昨天照會所說，前天四大臣告知的事情我是同意的，但貴大臣說過以兩便辦法解決，我認為這對本國政府來說可是大大不便。本大臣認為，僅就事情本身來討論，應結束不必要的雜論，以達到雙方和好為目的。

大久保：本大臣認為前天所闡述的便為兩便的辦法，況且討蕃之事本來是我國政府上下協議後才著手的，決不可中途停止。正如前日所說，如果貴政府想要擁有此地，對於我國有義務，便是理所當然的。況且也可聽聽貴政府的意見，本大臣認為這就已經是兩便辦法了。

文　祥：對於今日貴大臣的高論本人並不想辯駁，主要以和好為宗旨。但是在此之前也說過，貴大臣所言是否真實呢？如果貴大臣果真希望出現結局，就請將貴國的不便詳細闡述一下，也能傾聽一下我們的不便。

大久保：貴政府所說的不便，本大臣不敢相信。看不出貴政府有何不便，貴大臣的談話似乎並不屬實。

文　祥：如果說有難處可能未必瞭解，但確有其事，此事過後有各位大臣向貴大臣陳述，首先想傾聽一下貴國的不便。

大久保：既然如此，就將我國政府有所不便不得不說之事說明一下。

文　祥：貴大臣不必再詳細述說，前日四位大臣已經將貴大臣的意思詳細轉達給我了。貴大臣和我坦誠地將心裏表達出來，互相吐露實際難處，和平地商量一下，這才是彼此容納的方式。

大久保：前日在旅館時，已經說過的話是本大臣的肺腑之言。我國政府討蕃的義務在舉國上下都曾發過誓言，不可中途停止。而且費用皆是出自國民，若想讓我們退兵，也需對人民有個交代，使本國政府達到滿足的程度。

文　祥：雖然貴大臣的撤兵方案已經很詳細了，但正如昨天所陳述的那樣，如果不先對生番查辦的話，於我國政府確有不便。既然貴國是為了義務而來，我國政府也不能不對人民盡義務。現今向我國屬地派遣軍隊還需要我國賠償，以此來換取貴國退兵，這對我國來說太無顏面了。所以不經我國政府查辦後無法讓人民出錢賠償。貴國的討番之義舉我國政府如果認同的話，貴國豈不為義而來，為義而歸呢？這不是聖明之舉嗎？

大久保：經過貴政府的查辦，如果難於說出賠償的話，那將如何呢？一切都難以預料。查辦後雖然說一定處分，但其後用何方式來處理，卻不得而知。

文　祥：因為剛剛病後初愈，談話可能會有不周全之處，特以書面文字加以陳述，請過目。

（此時文祥拿出一紙文稿）

文　祥：此書是答覆貴大臣的書信。貴國此舉對於我國來說是極為恥辱之事，對此就不再多加議論了。現在貴國政府如果為義而來為義而歸的話，其後可向貴國陳報事情處理的結果，今日有書信在此可以相信。希望深刻瞭解難以面對天下人民的苦衷。

大久保：拜閱了貴書信，也領悟了貴大臣的意思。但如此一來不就又返回到前面所說的屬與不屬之辯嗎？繼續討論此事是徒勞無益的，貴大臣不也是同意了嗎？因此想瞭解一下將來的辦法。

董　恂：正如前天所說，待查辦後便可報知。

大久保：查辦的方法以及查辦後如何報知呢？

沈桂芬：查辦在撤兵後進行，我國政府也像這樣報知，絕不會違約反悔。

大久保：我國撤兵後查辦與報知會達到什麼程度呢？

沈桂芬：貴國撤兵後的查辦方式是，加強人民對外國的友好教化，難以對貴國軍隊賠償。但我大皇帝可以補償貴國的難民，請體察此意並予以考量。貴國撤兵後我國政府決不做有異議的事。

大久保：可否以文字記述？

文　祥：應該以文字陳述，但我國大皇帝的補償難以用文字記載，具體金額現在還很難明確。貴國退兵後，我國皇帝可向難民提供補償，這就好像貴大臣拿著劍來談判，事情很難談，放下劍來談判，事情就很容易一樣。這是本大臣的心裏話，貴大臣也許不理解。我國本來對貴國的義舉沒有異議，也知道賠償金額，只是現在不便說，貴大臣也不應該說，我們還是以名義為重。

大久保：那樣的話是貴國的便宜，對於我國而言，上難對政府下難對人民有所交代，將難以撤兵，我國政府決不是希望金錢。

沈桂芬：貴大臣的高論也有道理，所陳述的情況也已瞭解，但如能體察一下我國的不便，我政府必能格外地去處理此事。具體賠償金額確實恐怕外泄，請予諒解，這是格外的處理方式。說數目不明確就難以撤兵就難辦了。

大久保：沒有此等事情，償付金額不明確難以承允。貴政府如果未有明確的答覆我該如何向皇帝覆命呢？又以什麼面對我國人民呢？貴大臣所說的是貴國之便，如此的兩便辦法肯定不會是解決辦法，我已經再三請求明確的給予答覆。（此時拿出文件）領教了四條方案，但對於我國來說，經過充分考量，謀求兩便的辦法。但貴國政府卻破壞此方法，我們絕對難以如此就撤兵。沒有確鑿的證據的話，即使我承認，本國政府和人民也難以承允。正如本月五日通告那樣，貴政府如果不想和好，我將非常遺憾，不得不停止談判回國。

沈桂芬：不能說拿不出證據，本日談話中就可以公文的形式明確稟告，貴大臣空無憑據地說回國不是解決問題辦法。（中略）

大久保：有緊急的事可於明日面商，如果有所不方便也希望明後日也必須面商。

沈桂芬：明日和恭親王商量一下，請告知何時能來衙門，希望明日午後兩三點鐘，鄭永寧能來衙門。

大久保：可以，希望明日即可面晤。〔註44〕

總理衙門大臣們在此次交涉中，提出了四條解決方案，希望以此平息中日間的衝突，中國政府拿出的四條方案是：

1. 貴國從前兵到臺灣藩境，既係認臺藩為無主野蠻，並非明知是中國地方而加兵。夫不知中國地方加兵，與明知中國地方加兵不同，此一節可不算日本之不是。
2. 今既說明地屬中國，將來中國於貴國退兵之後，中國斷然不再提起從前加兵之事，貴國亦不可謂此係情讓中國之事。
3. 此事由臺番傷害漂民而起，貴國兵退之後，中國仍為查辦。
4. 貴國從前被害之人，將來查明，中國大皇帝恩典酌量撫恤。〔註45〕

以上內容表示了腐朽的清政府妥協和懵懂已到了極至。將日本盡速退兵為首務，在此前提下，不得不承認已經無法扭轉的、日本出兵並佔據臺灣番地的現實，自己卻放棄了正當的立場，不僅未就日本出兵臺灣加以責斥，更為關鍵的是，竟被對方計謀所牽制，不加區別地將被害人說成「貴國」的屬民，沒有明確限定是小田縣人，而非琉球人。讓日本人又抓住可以延伸解釋的口實，成為了清政府承認琉球人是日本屬民的證據，為日本吞併琉球埋下了伏筆，再一次中了日本的下懷。

翌日，日本的鄭永寧書記官來到總理衙門，與各位大臣就具體的賠償問題進行了一番交涉，主要話題是賠償金的總額及其名目等。〔註46〕

〔註44〕（日）《単行書・使清弁理始末・完》，JCAHR：A04017223600。
〔註45〕（日）《大日本外交文書》第七卷，第289頁。
〔註46〕（日）《単行書・使清弁理始末・完》，JCAHR：A04017223600。

此次交涉中，總理衙門大臣們採取的對策並無太多不妥之處，而且也努力地作了爭取，但仍然難抵日本的狡黠。儘管他們知道事情的結局難逃賠償一劫，但並沒有完全聽其自然，他們基本上是步步為營，充分利用談判的機會儘量減少賠償數額，並將其性質定義為撫恤難民。中國提出日本應該義成而退，由中國皇帝賜給難民撫恤金。但是息事寧人的態度與防範心理薄弱的結果，還是被日本誘導到軍費開支問題上，與日本談起了軍費實際耗費數量上。雖然最初主張金額不得表明，但被日本所堅決反對。儘管中國為早日平息事態的目標而努力，但是日本避實就虛地引誘中國官員誤入他們設計好的圈套，同時利用中國息事寧人的態度，騙取中國承認日本是義舉，並不滿足於中國撫恤難民的簡單賠償方案，還得寸進尺地要求賠償日本軍費開銷，並明確在文件中表示。

10 月 23 日，日本全權辦理大臣大久保利通、全權公使柳原前光再次來到總理衙門，中國的大臣文祥、毛昶熙、沈桂芬參加，雙方開始第七次談判，繼續就賠償方式進行再次辯論：

沈桂芬：對於近來貴大臣提出的兩便辦法，我們陳述了四條方案，貴大臣和柳原大臣可協議一下。正如以前所說，貴國為義而來為義而歸，我們並不是不出金錢。我們也瞭解貴國耗費了巨大的費用，閣下來京後也屢屢地懇談，希望事情結束以便回國。恭親王等互相進行過協議，撫恤和兵費數目到底還是有著極大不同，國內議論紛紛。至於兵費補償，畢竟與我國名分有關，因此我國撫恤的數目和貴大臣的意思差別很大，所以很難在書面上記載。

大久保：本是為和好而進行商議，知道貴大臣也是十分希望和好的，但是本大臣得到明確的證跡，不得不回朝覆命。如果數目和約定書還未有，只是空言模糊的話則難以覆命。特別是像如此重大的事件，兩國間連一紙約書都沒有的話，當然是不可能的。如果換個角度考慮的話，也應該理解。雖然討蕃之舉已經多次陳述，但是如按照貴政府的要求撤兵的話，貴政府也應承擔應盡的義務，這是毫無疑問的。請貴大臣加以考慮。

沈桂芬：本來為了兩國和好而表示撫恤，但是貴大臣在前天的書信中卻提到賠償金，這是不符合雙方友好的主張，而且金錢的數目取決於皇帝的意願，現在做臣子的無法決定。貴大臣如果顧慮和親國之友誼的話，能夠要求賠償不要撫恤嗎？特別是雙方金額不符合的話將更是難事。

大久保：貴大臣本來曾說過待查辦生蕃後再解決，本國政府承擔的義務，本來應由貴國政府來承擔，所以請求貴國補償費用。但貴政府卻不贊同，藉口有難處只以恩典的名義來處理，我們同意了此種說法，現在又說金額不符合難以定約書，貴大臣之言如果如此的話，本大臣決難接受。

沈桂芬：現在請問一下別的問題，貴大臣認為處分番民之事，對於中國來說是理所當然地接受還是不得不接受呢？

大久保：此次本國討蕃之義舉，自五月以來就一直和貴國交涉屬不屬的辯論之中，結果也未見分曉，並於五日後又出現兩便辦法，於是有今天的局面。正如所詢問的那樣，再回溯以往毫無益處。我國政府本不貪圖蕃地的土地，已經按照貴政府的要求捨去以往的爭論，討論將來的事情。

沈桂芬：關於費用之事，我想，交際上討論費用問題好像很不得體，今日之事以和親交際為第一，費用問題為次。公然要索費用恐怕對貴國體面不利吧？

大久保：這是貴國的想法，讓出土地撤退軍隊之事，如果說名目不好那是什麼說法呢？本大臣難以理解。以往所論的屬與不屬之事未曾有結論，貴國將其說成是貴國所屬，本大臣是難以認同的，這是將來也不可確定的。然而連日來就辦法一事，按照貴大臣的要求，接受了名義之說。我國政府耗費了巨大費用，傷亡了許多士兵，艱難程度難以言表，結果卻是半途而廢，貴政府坐享其成也不會安心。我國最初為義而來，現在按照貴政府的要求，為義而歸。因此蕃民所承擔的義務由貴國政府來承擔，我政府不得不義成而退，我想貴政府應該改變以往，謀劃將來。但是卻出現好像要求承認蕃地歸貴國所屬的說法，實在是出乎意外。本大臣也曾顧及體面，痛快地做出不少退讓，但是貴國所提出的四條方案，本來可依據我國授予我獨立權力直接駁回，但是卻未那樣做。本來到了五日的談判不日將可回國，討論辦法的截止日期是今天，然後便可為繼續處分蕃地，更加擴大當初的目標，本來事先告知貴大臣。

沈桂芬：本來兩便辦法非我國所要求，是貴大臣來信提出的，雙方才進行到現在如此的局面。和恭親王商談之後，我曾經吐露了心裏話，經過商議我們提出了四條方案，並認為是兩便的辦法，於是向貴大臣告知。沒有貴大臣地同意不能終止，我政府認為除了四條之外，關於經費的名目問題不需要再商議了。將番地看做無主野番的說法，正如我所陳述的那樣，番地是我屬地的主張也告知過。

大久保：四條辦法是貴國之方便，非我國方便，皇帝陛下撫恤之說太茫然，不記載具體數目，本大臣無法相信。蕃地是其屬地之說已曾領教過，我最終還是不能認為是貴國所屬。特此通告本國將貫徹最初的目的。〔註47〕

大久保在談判中，既不承認對中國主權挑戰的失敗，又想迫使中國明確表示出軍費賠償的退讓。自己毫不讓步，卻讓對方做出無盡的退讓，這是絲毫不講求外交規則的蠻橫，也是國際交往中無法接受的自我至上行為。且不說當時的中國官員仍然受到傳統的影響，習慣於皇帝撫恤受難弱者的思維和做法，即便是今日的國際交往，也沒有哪個國家願意接受對方的咄咄逼人和一味索取，以及根本不妥協的談判。此種做法不僅傷害對方的感情，而且打亂了國際交往的環境，最終必然是導致某個國際行為體私欲極端膨脹，雖然其本身的利益一定程度上可以得到實現，但卻在長遠的國際關係上將會陷於孤立。

大久保雖然在談判時，做出了談判破裂準備回國的姿態，但仍不想就此徹底放棄談判。因為截至目前，日本已經獲得了對自己有利的條件，比如中國已經不再追究日本出兵的理由，日本為獲得片面利益，就可以將其解釋為日本出兵是義舉行為，甚至可以繼續延伸解釋為中國對琉球歸屬日本的認可。既然中國答應可以撫恤難民，就有可能將其名義改稱賠償軍費。諸如此類，日本已經獲得了中國一定的讓步和利益，只是尚不能滿足日本貪得無厭的奢欲。此時此刻，即使不能再獲得更多的要求，也要堅守住既得的利益，所以大久保並非真的想放棄談判，只是想以此獲取更多而已。

〔註47〕（日）《単行書・使清弁理始末・完》，JCAHR：A04017223600。

於是，大久保在第七次會談停滯狀態下，為了達到使清政府同意日本要求的目的，向威妥瑪伸出了求助之手，10 月 24 日，大久保主動拜訪了威妥瑪，做出了邀請威妥瑪助其索償的請求：「上次見面後，曾與中國進行了兩次交涉，先將其情況告知貴公使。過去的十八日，中國的董沈等四大臣來到我們所住旅館，交談間，向他們詢問了解決的方法，他們不先回答，反問我的方法。正如前日曾經大致告知的那樣，我國的討蕃之舉開始就有政府的目的，自然蕃人對於我們就有應盡的義務。既然中國接受了此蕃地就應該承擔此義務，這是理所當然的道理，所以告知他們應該承擔其義務。」〔註 48〕

威妥瑪於是向大久保詢問日本國要求中國承擔何種義務。大久保明確表示：「我國要求的就是此次行動的費用」。〔註 49〕然後便開始指責中國「聲稱非經查辦生蕃之後無法應允」。〔註 50〕並埋怨總理衙門以「恭親王不在，尚需詳細討論為由來回覆」。認為「雖然恭親王仍然不在，但文祥等各位大臣皆在現場。當日的討論和前日四位大臣的意思一樣」，〔註 51〕所以「如果答應我國的要求需要在查辦後才能實施，實在是出乎意外」。〔註 52〕並且埋怨中國堅持先撤兵，後提出將「皇帝救助琉球難民施以恩典的名義來補償」〔註 53〕的意思「在書面記載」的主張。

威妥瑪進一步追問說：「如此說來，如果中國像貴大臣所說的那樣去做，將此意思記載書面，呈給貴大臣之時，馬上撤兵就是貴大臣的權利之內的事了？」〔註 54〕大久保回答說：「當然，如果中國將此意的具體事項明確寫在書面上，我國也會按照期望訂立條約，屆時，撤兵之權即在本人的使命之內。」〔註 55〕

從上述內容來看，大久保向威妥瑪表明了未得書面答覆難以回國，並且表示可少拿賠償金〔註 56〕之意。因為威妥瑪所代表的英國利益是日本撤兵，只要日本撤兵就不會影響英國眼前和今後此地的商業利益，所以威妥瑪發現了插手的機會。於是他向中國施壓要求順應日本的要求，10 月 25 日，威妥瑪赴總

〔註 48〕（日）《単行書・使清弁理始末・完》，JCAHR：A04017223600。
〔註 49〕（日）《単行書・使清弁理始末・完》，JCAHR：A04017223600。
〔註 50〕（日）《単行書・使清弁理始末・完》，JCAHR：A04017223600。
〔註 51〕（日）《単行書・使清弁理始末・完》，JCAHR：A04017223600。
〔註 52〕（日）《単行書・使清弁理始末・完》，JCAHR：A04017223600。
〔註 53〕（日）《単行書・使清弁理始末・完》，JCAHR：A04017223600。
〔註 54〕（日）《単行書・使清弁理始末・完》，JCAHR：A04017223600。
〔註 55〕（日）《単行書・使清弁理始末・完》，JCAHR：A04017223600。
〔註 56〕（日）外務省編纂：《大日本外交文書》（第七卷），第 299 頁。

理衙門，力勸中國接受日本 200 萬兩恤金的要求。總理衙門擔心日本鋌而走險，威妥瑪轉而支持日本，致使結果對己不利，於是告知威妥瑪撫恤「數不能逾 10 萬兩」，並欲將日本「在番社所有修道建房等件」，權且留做中國之用，給付費用「銀 40 萬兩，」共計給付日本金錢數額「不得逾 50 萬兩」。〔註 57〕

六、承認出兵為保民「義舉」北京專約簽訂

威妥瑪在得到中國的退讓底線後，立即前往大久保住所，將中國的妥協結果告訴大久保。〔註 58〕就在當晚，大久保回訪威妥瑪。雖然對中國給付的金錢數額未再加以糾纏，但又提出了三點要求，〔註 59〕並稱缺一不可，而且聲稱第二天 12 時以前，務必獲取清政府同意與否的答覆。顯然，這是強力貫徹自己要求、不給對方留有轉圜餘地的態度。威妥瑪考慮到如此短暫時間就是文字修改也很倉促，於是建議大久保將時間推至下午 2 時，後又在威妥瑪的勸說下，將期限定在了下午 4 時。

大久保在英國公使館，與威妥瑪商量條約書面的內容。大久保堅持要在有明確書面答覆的前提下，方能撤兵，可見他格外重視中國在條約中的寫法。他們對清廷總署大臣擬的四條方案進行大幅度修改，首先刪除了日本承認臺灣番地為中國所屬地的部分，以及中國皇帝恩典酌量撫恤的文字。按照自己意思填寫上「日本國屬民」、「保民義舉」等詞句。經大久保修改後的議案內容為：

> 惟因各國人民有應保護不致受害之處，宜由各國自行設法保全。且以臺灣生蕃曾將日本國屬民等妄為加害，日本國本意為該蕃是問，遂設義舉遣兵往彼，向該生蕃等討責。今議數條開列於左。
>
> 1. 日本國此次所辦義舉，中國不指以為不是。
> 2. 所有前經遇害難民之家。中國議給撫恤銀款十萬兩外，又以日本國修道建房及在該處各項費用銀四十萬兩，亦議補給。至於該處生蕃，中國亦宜設法妥為約束，以期永保航客不能再受凶害。
> 3. 所有此次往臺之舉，兩國一切來往公文彼此撤回注銷，以為將來罷議之據。其所議給銀合共五十萬兩內，將一半先行立為付交，

〔註 57〕《同治甲戌日兵侵臺始末》，第 177 頁。

〔註 58〕（日）外務省編纂：《大日本外交文書》（第七卷），第 306～307 頁。

〔註 59〕三點要求是：第一、中國政府承認征番一事為義舉；第二、消除從來有關征番一事的爭論；第三、以十萬兩撫恤難民，四十萬兩作為斬荊鋤棘，築路修房之費，在撤兵前由中國政府支給。參見東亞同文會編：《對華回憶錄》，第 64 頁。

其餘一半即應妥立憑單。一俟此項銀款付交及憑單給過後，遂將日本在臺之軍師立行撤退回國。〔註60〕

威妥瑪與大久保於10月25日擬定的條文〔註61〕，肯定了日本出兵往臺是義舉，該處生番中國宜設法管理，等於只承認中國的管轄權，迴避了中國對其擁有領土主權的意思，主要目的是維護日本對臺出兵的正當性。大久保按照自己的意思修改完條約後，對華氣焰格外囂張，聲稱決不可更改書面內容，否則日本便會宣布談判破裂。〔註62〕為了繼續向中國施加壓力，九月十七日（10月26日），他又派柳原前光向清廷總署告辭。〔註63〕

此稿經威妥瑪轉交給總理衙門，〔註64〕總署為了顧及英國公使的面子，也為了盡早結束漫漫長談，並未深究其義舉的意思，只是在大久保與威妥瑪方案的基礎上略作修改，主張賠償分為兩部分，兵費賠償的說法還是難以接受，改為「日本退兵在臺地所有修道建房等，中國願留自用，準給費銀四十萬兩」。10月27日，恭親王奕忻等致書大久保，表示：「本王大臣等自無不能辦理之處」〔註65〕，於是中日《北京專條》就誕生了。可見，由於《北京專條》主要出自大久保與威妥瑪之手，中日雙方並未就條約中的具體表述進行過仔細而深入的討論，交涉過程中中國並未放棄的對琉球主權，在《北京專條》中也未有明確的界定，所以，對於「保民義舉」之類即是放棄琉球主權的解釋，僅是

〔註60〕（日）外務省編纂：《大日本外交文書》（第七卷），第210頁。

〔註61〕（日）外務省編纂：《日本外交文書》（第七卷），第310頁。

〔註62〕（日）外務省編纂：《大日本外交文書》（第七卷），第307～310頁。

〔註63〕（日）外務省編纂：《大日本外交文書》（第七卷），第310～311頁。

〔註64〕王慶成在《英國起草的「中日北京專條」及與正式本的比較》中，還抄錄了一份文稿。是威妥瑪與大久保商談時的英文紀錄稿的漢譯稿，可見威妥瑪對《中日北京專條》的參與程度。文稿為：惟因各國人民有應保全不致受害之處，宜由各國自行設法保全，且以臺灣生番曾將日本國屬民等妄為加害，日本政府本意為該番是問，遂設義舉遣兵往彼，向該生番討責。今議數條開列於後：一、所有前舉，日本國此次所辦義舉，中國不指言責為不是。二、所有前經遇害難民之家，中國願議給撫恤銀十萬兩外，又願以日本國修道建房及在該處各項費用銀四十萬兩，亦以補給。至於該處生番，中國亦必宜設法妥為約束，俾免不致再為滋害，以期永保航客不能再受凶害。三、所有此次遣義兵之舉，兩國一切來往公文，彼此撤回注銷，以示和誼示罷議之念。其所議給銀合共五十萬兩，內將一半先行立為交付，其餘一辦亦即妥立憑單，一俟此項銀款付交及憑單給過後，遂將日本在臺之軍師立即行撤回國。參見王慶成：《英國起草的「中日北京專條」及與正式本的比較》，《近代史研究》，1996年第4期，第83～84頁。

〔註65〕（日）外務省編纂：《日本外交文書》（第七卷），第312～313頁。

日本或是站在日本一方的曲意理解，有違歷史的客觀。僅從《北京專條》的條文，無法準確地理解臺灣事件的真正實質，及其對近代中日關係的影響。

大久保接受了清政府的修正稿，此稿成為雙方簽訂的北京專條的正式條約。10月30日，中日雙方以威妥瑪為證人，互換了北京專條和會議憑單，其內容如下：

> 大清欽命總理各國事務和碩恭親王、軍機大臣大學士管理工部事務文、軍機大臣協辦大學士吏部尚書寶、吏部尚書毛、戶部尚書董、軍機大臣兵部尚書沈、工部尚書崇、頭品頂戴兵部左侍郎崇、理藩院右侍郎成、三品頂戴通政使司副使夏，大日本全權辦理大臣參議兼內務卿大久保，為會議條款互立辦法文據事：照得各國人民有應保護不致受害之處，應由各國自行設法保全，如在何國有事，應由何國自行查辦，茲以臺灣生蕃曾將日本國屬民等妄為加害，日本國本意為該蕃是問，遂遣兵往彼，向該生蕃等詰責。今與中國議明退兵並善後辦法，開列三條於後：
>
> 1. 日本國此次所辦原為保民義舉起見，中國不指以為不是。
> 2. 前次所有遇害難民之家，中國定給撫卹銀兩，日本所有在該處修道建房等件，中國願留自用，先行議定籌補銀兩，別有議辦之據。
> 3. 所有此事兩國一切來往公文，彼此撤回注銷，永為罷論；至於該處生蕃，中國自宜設法妥為約束，以期永保航客不能再受凶害。〔註66〕

又互換會議憑單如下：

> 大清欽命總理各國事務和碩恭親王（以下衙門諸大臣九人連名），大日本全權辦理大臣參議兼內務卿大久保，為會議憑單事；臺蕃一事，現在業經英國威大臣同兩國議明，並本日互立辦法文據。日本國從前被害難民之家，清政府先準給撫恤銀十萬兩；又日本退兵，在臺地所有修道建房等件，中國願留自用，準給費銀四十萬兩，亦經議定。準於日本國明治七年十二月二十日，日本國全行退兵，中國同治十三年十一月十二日，中國全數付給，均不得愆期。日本國兵未經全數退盡時，清政府銀兩亦不全數付給。立此為據，彼此各執一紙存照。〔註67〕

〔註66〕《同治條約》卷二二，第7頁。
〔註67〕（日）外務省編纂：《大日本外交文書》（第七卷），第316～318頁。

小結

中日間經過七次談判都無果而終，最終還是轉由外國人居間調停，才使中日間的第一次外交事件有了一個形式上的結束。日本玩弄撤兵換賠償的策略，是圖謀中國承認日本出兵臺灣為義舉的口實。英國公使關心的是日本是否撤兵，只要日本撤兵英國就會滿意，哪管其他方面的妥協，何況又不是自己遭受什麼損失，因此由他來做裁判得出的結論不會有利於中國，苦果只好由清政府來吞下，清政府也只能接受一再退讓的結果。最後中方接受了日本方面提出的條款。另外，當時的清政府過於看重外國人的調停，輕易地便將交涉主動權交給了別人，自己只好做出更大的退讓。本來清政府如果將自己的主張堅持到最後的話，日本也將不得不妥協。大久保雖以決裂恫嚇清廷，在自己的日記中卻惶恐地寫道：經仔細考慮，此次奉命任務，實為極不易之重大事件。如談判不得終結，就此歸朝，則使命不完成，固不待論。而最可憂者為國內人心，以事情迫切，有戰爭朝夕可至之勢。如人心無法收拾，戰端終於不得不開之期，可以立待。若然，不但勝敗之數固然可俱；且我無充分宣戰之名義。柳原公使覲見雖遭拒，但僅此殊不足以言戰。若然，勢必至無理開戰。屆時，不但人民有議論，且將受各外國之誹謗，蒙意外之損害，終而招致損及我獨立主權之大禍，亦不能謂其必無。然則和好了事，原為使命之本分，故斷然獨決。〔註 68〕可見，大久保正急於結束談判，而清廷則沒必要為早日達成條約而讓步，枉失國家利益。

〔註68〕（日）《対支回顧錄》上卷，第 91～92 頁。

第十五章　吞併琉球——朝貢體系開始瓦解

日本通過 1874 年出兵侵略臺灣，以強權與軍事並用的手段，壓迫清政府立約，確保釐清中琉關係的「保民義舉」成立，並攫取了大筆的賠償金，為實際吞併琉球獲取了條件。特別是此時期清政府正也忙於中法越南交涉、中俄伊犁交涉等事，沒有更多的精力用於琉球之事。只有時任清駐日公使何如璋與日本進行交涉。何如璋建議清政府採取強硬措施，包括派軍艦前往琉球、與琉球共同抗擊日本侵略、依據國際約法請各國評理等，以保全琉球、保障臺灣地區安全。但由於清廷只同意與日本交涉、不願出兵，日本遂不顧中國反對，不斷向琉球施加壓力，最後直接出兵佔領琉球，強行改琉球為沖繩縣，單方面吞併了「琉球國」。

一、日本實質斷絕「中琉」的藩屬關係

日本在侵略臺灣的同時，也加緊了「吞併琉球」計劃的實施，在日本侵臺大軍尚未出發的 1873 年 3 月時，就向琉球下達了「新律綱領」，並將死刑以上的刑罰，轉到日本司法省，將司法權納入到手中。

3 月 31 日，負責改置府縣概表的大藏省，向日本政府提出在府縣概表重新規劃之時，將琉球藩放在鹿兒島縣之末，視為國內一般府縣。

而在加緊與清政府談判的同時，並沒有放鬆對「琉球」的吞併措施的實施，8 月時，又向琉球下賜了銅製「琉球藩印」一顆。

1874 年日本與中國簽訂的臺事條約，使日本的侵略行徑，變成「保民義舉」的正義行為，不但獲取了經濟上的賠償，還使日本獲得了獨佔「琉球」的國際法論據。

在條約簽訂協商之時，日本就開始行使對琉球的主導權，利用將琉球人遺骨送回之舉，來昭示其對琉球的宗主地位。〔註 1〕

而大久保利通為了獲得更多吞併琉球的國際法支持，回到日本後，便向政府的法律顧問瓦爾索納德（Boissonade）詢問日本將琉球納入領土範圍是否符合國際法、日本如何擴大其在琉球的權力及如何處理琉球與中國的關係等。

瓦爾索納德回覆認為：因中日臺事條約中所說的「日本國屬民」是指琉球人，所以中國應該承認日本對琉球的主權。但從實際情況來看，不宜急劇地對琉球施加壓力，可在租稅、兵事、審判等方面，依然保留一些獨立性，以取得居民的信任為上策；承認現在的藩王，逐漸增加內地之人，在此之前，可首先派駐理事官，使之監察島政，創辦配備直接有利於島民生活的燈塔、電訊等事業，若將之作為理事官所直接負責的事務，其駐在名義即可合理化。另外為了增大日本領有琉球的客觀性，要注意在日本的地圖中，必須繪有琉球，並要促使藩王進京，使之對政府保護表示謝忱。而在如何處置中琉關係問題上，應該廢止琉球對中國的獻納貢物，及派遣慶賀使等臣屬性的行為。然而是強制琉球實施，還是由日中兩國政府充分交涉而實施，則仍有研究考慮的餘地。〔註 2〕

大久保綜合瓦爾索納德的意見，向太政大臣三條實美，提出了有關處置琉球的新建議：

琉球藩歷來為本朝與中國之兩屬，其人民受本邦保護，其正朔又受之於中國。明治五年，琉球使臣來朝之際，賜以冊封尚泰列為藩王，但仍未能脫離中國管轄，曖昧模糊，何屬不定，甚不體統。但其數百年之慣習，頑固僻陋，墨守舊章……僅以名分條理論之，決難更動，當漸進積成。此次對清交涉之後，征討番地，使之認作義舉，為受害難民支付恤銀，雖表幾分為我國版圖之實，但仍難以達到判然定局，也難免各國異論。值此萬國交際之日，如斯擱置，難料他日不生故障。征番之舉，出自保護琉球難民不得已之義務，費金鉅萬，藩主等人理當深表感激，從速進京謝恩。但因其歷來舊習，恐懼中國，思慮他日，

〔註 1〕（日）《臺灣ニテ暴殺ニ逢候琉球人髑髏同藩へ運送ノ儀伺》，JCAHR：A01100060800。

〔註 2〕（日）佐藤三郎：《近代日中交涉史研究》，吉川弘文館，1984 年，第頁 110 頁。

處於知而不知狀態。曾命藩主進京，但其至今不來朝見，萬一託辭左右，不立即進京，則唯有加以譴責。以往用赦，格外處置。此時，宜遣輪船一艘，傳喚其通達時事之二三要人，懇切交談征番始末，使之知曉對清談判曲折，方今形勢，名分條理，歸藩之後，激勵藩王，進京謝恩。倘若此時喚之琉官進京，則應諭示：肅清與中國之關係，在那霸港內，設置鎮臺分營，其餘刑法教育等等，順次改革。至其與美國、法國、荷蘭締結條約之事，難以擱置，政府應從速實施交替手續。」〔註3〕

日本政府接受大久保的意見，召琉球官員池城親方、與那原親方、幸地親雲上等進京，賜蒸汽船給琉球及撫恤米等給琉球，並向他們宣布：「去年我政府所行義舉，原本為了琉球人民。維新以來，與外國交涉之事，悉依萬國公法，而琉球藩尚為兩屬形式，今日若不改革，則將受到中國干涉，且有他日滋蔓糾葛之患。我政府有此憂慮，在那霸設置鎮臺分營，以保護琉球人民。又因琉球舟楫之利薄弱，特賜給汽船，亦可支給粟米若干，以救恤難民，宜體此意，再渝藩王入朝。」〔註4〕

召琉球進京，就是要具體施行吞併的計謀，故大久保根據與琉球使者見面的情況，於 3 月 9 日，向日本政府再次提出處置琉球的意見：「藩王入朝之事，可暫付他日再議，於官員赴任之後，再加說諭。然設立分營之事，乃是現今當務之急，無暇待其遵命。又如禁止其朝貢清國，撤銷福州琉球館之事，關係頗為重大，欲全然盡保護之道，粗訂藩治政，漸次推及。據聞，去歲藩王向清國北京派遣貢使，受到優惠禮遇。今又有清帝即位之報，料其必遣慶賀之使，我朝處分琉球，乃歐美各國所注視者，若默許派遣，則與國權相悖……。關係清國之事，欲最終按照政府之目的，須先確立標準，內定施設順序。」〔註5〕

同時，大久保還提出，禁止琉球隔年向中國遣使朝貢；禁止以清帝即位為名派遣慶賀使；廢除福州琉球館；禁止琉球接受中國冊封；派遣官員調查琉球改革事項；今後琉球與中國的關係，概由外務省處理等項內容。〔註6〕

根據大久保的提議，日本政府開始計劃在琉球境內派駐大軍，並以最高行

〔註 3〕（日）《琉球藩処分ノ儀伺》，JCAHR：A01100061700；《大久保利通文書》第六卷，第 237～239 頁。

〔註 4〕（日）《琉球藩へ可下賜汽船並撫恤米ノ儀伺》，JCAHR：A01100108800。

〔註 5〕（日）《琉球藩処分著手ノ儀再上申》，JCAHR：A01100109300。

〔註 6〕（日）《琉球藩処分著手ノ儀再上申》，JCAHR：A01100109300。

政官太政大臣的名義，向琉球藩下達在琉球建立軍營的通知：「琉球藩：為達成其藩管內的保護，做為第六軍的熊本分營，將派往那霸港內，故通報建鎮臺兵營社九條事宜。」〔註7〕

為達成從內部改革琉球政體的目的，日本政府計劃實施與日本境內相同的府縣制度，同時計劃在琉球王上京朝見之時，制定新的朝見規則；年中的各種儀禮要使用明治年號；刑法施行司法省的定律，琉球派出刑法調查人員二三名上京；為改正藩治職制，由內地派駐官員；為學事、修行等相互瞭解，派出十餘名琉球人上京。〔註8〕另外，還將日本發行的各種報紙配送到琉球。〔註9〕

5 月 29 日太政大臣三條實美下令：禁止琉球隔年向清國進貢，或清國皇帝即位之時遣派賀使，今天藩王更替時，禁止接受中國的冊封。〔註10〕

在東京的琉球官員對日本單方做出的上述種種「廟議」始終不能接受，故松田道之要求政府「將官吏派至彼地，直接向藩王傳達，現辯論說諭。」〔註11〕

1875 年 7 月 10 日，在大久保利通的直接操縱下，內務大丞松田道之、內務六等出仕伊地知貞馨等，與池城親方等人一同前往琉球的那霸。

7 月 14 日，松田道之向琉球王代理今歸仁王子尚弼、攝政伊江王子尚健、三司官浦添親方、池城親方、富川親方等，宣讀日本政府作出的決定：今後禁止隔年向中國朝貢、派遣使節，或清帝即位時派遣慶賀使之例行規定；今後藩王更替時，禁止接受中國冊封；琉球應奉行明治年號，年中的禮儀概當遵照布告行事；為調查實施刑法定律，當派遣二三名承擔者進京；廢止福州琉球館；在琉球設置鎮臺分營；以及要求琉球王進京謝恩，按照另頁追加，實行藩制改革等。〔註12〕

而日本所謂的改革，就是完全吞併琉球，其中最重要的就是對琉球政府官員制度的改正，其政府官員官制如下：

〔註7〕（日）《琉球藩処分著手ノ儀再上申》，JCAHR：A01100109300。

〔註8〕（日）《琉球藩処分著手ノ儀再上申》，JCAHR：A01100109300。

〔註9〕（日）《琉球藩ヘ諸新聞紙送達ノ儀伺》，JCAHR：A01100109600。

〔註10〕（日）《琉球藩隔年朝貢ト唱ヘ使節ヲ清國ニ派遣シ或ハ清帝即位ノ慶賀使ヲ差遣シ且清國ノ冊封ヲ受クルヲ止ム》，JCAHR：A03022995400。

〔註11〕（日）《明治文化資料叢書》第四卷外交編，第 95 頁。

〔註12〕（日）《明治ノ年號遵奉及藩制改革等ヲ令ス附松田內務大丞ノ說明書》，JCAHR：A03022995500。

日本政府所設之琉球官制	
藩王	一等官
藩王為敕任官	
大參事一名	四等官
權大參事一名	五等官
少參事二名	六等官
權少參事二名	七等官
以上為奏任官，由藩議產生。	
大屬	八等官
權大屬	九等官
中屬	十等官
權中屬	十一等官
少屬	十二等官
權少屬	十三等官
史生	十四等官
藩掌	十五等官
以上為判任官，由藩議產生。	
等外	一等、二等、三等、四等
一等、二等、三等、四等其俸由藩費支給。	

此根據《明治年號遵奉及藩制改革等相關松田內務大丞的說明書》（JCAHR：A03022995500）。

日本的一系列單方面的琉球改革令，琉球方面當然不願意接受，特別是在斷絕中琉關係上，「直接表示了不奉命之意」。〔註 13〕

8 月 5 日，琉球王尚泰特意致書松田道之，提出關於太政大臣三條實美所諭示之禁止琉球藩隔年向清國進貢，或清國皇帝即位之時，派遣慶賀使，以及今後不得接受清國冊封，藩內奉行明治年號，年中禮儀遵行布告及改革藩制等等已經知悉，與諸官評議之後，茲懇請如下：

第一、本藩往昔政體禮儀不備，諸多不便，故而從屬皇國與中國，承蒙兩國指導，漸成政體。藩內所用對象，也從兩國籌辦，此外，經常蒙受兩國仁惠撫恤，皇國與中國之厚恩，罄竹難書，兩國實為父母之國，舉藩上下，莫不仰奉。深願萬世不替，以勵忠誠。今後不得向中國進貢，不得派遣慶賀使節，禁

〔註 13〕東亞同文會編：《對華回憶錄》，第 101 頁。

止向中國請求冊封，必然棄絕父子之道，忘卻中國累世之厚恩，失卻信義，實乃心痛。請諒察前情之實，准允向中國進貢，派遣慶賀一如既往。

又，從屬皇國管轄之地鹿兒島縣之事，以往對中國隱匿，懇請對中國說明，採取明確處置，願對兩國奉公，永久勤勉。

第二、本藩之事，有如前述，因從屬皇國與中國，故而懇請對皇國使用皇曆，對中國使用中國曆法，年中禮儀按照兩國格式。至於祝賀新年、紀元節、天長節等，當按布告實施，其他懇請一如既往。

第三、關於職制之事，乃是應乎國情、順乎民心而定，自古從無變易。現今政府雖直接管轄，但謂國體、政體永久不變，藩內一同聞知，難得之安寧。而謂藩制改革，則小邦人心迷亂，每事不周，請與內地有別，一如既往。〔註 14〕

同日，琉球攝政伊江王子、三司官浦添親方、池城親方和富川英方等，也聯名申訴無意改革的具體理由，強調琉球不可斷絕與中國的關係。〔註 15〕於是，松田道之則再次召集琉球攝政、三司官等五十餘人，來講述解釋望琉球能接受日本的主張，並請他們做嚮導，直接面見琉球王，但沒有人願意答應。

8 月 8 日，松田道之再次致書給琉球王及攝政、三司官等，對藩政改革諸條進行了細緻的解釋，並從所謂地理、人種、風俗、語言等方面與中國「無緣」，嚴厲指責琉球與中國的朝貢關係為「結成私義」，要求琉球「唯有從速遵旨奉行」。〔註 16〕

琉球王尚泰及諸大臣繼續上表，強調與中國的歷史關係，駁斥日本的無理，明確表示不能斷絕與中國的關係：本藩進貢之規則，載於明清會典，各國一同明瞭知之，前述逗留之英、法、美國人，也依照中國之示諭辦理。而且，本藩往昔交通皇國、中國、朝鮮、暹羅、爪哇國之前，何方也不服從。由於中古明主詔諭，開始進貢。是時，中國業已斷絕皇國之管轄，無有得到皇國許諾之條理，也無濫自以應諭為幸，結成私義之事，不可視為無有可循之名義。〔註 17〕

面對琉球國上下的一致反對，松田道之採取「威逼」的手段，其「怒聲喝

〔註 14〕（日）《藩王尚泰及伊江王子外三名歎願書》，JCAHR：A03022995500。

〔註 15〕（日）《藩王尚泰及伊江王子外三名歎願書》，JCAHR：A03022995500。

〔註 16〕（日）《松田內務大丞対弁書ヲ以テ更ニ令達ノ旨趣ヲ說明ス》，JCAHR：A03022995500。

〔註 17〕（日）《伊江王子外八名具狀書》、《藩王尚泰及伊江王子外三名再願書》，JCAHR：A03022995900；A03022995800。

叱，極度苛責，宛如對待三尺兒童，眾官吏因被松田斥責，夜不能寢，晝不能息。每日從早到晚進行協議，心急如火，肝膽皆裂，食不能咽。」以致「精神困倦，身體疲憊，如醉如狂，面色鐵青，唯有歎息。」〔註 18〕

根據以上內容分析表明，日本政府自明治維新以來的吞併琉球的政策，都是單方面策劃的，並沒有得到琉球王國的認可。

二、設置沖繩縣完成吞併「琉球」

琉球王既無力反抗又不願亡國，只好向中國求援。1876 年 12 月，特派紫巾官向德宏扮作漂民前往中國，翌年到福建見到閩浙總督何景和福建巡撫丁日昌，呈遞琉王陳情書，乞求代紓國難。清政府傳諭何如璋：「相機妥善辦理」〔註 19〕。

何如璋及黃遵憲為清政府提出三個策略，本來是想積極爭取救琉的政策，但清政府卻按照李鴻章的意見，採取「據理請問為正辦」，〔註 20〕寄希望於日本遵守國際法，維護國際正義。日本雖然無法否認以往琉球兩屬的事實，但卻反誣中國出「暴言」，堅稱「駐軍撤退絕對不可能，不如取消前次失禮之言。」〔註 21〕

1879 年 3 月，日本完全不顧清政府駐日公使的抗議，單方面強行實施針對琉球的廢藩置縣。政府任命松田道之為處分官，他率警部巡查 160 人，又由熊本鎮臺撥步兵半大隊隨行，27 日，向琉王尚泰宣布日本政府的廢藩置縣令，強行要求琉球「騰出首里城」，藩王赴京，「交付土地、人民及官簿等其他各類文件」。

3 月 29 日，藩王尚泰開始離開首里城，當天夜裏與夫人一起出城。首里城其後被日本所接收，成為熊本鎮臺沖繩分遣隊的駐地。

4 月 4 日，日本太政大臣三條實美宣告廢止琉球藩，設置沖繩縣，並任命錫島直彬為縣令，將其編入日本的中央集權體制之內，要求琉球王入京。

琉球藩以藩王尚泰生病為由，請求延期移居東京。但 4 月 27 日，松田要求繼承人、其長子尚典先行赴京，請求延期移居。5 月 27 日，尚泰在日本的

〔註 18〕（日）喜捨場朝賢：《琉球見聞錄》，第 98 頁。

〔註 19〕故宮博物院編：《清光緒朝中日交涉史料》卷 1，北平 1932 年版，第 21～22 頁。

〔註 20〕故宮博物院編：《清光緒朝中日交涉史料》卷 1，北平 1932 年版，第 24 頁。

〔註 21〕東亞同文會編：《對華回憶錄》，第 105～106 頁。

強迫下，移居東京。

5 月 10 日，清國總理衙門針對日本強行將琉球廢藩置縣一事發出照會：

「照會事照得琉球一國，世受中國冊封，奉中國正朔，朝貢中國於今已數百年，天下之國所共知也。中國除受其職貢外，其國之政教禁令，悉聽自為，中國蓋認其自為一國也。即與中國並貴國換約之國，亦有與琉球換約者，各國亦認其自為一國也。琉球既服中國，而又服於貴國，中國知之而未嘗罪之，此即中國自認其自為一國之明證也。琉球既為中國及各國認其自為一國，其入貢中國一層，於中國無足輕重也。今琉球有何得罪於貴國，而一旦廢為郡縣，固與修好條約第一條所云：兩國所屬邦土，以禮相待等語不符，且琉球既為中國及各國認其自為一國，乃貴國無端滅人之國，絕人之祀，是貴國蔑視中國及各國也。琉球以弱小一邦服於兩國，其國與貴國尤密，宜如何保護之，乃無故滅絕之，於貴國聲名無益，於各國公論亦未合。今貴大臣既奉貴國之命，前來修好，廢琉為縣一事，實為兩國和好之一大關係之事。本王大臣以上所言，即為兩國永遠顧全和好大局之言。貴大臣宜既知照貴國將廢琉為縣一事速行停止，則兩國之誼由此益敦，而貴大臣前來修好之意亦由此益顯矣。」〔註 22〕

從總理衙門的照會來看，中國堅決反對日本對琉球的吞併，並認為琉球為一個國家，並將琉球一事作為兩國修好的要事來看。但日本根本無視清政府的交涉，並決定在琉球設置鎮臺分營。這項決定，完全不同於以往的慣例，遭到琉球的反對，日本政府採取了斷然措施，強制命令琉球：

1. 為對中國朝貢而派遣使節及慶賀清帝即位等慣例，一概廢止。
2. 撤銷在福州的琉球館，貿易業務概歸設在廈門的日本領事館管轄。
3. 從來每當藩王更迭之際，由中國派來官船，受中國冊封，著以為例，今後概予廢止。
4. 令藩王來朝，對政治釐革及興建的方法。加以研究後決定。
5. 琉球與中國今後之交涉，概與日本外務省管轄處分。〔註 23〕

5 月 20 日，清國公使再次向寺島外務卿提出照會，稱琉球案件交涉中，對於日本政府廢藩置縣的做法，實難承認。5 月 27 日，寺島外務卿回答此為根據日本內政情況做出的處理。6 月 10 日，清國公使針對寺島外務卿的「根

〔註 22〕《日本外交文書》第 12 卷，第 178 頁。
〔註 23〕東亞同文會編：《對華回憶錄》，第 101 頁。

據內政情況作出的處理」的說法提出反駁。

日本政府向清國列舉了「法章十五條」(掟十五力條)和琉球國王尚寧的《誓文》等作為根據，說明琉球所屬的由來，證明琉球國自 1609 年受島津氏入侵後，一直實際處於薩摩藩的統治下。

6 月，日本政府又派內務大丞松田道之到琉球傳達上述命令。遭到琉球攝政及官民的反對，松田在欲見琉球王未果的情況下，做出決裂的姿態，要直接回國報告日本政府。9 月，琉球官員池城安規等面見大久保面陳難情：「如得中國承認，則當奉命。」〔註 24〕

大久保不予理睬，翌年 9 月日本政府公然在琉球實行新審判和警察制度，實施海外護照制度，凡琉球人到中國必須請發護照。日本完全控制了琉球的內政與外交，從制度上斷絕了與中國的藩屬關係。

琉球正式被日本吞併後，日本政府繞過意志堅定的何如璋，開始與北京政府直接交涉。同年 4 月，日本政府派宍戶璣為新任駐華公使，雙方拉開了照會戰。5 月 10 日，總理衙門照會日本公使，指出「中國及各國皆承認琉球為一國，……今乃無故滅絕之，此乃與貴國之聲明無益，於各國之輿論亦不合」。7 月 16 日，宍戶璣覆照總理衙門既不承認兩屬之說，也不承認自治之國，堅稱琉球是日本的內政，不許他國干涉。〔註 25〕兩國在京交涉也陷於停頓。

由於李鴻章並不想因琉球而與日本失和並導致對立狀態，不主張對日本興師問罪，恰值前美國總統格蘭特遊歷亞洲中日兩國，李鴻章等便產生了請格蘭特調停琉球問題的念頭。

格蘭特於同年 5 月 27 日經由上海到達天津，翌日即 28 日與李鴻章舉行會談，31 日離開天津，6 月 2 日到達北京，翌日即 3 日會見總理衙門的恭親王，並正式接受委託，出面調停琉球問題，6 月 12 日再次返回天津，以琉球問題為主題，李鴻章與格蘭特再次舉行了會談。

格蘭特接受了李鴻章、恭親王等要求其調停琉球問題的要求。7 月 3 日到達橫濱港，受到日本朝野的盛大歡迎。7 月 22 日，伊藤博文、西鄉從道等與格蘭特在日光會談。格蘭特從伊藤、西鄉等處瞭解了日本關於琉球問題的主張與要求。7 月 31 日，返回東京，8 月 2 日，在濱離宮會見明治天皇，陳述了琉球問題的經過，並表達了自己的看法：

〔註 24〕東亞同文會編：《對華回憶錄》，第 102 頁。
〔註 25〕東亞同文會編：《對華回憶錄》，第 106～109 頁。

吾滯留清國期間，李鴻章及恭親王向吾詳細談過琉球事件，請吾向日本政府廟堂之人述說此事，以求公平妥當處理。吾雖不肯代彼辦理此事，但約定盡力周旋，告之與吾國公使平安商議，因而已與平安數次交談。在此次訪問中，又與伊藤君及西鄉中將君得以在日光面談，終能大致瞭解事情之詳情。

然雙方所論各不相同，所有紛爭皆是如此，吾在清國所聞與在日本所聞大相徑庭。因而難以判斷是非曲直，不敢輕率吐露鄙見。吾能理解現今日本也有難退之勢，難言之情。且既已自信做出屬其國權的處分，而且無論如何都將維其國權，但清國對此事之意也不可不察，故吾欲僅就此一點分辯。

清國認為，日本的所作所為，非友好國家之道，乃是輕蔑彼之國權，不顧琉球自古便與其國有關係之處置，特別是往年在臺灣事件中受到屈辱，胸中不忘，使彼猶為不平，疑慮日本企圖連同臺灣也要佔領，並切斷清國在太平洋的通道，所以清國的大臣們，對日本有憤恨之心。

是故在吾看來，此事非在於相互論判，而日本的要求也並非沒有道理，只是應量察清國的心情，莫如以寬大廣義之心，讓彼一步，如兩國間保持友好之今日若切實考慮緊要之事，雙方則不應無相讓之處。

吾雖此時難以確信，但據吾所聞，若是在該島嶼之間劃分疆界，給彼讓出太平洋之通道，清國應予同意。此事確實與否，雖然尚不可知，但可知清國的大臣們儘管心懷憤怒，也會有意接受充分協商的。〔註 26〕

從此份格蘭特向天皇表明的意見來看，表面上格蘭特站在相當中立的立場上的，想要促進和平解決日中間就琉球問題。但是從此以後，美國為確保通向亞洲的太平洋的安全，一直站在支持日本吞併琉球及出兵侵略臺灣上，故筆者竊以為，格蘭特之所以願意出面調停，也是為了此利益點，故在明知道日本將作為國家的「琉球」以非法的手段吞併，依然向伊藤博文表示「琉球是日本領土，其人民是日本人。」〔註 27〕並向日本透露清政府不會「挑起戰端」，這分明

〔註 26〕《日本外交文書》第 12 卷，第 144～145 頁。
〔註 27〕《日本外交文書》第 12 卷，第 185 頁。

是偏袒日本，不顧琉球是本為「國家」，而將其肢解，來緩解中日之間的矛盾。

格蘭特與美國駐日公使平安多次商量，最後提出「琉球三分案」，即將琉球中部的沖繩諸島，恢復琉球王國，南部的宮古、八重山群島，劃歸清國，北部的奄美群島，劃歸給日本。這個方案沒有得到日本的認可，在日本看來，北部的奄美島中的五個島嶼，實際上早就由薩摩藩統治，這樣的方案對日本來說沒有什麼益處，更沒有討論的價值。格蘭特在日本也只是偶而提及此事，並未能向李鴻章等所期待的那樣耐心調停：「自己是個旅行者，絕無干預他國之事的意圖，如幸而能與中日兩國間之爭端做出某種調處，便覺無上光榮。」〔註28〕對中日間的是非曲直並無興趣，只是奉勸中日「各讓少許，便自過去，無須他人幫助。」〔註29〕反勸中國收回何如璋的照會，言外之意是中國無禮的照會延誤了中日交涉的進程。總理衙門毫無原則地接受了格蘭特的建議，「本王大臣認為從前所論，可概置勿論，一一依照前任美國大總統來書辦理。」〔註30〕撤回何如璋對日本的指責，無形中也就承認了日本的無理做法。格蘭特在沒有提出明確調停方案的情況下，9月3日，從橫濱返回美國。這樣中國與日本又不得不面對直接談判解決琉球問題。

另外一方面，日本曾在幕府末期，與歐美各國簽訂一些不平等條約，所以，修約是日本明治維新後的第一訴求。1879 年井上馨任外務卿，開始加大與各國談判力度，與各國共同進行修約談判。日本十分擔心歐美各國會以 1873 年批准的《日清修好條約》的有效期 1883 年為藉口，以中國的「稅率」及「治外法權」仍然有效為由，拒絕修約談判。故日本特別需要與中國進行修約談判。於是日本想利用與中國間存在的琉球問題，展開了旨在修改《日清修改條約》的外交談判。

恰巧前一年 12 月 24 日清總署恭親王等致函給井上馨，內稱「琉球一案，先後准貴外務省第二次第三次照覆前來，本王大臣逐節詳加參核，本擬分令照覆辯論，惟思此事既經美國前統領從中勸解。本王大臣因將從前辯論各節，暫置弗提，願照美國前統領信內所稱情事，次第辦理。貴外務省如亦願照辦，希即見富，以便彼此照信商辦可也。須致照會者。」〔註31〕

〔註28〕東亞同文會編：《對華回憶錄》，第 113 頁。
〔註29〕《李文忠公全集》譯署函稿卷 9，第 39～40 頁。
〔註30〕（日）《琉球関係雜件／琉球沿革及琉案始末（稿本）》，JCAHR：B03041148500。
〔註31〕（日）《岩倉公實記》下卷，第 595 頁。

恭親王的信給井上馨一個很好的臺階，3 月 9 日，井上馨給駐清國公使宍戶璣，明確提出修約與「琉球問題」一併協商進行：「琉球一事已到解決之時。兩國政府之言辭，首先將和平置於第一位，此番接得總理衙門來書，實在合宜，吾廟堂先生亦不欲破壞和好，則可施行格蘭特氏之互讓之說，以達呈書所述之目的，小生願此事能繼續維持兩國人民幸福。……決定此舉後，世間定有人議論紛紛，言此事不異削減國權，若不幸發生，小生地位必然尤其直接受到攻擊。原本聲望不隆，不過是對一身之削減而已，只望將來加深與清國交往互吐心事，使彼此喜憂與共，齊向外國施展攻略。目前英俄不和預動干戈，德國逐漸向東洋下手，兩國如若今日還不共同遠謀，實為愚蠢。關於兩國目前獨立權尚不充分，若要一統我東洋面向西洋政略，實為難事。第一要兵備海陸，修改法律完善內政，強化中央政府的威力，實現純粹的獨立自主（即治外法權）為第一要務，願瞭解此精神之恭親王、李鴻章等，發揮熟陳雄辯之老手風範，請為兩國蒼生與互耀國威努力，請轉達小生深意。」〔註 32〕

4 月 17 日，日本政府決定了對中國談判交涉及條約草案，並派內閣大書記官井上毅前往北京，通報駐華公使宍戶璣。訓令內容如下：

> 琉球一案，本是依我政府自主公權而處分者，不容他邦干涉，但清政府對之異議。當初，清國公使與我外務省論辯之後，終致我政府與總理衙門直接照會，往復不迭。頃日，接得總理衙門照會，開陳從前往復議論，置之不提，以美國前統領從中勸解之宗旨為本，妥為涉議云。我政府自始以保全兩國和好為主義，清國既從前統領之勸解，以無事結局，則我所滿足者。今照覆總理衙門，述我政府同意之旨，然照辦方法如何，清政府尚未明言，我亦甚難。抑據兩國現存條約，內有准許其他各國人民反而不准許兩國者，甚失其平。夫清國與我國同文同種，復有舊來交誼，為唇齒之勢。故而當時兩國締結之條約，乃以真誠和好為本。然比較西人與我國人民在清國所得便否，卻大相徑庭。西人被准許內地通商，且有特惠明文，而獨限我國人民，故而西人常占壟斷，我邦貨物有被驅逐市場之勢。此乃有背和好善鄰之誼，以致我人民對此往往不快。其失之兩國修好本意也甚矣。故而我政府舉清國准許西人者，請求對我人民也予均準，清國若應我之請求，我政府為敦厚將來親睦，可以琉球接近

〔註 32〕（日）《日本外交文書》第 13 卷，第 369 頁。

清國地方之宮古島、八重山島二島屬清國，以劃定兩國之異域，永遠杜絕疆界紛紜。〔註 33〕

日本政府趁機提出了琉球的新處理方案，即所謂的「分島改約論」。主要內容是：「以琉球南部接近臺灣之宮古、八重山兩島分讓與中國，作為區劃兩國之國境線。而且與此同時，修改中日通商條約，增加利益均霑要款，使日本人能與西洋人相同，得入中國內地貿易。」〔註 34〕

日本提出新方案後，特地派出日本大藏省少書記官竹添進一郎，來華試探。1879 年 12 月，竹添進一郎來中國後，上書李鴻章論琉球案，兩人對琉球案多次進行筆談。日本的意圖明顯是以琉球大部分歸屬日本為前提，只象徵性地以兩個貧瘠的小島相妥協，以圖最終完成兩國的國境線劃分，〔註 35〕實現有利於日本吞併琉球領土的目標，並試圖取得《中日通商條約》所未得到的最惠國條款。最惠國條款是中國政府對不平等條約有所認識情況下，不願再輕易讓予日本的一項主權利益。中國與日本處理琉球案目的是「護持弱小起見，毫無利人土地之心」，更未想到以此為界劃分國境線，中國雖無力阻止日本吞併琉球的行徑，但也並不願因此喪失道義，瓜分別國領土，出賣最惠國條款，所以中國沒有接受日本的方案。

日本政府卻急於結束琉案，4 月 17 日，內閣會議決定採取「分島改約論」，派內閣大書記官井上毅來華，將決議傳達給宍戶璣。6 月 29 日，日本政府任命宍戶璣為全權辦理委員。清政府則派沈桂芬、景廉、王文韶等與宍戶璣會談。恰在此時中俄關係緊張，中國政府官員擔心日俄勾結，也願意盡早結束琉案，於是覺得「此舉既以存球，並以防俄，未始非計。」〔註 36〕

10 月 28 日，雙方草簽了《琉球條約》和《酌加條款》。《琉球條約》規定：「除沖繩島以北屬大日本國管理外，其宮古、八重山二島屬大清國管轄，以清兩國疆界，各聽自治，彼此永遠不相干預。」〔註 37〕總理衙門的對日妥協，遭到許多官員的反對，特別是李鴻章與兩廣總督張樹聲。他們認為條約對中國有害無利，又不可行，主張採取拖延的辦法。因此總理衙門決定不批准協議草案，

〔註 33〕（日）《琉球関係雑件／琉球沿革及琉案始末（稿本）》，JCAHR：B03041148500。

〔註 34〕東亞同文會編：《對華回憶錄》，第 115～116 頁。

〔註 35〕《李文忠公全集》譯署函稿卷 10，第 32～33 頁。

〔註 36〕故宮博物院編：《清光緒朝中日交涉史料》卷 2，第 8 頁。

〔註 37〕故宮博物院編：《清光緒朝中日交涉史料》卷 2，第 9～10 頁。

將琉案擱置起來。1881 年年初宍戶璣惱怒而歸。

此次關於琉案的交涉耗時四年，終無結果，以後雖有提及，1882 年竹添進一郎任駐天津領事期間，曾與李鴻章重議琉球問題，1887 年總理衙門大臣曾紀澤還向日本駐華公使鹽田三郎聲明，中國仍認為琉球案尚未了結。〔註 38〕但由於中國邊患頻繁，無力顧及，琉案終成懸案。

小結

綜上所述，日本在出兵臺灣番地的同時，加緊實施「吞併琉球」的計劃，特別是在獲得「保民義舉」的口實後，更是肆無忌憚地要求琉球完全斷絕與中國的朝貢關係，並於 1879 年 3 月，不顧清政府駐日公使的抗議，琉球國王的反對，單方面強行實施針對琉球的廢藩置縣。琉球被日本吞併後，清政府與日本政府進行數次交涉，美國也參與其中，並不顧琉球本為一個國家的事實，提出肢解琉球的「三分琉球案」。此案導致日本後向清政府提出「二分琉球案」，但清政府顧及琉球人民的感受，沒有答應日本，後在中國邊患頻繁，自身難保的情況下，任由日本將琉球完全吞併。

〔註 38〕中國社會科學院近代史研究所：《日本侵華七十年史》，第 24～25 頁。

第十六章　日本偷竊中國臺灣的「釣魚島」

釣魚臺群島，簡稱「釣魚島」，由釣魚島、黃尾嶼、赤尾嶼8個無人島礁組成，分散於北緯25°40′～26°、東經123°～124°34′之間，總面積約6.344平方公里。這些島嶼在地質構造上，與花瓶嶼、棉花嶼及彭佳嶼一樣，是中國臺灣北部近海的觀音山、大屯山等海岸山脈延伸入海後的突起部分，在歷史上作為中琉航海指針被中國古籍所記載，本為中國臺灣島的附屬島嶼，與琉球國沒有關係。資料已經確鑿證明，日本在明治維新後，曾多次想建立國標佔有該群島，但迫於清政府的壓力而沒能實施。甲午戰爭以後，日本明治政府乘勝利之機，瞞著中國及各國暗中竊取了釣魚臺群島。〔註1〕而大量史實還證明，釣魚島在歷史上根本不是「琉球國」的領土，是被日本趁甲午戰爭勝利之勢，偷偷從中國竊取的中國之領土。

一、釣魚島在歷史上與「琉球國」沒有關係

釣魚島及附屬島嶼是中國臺灣北部近海的觀音山、大屯山等海岸山脈延伸入海後的突起部分，在歷史上作為中琉航海指針被中國古籍所記載，本為中國臺灣島的附屬島嶼。而「琉球」在歷史上為東亞的一個古國，其地理分布於臺灣島東北和日本九州島西南之間的海面上，包括先島諸島、大東諸島、沖繩

〔註1〕（日）井上清：《關於釣魚列島的歷史和歸屬問題》，香港四海出版社，1972年，第28頁。

諸島、奄美諸島、吐噶喇諸島、大隅諸島等六組島嶼。大量史料證明釣魚島在歷史上，不屬「琉球王國」，而是中國領土不可分割的一部分。

1. 日本將「久米赤島（赤尾嶼）」篡改為琉球的「久米島」

日本方面認為，釣魚島與琉球的關係，最早起始於 1873 年，證據資料為收錄於「勵志出版社」與「刀水書房」聯合出版的《釣魚臺群島（尖閣諸島）問題研究資料彙編》中的《向琉球藩轄內久米島等五島頒發國旗及律令的文書》。

筆者在日本外交史料館找到其原件，其內容為日本明治政府在 1872 年 10 月單方面設立琉球藩後，於次年（1873 年）3 月 6 日，派外務省六等出仕伊地知貞馨，自行向琉球政府轄內久米島等五島，頒發日本國旗及律令書，其內容如下：

> 琉球藩：無奈海中孤島，境界尚有不明之處，難以預料外國卒取之虞。此次，授與你藩大國旗七面，自日出至日落，高懸於久米、宮古、石垣、入表、與那國五島官署。此次交付與你為新制國旗，日後破損以藩費修繕。〔註 2〕

而琉球藩於同年（1873 年）4 月 14 日，向伊地知貞馨彙報：「懸掛於本職管轄內久米島及另外四島之國旗大旗一面、中旗六面，連同文書已順利交付完畢。」〔註 3〕

從上份資料的內容分析來看，明治新政府要求琉球將日本國旗所懸掛之五島，為「久米、宮古、石垣、入表、與那國」，而這五島本為琉球之附屬，其中的所謂的「久米島」與「粟國島、慶良間島、渡名喜島」構成一個島群，本為琉球三十六島之一部分。如下圖所示，「久米島」與「釣魚島」中的「久米赤島（赤尾嶼）」根本是兩個不同的島嶼。

「久米赤島（赤尾嶼）」與「久米島」的距離，相差達七十多里，故將此份資料，作為琉球擁有釣魚島的最初證據，完全是偷樑換柱，以普通人對歷史地理的不瞭解，混淆視聽來達到指鹿為馬之目的。

〔註 2〕《釣魚臺群島（尖閣諸島）問題研究資料彙編》，勵志出版社、刀水書房，2001 年，第 164 頁。

〔註 3〕（日）《琉球関係雜件／伊地知在琉中書類》，JCAHR：B03041142900。

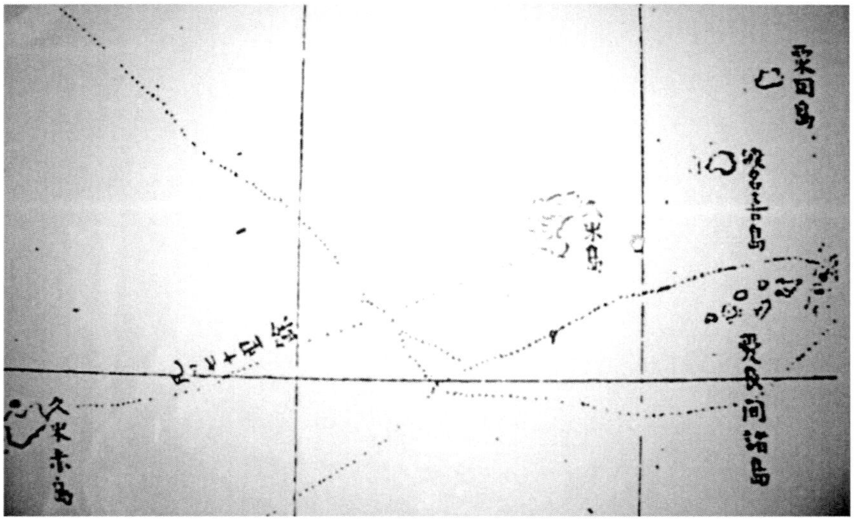

資料來源於日本外交史料館所藏《沖繩縣久米赤島、久場島、魚釣島へ國標建設ノ件明治十八年十月》中所附地圖。

2. 1879 年日本的「分島案」明確「宮古、八重山」的範疇不包括釣魚島

1879 年 3 月，日本完全不顧清政府駐日公使的抗議，單方面強行實施針對琉球的廢藩置縣。日本政府任命松田道之為處分官，率警部巡查 160 人，又由熊本鎮臺撥步兵一隊隨行，27 日，向琉球王尚泰宣布日本政府的廢藩置縣令，強行要求琉球「騰出首里城」，藩王赴京，「交付土地、人民及官簿等其他各類文件」。次年 9 月，日本政府公然在琉球實行新審判和警察制度，實施海外護照制度，凡琉球人到中國必須請發護照。日本完全控制了琉球的內政與外交，從制度上斷絕了與中國的藩屬關係。

琉球正式被日本吞併後，日本政府繞過意志堅定的何如璋，與北京政府直接交涉。李鴻章並不想因琉球而與日本失和並導致對立狀態，不主張對日興師問罪，恰值前美國總統格蘭特遊歷亞洲中日兩國，李鴻章等便請格蘭特調停琉球問題。

格蘭特接受了李鴻章、恭親王等要求其調停琉球問題的要求。到達日本後的格蘭特通過瞭解日本關於琉球問題的主張後提出「琉球三分案」，即將琉球中部的沖繩諸島，恢復琉球王國，南部的宮古、八重山群島，劃歸清國，北部的奄美群島，劃歸給日本。這個方案沒有得到日本的認可，在日本看來，北部的奄美島中的五個島嶼，實際上早就由薩摩藩統治，這樣的方案對日本來說沒有什麼益處，更沒有討論的價值。

在修約的壓力下，日本政府又向清政府提出了琉球的新處理方案，即所謂

的「分島改約論」，其大體內容如下：清國若應我之請求，我政府為敦厚將來親睦，可以琉球接近清國地方之宮古島、八重山島二島屬清國，以劃定兩國之異域，永遠杜絕疆界紛紜。〔註 4〕

為了明確劃分區域，日本就「宮古、八重山」區劃進行了界定，其內容如下圖所示，其「宮古、八重山」的範圍，根本沒有釣魚島。故日本政府所謂釣魚島為「西南諸島」之說法，是無視歷史史實的謊言。

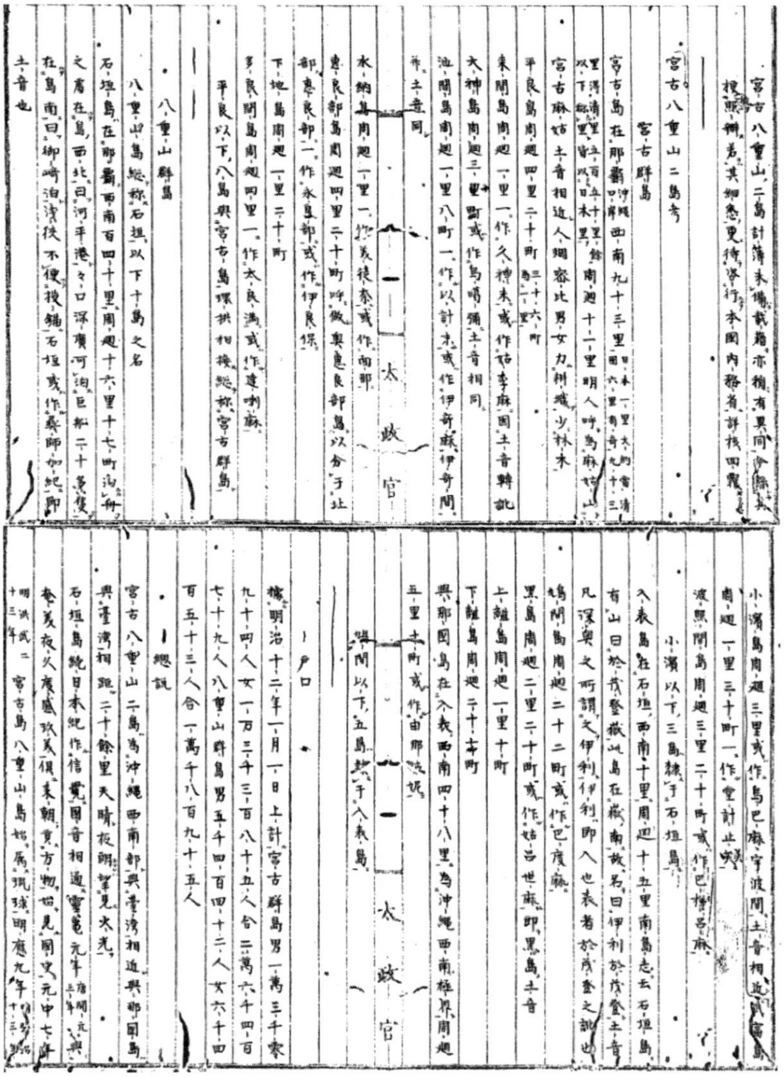
宮古八重山二島計簿未備載籍亦稍有異同今採其
撮照衡為其細悉更待將行本國內務省詳核四飛之
宮古八重山二島考
宮古群島
宮古島在那覇西南九十三里周廻十一里明人呼為麻姑山
宮古麻姑土音相近人稠密比男女力耕織少林木
平良島周廻四里二十町
來間島周廻一里一作久禱末或作姑李麻国土音轉訛
大神島周廻三里町或作烏噶彌土音相同
池間島周廻一里八町一作以計末或作伊奇麻伊奇間
並土音同
水納島周廻一里一作美後泰或作面那
惠良部島周廻四里二十町呼做與惠良部島以分于地
部惠良部一作永良部或作伊良保
下地島周廻一里二十町
多良間島周廻四里一作太良滿或作達喇麻
平良以下八島與宮古島環拱相接總稱宮古群島
八重山群島
八重山島總稱石垣以下十島之名
石垣島在那覇西南百四十里周廻十六里十七町泊舟
之處在島西北曰河平港々口深廣可泊巨船二十艘復
在島南曰御崎泊淺狹不便投錨石垣或作桑師加紀即
土音也
小濱島周廻三里或作烏巴麻宇波間土音相近武富島
周廻一里三十町一作宣計止與
波照間島周廻三里二十町或作巴梯呂麻
小濱以下三島隸于石垣島
入表島在石垣西南十里周廻十五里南島志云石垣島
有山曰於茂登嶽此島在嶽南故名曰伊利於茂登土音
凡深奧之所謂之伊利伊利即入也表者於茂登之訛也
鳩間島周廻二十二町或作巴度麻
黑島周廻二里二十町或作姑呂世麻即黑島土音
上離島周廻一里十町
下離島周廻二十七町
與那國島在入表西南四十八里為沖繩西南極界周廻
五里十町或作由那姑呢
鳩間以下五島隸于入表島
戶口
據明治十二年一月一日上計宮古群島男一萬三千零
九十四人女一万三千三百八十五人合二萬六千四百
七十九人八重山群島男五千四百四十二人女六千四
百五十三人合一萬千八百九十五人
總說
宮古八重山二島為沖繩西南部與臺灣相近與那國島
與臺灣相距二十餘里天晴極目望見大丸
石垣島純日本紀作信覺國音相通靈龜元年唐開元三年與
奄美夜久度感球美俱來朝貢方物始見國史元中七年
明洪武二十三年宮古島八重山島始屬琉球明應九年
太政官

資料來源於日本外交史料館所藏《琉球関係雜件／琉球沿革及琉案始末（稿本）》中。

〔註 4〕（日）《琉球関係雜件／琉球沿革及琉案始末（稿本）》，JCAHR：B03041148500。

3. 古賀辰四郎的申請開發報告反證釣魚島不是日本的領土

另外可以證明釣魚島在歷史上不屬「琉球」的證據，為《那霸市史》資料篇第二卷，收錄的《古賀先生對琉球群島的功績》中透露的事實。日本在1879年單方面實施「琉球處分」吞併琉球後，居住在那霸的福岡縣人古賀辰四郎，從1884年開始不斷派人到釣魚島採集「信天翁」及周圍的海產物。後來，他為了在島上設置半永久性的作業場所，向沖繩縣廳提出申請，而未獲得准許，他又直接向中央政府申訴，也未獲得成功：

> 明治二十七年（1894年），（古賀辰四郎）向本縣（沖繩縣）知事申請開發該島（釣魚島），但因為當時該島是否為日本帝國所屬，尚不明確而未准。於是他向內務和農商兩大臣提出申請書的同時，本人又到東京親自陳述了該島實況懇願批准開發，仍然未准。時至二十七、二十八年戰役（中日甲午戰爭）告終，臺灣編入帝國版圖，二十九年以敕令第十三號公布尖閣列島為我所屬，古賀立即向本縣知事申請開發，於同年九月終被批准，由此此人對該島多年宿望得以實現。〔註5〕

此史實記載於日本近代著名歷史學家井上清的《關於釣魚列島的歷史和歸屬問題》中，它的資料來源為《古賀先生對琉球群島的功績》中記載的1910年1月《沖繩每日新聞》的報導。筆者沒有查到此份報紙的原件，但這份間接引用的資料，也能證明在1894年古賀向沖繩縣申請開發釣魚島時，釣魚島還不屬日本的領土。

另外，在《沖繩一百年》第一卷《近代沖繩的人們》中，對古賀辰四郎的申請開發釣魚島記載，與上述記載完全相同，其未准許的原因為：「當時該島是否為日本帝國所屬尚不明確」。〔註6〕

以上資料證明，在1894年中日甲午戰爭處於膠著狀態時，不論日本的中央政府，還是沖繩縣廳，對釣魚島是否屬日本，尚不確定，故不敢准許古賀的數次申請。但日本在甲午戰爭中逐漸佔有了優勢，已經有把握將臺灣及澎湖列島納入囊中之時，位於「琉球」與臺灣之間的釣魚島，自然被納入到日本領土

〔註5〕井上清：《關於釣魚列島的歷史和歸屬問題》，香港四海出版社，1972年，第27頁。

〔註6〕井上清：《關於釣魚列島的歷史和歸屬問題》，香港四海出版社，1972年，第27頁。

的範圍之內，古賀的目的最終得以實現。

4.「指鹿為馬」的「敕令第十三號」

而所謂的釣魚島被納入到日本版圖的（1896）年的敕令第十三號（官報 3 月 7 日），筆者找到其原文，原文記載此敕令由內閣總理大臣伊藤博文及內務大臣春芳顯正上報給天皇，「睦仁」天皇於 3 月 5 日批下。其內容具體如下：

第一条　除那霸、首里兩區之區域外，沖繩縣劃為下列五郡。

島尻郡　島尻各村、久米島、慶良間諸島、渡名喜島，粟國島、伊平屋諸島、鳥島及大東島

中頭郡　中頭各村國頭郡國頭各村及伊江島

宮古郡　宮古諸島

八重山郡　八重山諸島

第二条　各郡之境界或名稱如遇有變更之必要時，由內務大臣決定之。

附則

第三條　本令施行時期由內務大臣定之。〔註 7〕

從以上第十三號敕令內容來看，根本就不存在著釣魚島或「尖閣諸島」的任何記載。但日本政府及一些史學者，硬說那時的八重山諸島中就已經包括了「釣魚島」，這顯然不符合歷史事實。而「尖閣諸島」這個名稱，也是在 1900 年（明治三十三年），沖繩縣師範學校教員黑岩根，根據學校的命令進行探險調查後，在《地學雜誌》上發表報告論文中，第一次以「尖閣諸島」稱呼釣魚島，以後被日本政府所採取至今。

5.《馬關條約》不包括釣魚島不等於釣魚島不屬臺灣

日本外務省主張：「尖閣諸島沒有被包含在按照一八九五年五月生效的《下關條約（馬關條約）》第二條規定由清朝割讓給日本的臺灣及澎湖諸島當中。」〔註 8〕如果按《馬關條約》第二條的字面表達上，釣魚島是不在其範圍之內。但這不並證明釣魚島為「西南諸島」的一部分，因為臺灣島所附屬的許多島嶼都沒有在《馬關條約》第二條中提及。《馬關條約》對領土的界定，採

〔註 7〕（日）《御署名原本・明治二十九年・勅令第十三號・沖縄県郡編制ニ関スル県》，JCAHR：A03020225300；《釣魚臺群島（諸島）問題研究資料彙編》，勵志出版社、刀水書房，2001 年，第 176 頁。

〔註 8〕日本外務省網：http://www.mofa.go.jp/region/asia-paci/china/pdfs/r-relations_cn.pdf。

用的大範圍的方式。

另外，大量歷史資料證明釣魚島在《馬關條約》簽訂之前，已經被日本偷偷所竊取。它是日本趁甲午戰爭勝利之勢獲得的戰利品，不是作為無主之地，列入到日本領土。這也反證，釣魚島是中國臺灣的附屬島嶼，在歷史上不屬「琉球王國」，更不是「西南諸島」的一部分，而是作為臺灣所附屬無人島被日本所竊取，即使日本辯稱釣魚島沒有作為臺灣附屬島嶼在《馬關條約》中一併割讓給日本，也不能否認釣魚島為中國之領土的歷史史實。

6. 1920 年「中華民國」的感謝狀不能成為領土證據的根據

日本外務省將 1920 年「中華民國」駐長崎領事，因八重山郡石垣村村民救助福建省惠安縣漁民一事，向日本政府提出的感謝狀，作為日本擁有「釣魚島」主權主張的證據，是無視釣魚島是被日本政府趁中日甲海戰勝利之機偷偷竊取的史實。

1895 年 1 月，日本政府以內閣決議的形式，將中國領土「釣魚島」偷偷竊取。是年 4 月，《馬關條約》將中國領土臺灣及澎湖列島也割讓給日本。作為臺灣附屬「無人島」釣魚島，即在形式上被日本劃歸到「八重山」境內，「中華民國」的感謝狀是在那種特殊的背景下發出的，故將其作為釣魚島為日本領土的證據，顯然難以成立。

根據以上的內容分析來看，日本政府所主張的釣魚島在歷史上「琉球西南諸島」的說法無視歷史事實，諸多的史料則證明釣魚島在歷史上，不屬「琉球國西南諸島」的一部分，而是被日本利用甲午戰爭的勝利偷偷竊取的中國領土

二、日本現存竊取中國釣魚島的資料

日本竊取中國釣魚臺群島的歷史資料，《日本外交文書》第 18 卷、第 23 卷收錄了一部分，而毛筆手寫體原稿主要收錄於日本國立公文書館及外務省外交史料館。

日本國立公文書館所藏的相關資料名稱為《沖繩縣與清國福州之間散在之無人島國標建設之件》（沖縄県ト清國福州トノ間ニ散在スル無人島へ國標建設ノ件），其檔案號為 A03022910000。這份證明日本對釣魚臺群島懷有野心的資料，最早記錄時間起始於 1885 年 2 月。事因日本欲在釣魚臺群島建立國標。其內容分為「內務省內部通報」、「秘第一二八號」及「秘第二六〇號」三個部分。

「內務省內部通報」起稿於 1885 年 12 月 8 日，其主要內容是「命令沖繩縣將國標建立於散落於沖繩與清國福州之間的無人島事宜」之諸件，在內務省各主管官員間進行傳閱的「內命」。傳閱的文件內容，主要集中於「秘第一二八號」及「秘第二六〇號」中。

「秘第一二八號」資料部分，以時間順序排列，包括以下文件：1885 年 11 月 2 日出雲丸船長林鶴松提交給沖繩縣大書記官森長義的《釣魚島、久場島、久米赤島回航報告》；1885 年 11 月 4 日沖繩縣五等文官石澤兵吾提交衝繩縣令西村舍三及森長義給的《釣魚島及二島調查概略及附圖》；1885 年 11 月 24 日沖繩縣令西村舍三提交給外務卿井上馨及內務卿山縣有朋的信；1885 年 12 月 5 日山縣有朋提交給太政大臣三條實美的《無人島建設國標之情況報告》；出雲丸號船長林鶴松所書之《釣魚島、久場島、久米赤島回航報告》。

第「秘第二六〇號」部分，以時間為順序，包括以下文件：1885 年 11 月 13 日沖繩縣三等教喻上林義忠寫給石澤兵吾的關於礦石實驗成績的信件；1885 年 11 月 20 日由沖繩縣五等文官石澤兵吾提交給西村舍三及森長義的《釣魚島礦石之情況》；1885 年 11 月 21 日沖繩縣令西村舍三提交給內務卿山縣有朋的《釣魚島礦石之情況的報告》；1885 年 12 月 16 日山縣有朋提交給太政大臣三條實美《釣魚島礦石之情況的報告》；《礦石實驗報告》。

外務省外交史料館所藏相關資料名稱為《沖繩縣久米赤島、久場島、釣魚島國標建設之件（1885 年 10 月）》（沖縄県久米赤島、久場島、魚釣島へ國標建設ノ件明治十八年十月），檔案號為 B03041152300。從此份資料的標題來看，日本顯然已將釣魚臺群島納入沖繩縣範圍，而後綴之「明治十八年」（1885）的時間標識，似乎是公示早在 1885 年日本已經將釣魚臺群島納入日本領土範圍。資料除包括上述「A03022910000」即 1885 年日本關於釣魚臺群島的相關資料外，還收錄有 1890 年日本欲在釣魚臺群島建立國標及 1895 年日本偷竊釣魚臺群島的資料。其中收錄 1885 年相關的資料，大部分與「A03022910000」的內容相同，但其標題之「用語及時間」卻發生了重大變化，其具體文件如下：1885 年 9 月 22 日沖繩縣令西村舍三提交給山縣有朋的《久米赤島及二島調查情況之上報》；1885 年 9 月 21 日石澤兵吾提交給沖繩縣令西村舍三的《久米赤島久場島釣魚島之三島調查書》（附地圖）；1885 年 10 月 9 日官房甲第三十八號內務卿山縣有朋寫給外務卿井上馨的《沖繩縣久米赤島、久場島、釣魚島國際建設之件》；內務卿寫給太政官的《太政官上報案》；1885 年 10 月 16 日起草、21 日發文的《外務卿井上馨給內務卿山縣有朋關於久米赤島及二島建設國標之事的答覆》(親展第三十八號)；1885 年 11 月 2 日林鶴松所寫《釣魚、久場、久米赤島回航報告書》；「親展第四十二號」；1885 年 11 月 5 日沖繩縣令西村舍三寫給山縣有朋之《釣魚島外二島實地調查情況之上報》及 1885 年 12 月 5 日《井上馨、山縣有朋給西村舍三的回覆》；1885 年 11 月 24 日沖繩縣令西村舍三寫給山縣有朋之信件；1885 年 11 月 30 日（秘第二一八號之二）《山縣有朋回覆井上馨的回覆》及《太政官的指令案》。

上述相關 1885 年的資料，基本都出自於前述「A03022910000」檔案中，但在 B03041152300 收錄之時，對島嶼的具體記述上，將 A03022910000 資料中關鍵詞「釣魚島」修改為「久米赤島」。筆者推斷其為故意所為，其原因即為「釣魚島」是中國對該島的固有稱呼。

1890 年前後的相關資料主要有以下三件：1890 年 1 月 13 日知事（沖繩）提交給內務大臣「甲第一號」《無人島久場島釣魚島之議》；1890 年 2 月 26 日知事（沖繩）寫給內務省縣治局長的信；1890 年 3 月 2 日內務省縣治局長回覆沖繩縣知事的「縣沖第六號」。

1895 年前後的相關資料主要有以下九件：1894 年 4 月 14 日縣治局長、沖繩縣知事向內務省提交的《久場島及釣魚島所轄標識建設之件》；1894 年 5 月 12 日沖繩縣知事奈良原繁向內務省縣治局長江木千之提交的「第百五十三號」《久場島釣魚島港灣的形狀及其他秘別第三四號》；1894 年 12 月 15 日沖繩縣向內務省提交的《久場島及釣魚島所轄標識建設之件》；1894 年 12 月 27 日內務大臣野村靖寫給外務大臣陸奧宗光的「秘第一三三號」及附件「閣議提出案」；「閣議提出案」；1895 年 1 月 10 日起草，11 日發文的外務大臣陸奧宗光給內務大臣野村靖的《久場島及釣魚島所轄標識建設之件》；1895 年 1 月 21 日內閣批「第一十六號」《標識建設相關申請通過》之件；沖繩縣提交給外務大臣、次官長及政務局長的《久場島釣魚島本縣所轄標識建設之件》；沖繩知事奈良原繁提交給內務大臣井上馨及外務大臣陸奧宗光的「甲第百十一號」《久場島釣魚島本縣所轄標識建設之議的上報》。

綜上，公文書館及外交史料館收藏的上述資料，包含了「日本外交文書」中所收錄的全部相關釣魚臺群島的資料，其中還有很多是「外交文書」中沒有收錄的。另外 A03022910000 及 B03041152300 中，所記載釣魚臺群島的歷史史實也有所差別。A03022910000 號檔案中的資料只有 1885 年日本欲在釣魚臺群島建立國標的記錄，而 B03041152300 檔案中的資料既包括 1885 年、1890 年的資料，也將 1895 年日本趁甲午戰爭勝利偷竊釣魚臺群島的資料包括其中，特別是 B03041152300 檔案中相關 1895 年的資料中「釣魚島」名稱的變更，非常耐人尋味。

三、1885 年日本欲竊取釣魚臺群島的歷史

（一）「國標案」的提出者

明治維新後的日本，在實施「琉球處分」的同時利用國際法中「先占」原則確定了佔領小笠原島、硫黃島及釣魚臺群島等一系列島嶼的目標。1876 年日本佔有小笠原島，1879 年事實上又吞併了琉球三十六島。吞併琉球及海軍的壯大，標誌著近代日本開始主導東亞。日本利用 1882 年朝鮮的「壬午政變」，將勢力延伸到朝鮮半島，擴張的目標也轉向中國大陸。〔註 9〕與琉球地緣上相連，又靠近臺灣及澎湖列島的釣魚臺群島，自然也成為日本擴張領土的新目標。

日本竊取釣魚臺群島的資料，最早記錄起始於 1885 年 9 月 22 日沖繩縣令西村舍三提交給內務卿山縣有朋的《關於久米赤島及兩島調查情況之上報》〔註 10〕（第三百十五號）中。該資料的內容與國立公文書館所藏 A03022910000 中的《釣魚島及二島調查概略及附圖》內容完全相同，但有兩點明確改變，即在時間上，《關於久米赤島及兩島調查情況之上報》為 9 月，而《釣魚島及二島調查概略及附圖》的時間為 11 月；標題上的「釣魚島」改為「久米赤島」。此份文件沒有官方的正式官印，故筆者懷疑可能為外務省在 1895 年前後的謄寫之件。其內容具體如下：

> 關於調查散落在本縣與清國福州間的無人島一事，依日前在京的本縣森大書記官下達的密令，進行調查，其概要如附件所示。久米嶼、久場嶼及釣魚島自古乃本縣所稱地名，又為接近本縣所轄的久米、宮古、八重山等群島之無人島嶼，說屬沖繩縣未必有礙，但如日前呈報的大東島（位於本縣與小笠原島之間）地理位置不同，無疑與《中山傳信錄》記載之釣魚臺、黃尾嶼、赤尾嶼等屬同一島

〔註 9〕（日）藤春道生：《日清戰爭》，岩波書店 1974 年版，第 45 頁。
〔註 10〕《沖繩県久米赤島、久場島、魚釣島ヘ國標建設ノ件明治十八年十月》，JCAHR：B03041152300。

> 嶼。清國冊封舊中山王之使船，不僅詳盡證實它們果然為同一島嶼，還分別付之名稱，以作為琉球航海的目標。故此次擔憂是否與大東島一樣實地勘察，立即建立國標？預定十月中旬前往上述兩島的出雲號汽船返航並立即呈報實地調查後，再就建立國標等事宜仰懇指示。〔註 11〕

從內容來看，這份報告主要是沖繩縣令西村舍三，向內務卿山縣有朋回覆關於調查釣魚臺群島及在釣魚臺群島建立國標的事宜，其中透露出幾點信息值得注意。

首先，報告書內容中的「在京的本縣森大書記官下達的密令」之說辭，說明給沖繩縣下達密令的直接傳達人為「森長義」。但森長義作為沖繩縣「大書記官」，本身並沒有這樣的權力。故筆者推斷，密令的真正下達者，並不是某一個人，而是出自於明治新政府內部的某個部門，而西村舍三上報的單位為內務省，故這個「內命」可能出自於內務省。

其次，沖繩縣令西村舍三在報告中認為，沖繩地方對釣魚臺群島已有自己的命名，又因接近所轄之久米、宮古、八重山等島嶼，可認定屬無人島嶼，且認為將之說成為沖繩縣所轄也未嘗不可，這說明當時沖繩縣已經考慮認定釣魚臺群島為其所屬之無人島嶼。

第三，西村舍三認為釣魚臺群島與大東島地理位置不同，且《中山傳信錄》早有記載，有中國自己的稱謂，且為清朝冊封舊中山王之航海指針。這表明西村舍三確切知道這些島嶼分布於日、清交接地帶，它可能也屬中國，至少是可能會同中國發生領土爭議的地區，故對進行實地勘察及建立國際，表示了擔憂與疑慮。

第四，西村舍三提出希望將於十月派船赴釣魚島進行實地調查後，就是否建設國標事宜再請政府給予具體提示。這表示西村舍三雖願意到釣魚進行實地考查，但建立國標之事，其不能做主，故策略地將決定權推回給明治新政府。這也從另一個側面表明，在釣魚島建立國標之事，不是由沖繩縣自下而上發起的。

《關於久米赤島及兩島調查情況之上報》，還收錄於公開出版的《日本外交文書》第 18 卷之「版圖關係雜件」中，其標題與 B03041152300 收錄的《關於久米赤島及兩島調查情況之上報》完全相同，所標的日期為 10 月 9

〔註 11〕《沖縄県久米赤島、久場島、魚釣島へ國標建設ノ件明治十八年十月》，JCAHR：B03041152300。

日。〔註12〕這樣一份完全相同內容的資料，就出現「9月、10月、11月」三個完全不同的日期，這也是值得研究者注意的。

另外此份「上報」也揭示出，對釣魚臺群島的竊取野心，並非來自於沖繩縣令西村舍三，而是來自明治政府的某個部門。這種明明是「由上而上」密變成「由下而上」的手段，是近代日本慣用的，即本為政府的企圖，卻以地方向中央「請願」為表象，諸如「琉球處分」中的「鹿兒島縣的請求」，出兵臺灣中「大山綱良的請求」。而戰後沖繩返還中，也是以由沖繩縣向日本中央政府「請願」，再由中央政府與美國進行秘密交涉，最終達到目的。

（二）對釣魚島等島嶼的實地調查

日本政府於1885年命令沖繩縣對釣魚臺群島進行實地調查。沖繩縣受命後，於1885年10月22日，雇用動船會社出雲丸號汽船，派沖繩縣五等文官石澤兵吾、十等文官久留彥、警部補神尾直敏、御用掛藤田千次、巡查伊東捉祐一及柳田彌一郎等，對釣魚島、黃尾嶼及赤尾嶼進行實地調查。調查內容記載於沖繩縣五等文官石澤兵吾所寫的《釣魚島及二島巡視調查概略》中。該「概略」主要報告了此三島的情況，並附有從距離釣魚島西南岸十五海里遠望釣魚島、黃尾嶼（久場島）的側面圖。

根據《釣魚島及二島巡視調查概略》，出雲丸號於10月29日下午4點從宮古石垣起錨出發，30日早上4點多接近釣魚島，8點左右從西海岸上陸，開始進行實地調查。調查結果認定此島方圓超過三里，由巨大的岩石構成，上面布滿了可旦、榕、藤等樹種，與大東島相同，整個島被與沖繩本島相同的雜草覆蓋，溪澗清水流淌，水量充沛，沒有平原，缺乏可耕地，海濱水產資源豐富，由於受地勢的影響，農漁兩業難以發展。調查還對釣魚島上的地質構造進行了觀察，根據其土石的情況，推斷可能含有煤或鐵礦，並認為如果真是這樣，這個島就可以說是一個「貴重」之島。〔註13〕

《釣魚島及二島巡視調查概略》還記載由於釣魚島散落在日本與清朝間的海上航路上，故發現很多諸如廢船等的漂流物。島上素無人跡，樹林繁茂，諸如鴉、鷹、鳩等的海禽類很多，最多的是信天翁。石澤兵吾用很大的篇幅來

〔註12〕《日本外交文書》第18卷，第573頁。

〔註13〕《沖縄県ト清國福州トノ間ニ散在スル無人島へ國標建設ノ件》，JCAHR：A03022910000，日本國立公文書館藏。

描寫島上信天翁的情況。〔註 14〕

石澤兵吾在概略中對信天翁的記載，有助於理解前記 1896 年 6 月古賀辰四郎為捕捉海產物、採集和輸出信天翁羽毛，提出申請租用「久場島」可能是事實。雖然目前筆者沒有找到古賀的申請報告，但推斷可能有兩種可能性。第一種是明治政府對釣魚島實地調查後，發現其島上的信天翁資源可以利用，鼓勵古賀辰四郎到島上進行捕鳥作業，以便實現其「先占」的目的；另一種可能性是古賀辰四郎自己發現釣魚島的天然資源後，受經濟目的引誘，以個人身份到釣魚進行經濟作業。但不管歷史史實到底怎樣，即使古賀辰四郎 1896 年以 30 年期限無償租用了釣魚島，也是發生在日本政府竊取釣魚島後的事情。

《釣魚島及二島巡視調查概略》還記載，調查船下午 2 點離開釣魚島，駛向黃尾嶼，此島在釣魚島的東北 16 海里處。日落西山之時到達，調查人員本欲登島，但由於海上突然強風大作，故只能在船上觀察。調查人員認為，此島與釣魚島類似，也是由巨岩大石構成，禽類與樹木也基本相同。歸途中路過赤尾嶼，由於風高浪急、夜暗漆黑無法進行觀察，石澤兵吾雖也覺遺憾，但認為此島只為一小礁，對其沒有農漁業或殖民的想法。〔註 15〕

通過《釣魚島及二島巡視調查概略》，筆者推斷日本之所以對釣魚島進行調查，主要出自幾個目的：第一個是為建立國標瞭解地理地質資料；第二為探查釣魚島有無清政府統治跡象；第三為該島有無經濟價值及殖民價值；第四，為竊取釣魚臺群島做基礎的認知工作。

（三）有關釣魚島的回航報告

另外一份相關釣魚島本島實況記載的資料為《釣魚、久場、久米赤島回航報告書》〔註 16〕。此報告為動船會社出雲丸船長林鶴松所寫，1885 年 11 月 2 日提交給沖繩縣大書記官森長義。

報告記載出雲丸號初次航行到釣魚島西岸，並在其沿岸三四個地點進行了探測，其海底極深，約四十至五十鄂，沒有可以拋錨之地。魚釣群島由一島

〔註 14〕《沖繩県ト清國福州トノ間ニ散在スル無人島ヘ國標建設ノ件》，JCAHR：A03022910000。

〔註 15〕《沖繩県ト清國福州トノ間ニ散在スル無人島ヘ國標建設ノ件》，JCAHR：A03022910000。

〔註 16〕《沖繩県ト清國福州トノ間ニ散在スル無人島ヘ國標建設ノ件》，JCAHR：A03022910000。

六礁組成，最大者為魚釣島，六礁俱列在該島西岸五六里內，礁脈恐連綿於水面之下。

釣魚島的西北岸，山崖屹立，其高度約一千零八十尺，地勢向東岸漸漸傾下，遠望如水面上的直角三角形。島上水資源豐富，其東岸河溪縱橫，據海路志記載，可見溪中魚兒。本島距離那霸河口三重城西七度，南二百三十海里。

黃尾島屹立在釣魚島東北十六海里處，沿岸皆有六十尺高，其最高點為六百尺，與釣魚島相同，沒有地方可以停靠船舶。

出雲丸從黃尾島離開，駛向慶良間峽的中途，接近了赤尾嶼，但由於夜半未得實地調查。根據海路志記載，該島不過為一岩礁，其具體位置在東經一百二四度三十四分，北緯二十五度五十五分，距離那霸三重城西六度，南一百七十海里，四面嵩岸屹立，高度大約二百七十尺，遠望似日本帆船。該島屢屢被外船報錯位置，蓋因其在黑潮中孤立，想必各船也難以推測。

林鶴松的回航報告書，與石澤兵吾的調查報告角度不同，主要從島的外部環境、海底礁岩及地形地貌進行了描述。

（四）資源類的實驗

日本通過對釣魚島等三島的實地調查，推斷島上可能藏有煤炭或鐵礦石資源。石澤兵吾於 11 月 12 日，將從釣魚島帶回的岩石標本交給其學弟沖繩縣金石學者三等教諭小林義忠對岩石進行含礦可能性檢驗分析。11 月 13 日，小林義忠給石澤兵吾回信，確定了釣魚島擁有鐵礦資源：「昨天交來的礦石，今天進行了實驗，其酸化鐵完全可以滿足製鐵，別紙附實驗成績報告。」〔註 17〕

石澤兵吾在收得礦石實驗報告後，馬上向沖繩縣令西村舍三及大書記官森長義進行彙報：「本月（11 月）四日，上呈釣魚島及外二島調查概略之時，曾言懷疑釣魚島石層中，可能含有煤礦或鐵礦，並帶回幾塊樣本，附以簡單說明，以供參考之用，另外，將其中一塊，交由本縣三等教諭小林義忠，進行化學試驗。小林很快進行實驗分析，別紙附了成績報告書，斷定該石中含有的酸化鐵，完全可以滿足製鐵所用。該島是否存在著大型礦層，待它日進行更細緻的調查。」〔註 18〕

〔註 17〕《沖繩県ト清國福州トノ間ニ散在スル無人島ヘ國標建設ノ件》，JCAHR：A03022910000。

〔註 18〕《沖繩県ト清國福州トノ間ニ散在スル無人島ヘ國標建設ノ件》，JCAHR：A03022910000。

西村舍三於次日（11 月 21 日），向內務卿山縣有朋進行了報告：「本月五日上報之釣魚島調查報告及附屬覆命書類中，曾提到島上可能埋藏煤礦或鐵礦之申述，其後命金石學者三等教諭小林義忠進行分析，如別紙所附，取得實驗結果，證明足夠滿足製鐵用之。」〔註 19〕

通過小林義忠的礦石實驗報告，證明釣魚島上擁有鐵礦石資源，釣魚島為「貴重之島」的推想也被證實。

（五）「國標案」的擱淺

沖繩縣在對釣魚島進行實際調查之時，明治新政府內部就「竊占」問題進行了一系列的相互溝通。1885 年 10 月 9 日，內務卿山縣有朋以「官房甲第三十八號」，向外務卿井上馨進行通報：「沖繩縣與清國間散在之無人島調查之提議，另附別紙由同縣令上報給政府。」〔註 20〕同時，山縣有朋還向太政官三條實美進行報告：「沖繩縣與清國福州之間散在的無人島，久米赤島及兩島的調查之提議，如別紙所附由同縣令上報提出，上記群島與中山傳信錄中所記載的島嶼實屬相同，歷來在航海上作為航路方向的針路，目前雖特別屬清國的證跡很少，且島名我與彼所稱各異，與沖繩縣宮古八重山等地接近，屬無人島嶼，指示同縣進行實地踏查的基礎上，提出建立國標之提議，情況至急，請給予指示。」〔註 21〕

山縣有朋向三條實美的報告中，將「釣魚島及外兩島」的名稱，變成了「久米赤島及兩島」。這種名稱的變化，筆者理解可能為山縣有朋故意所為。「久米赤」從本質上講，並不是真正的島嶼，而是礁岩。而「久米赤」在釣魚、黃尾嶼及赤尾嶼這三島中最小也不是最重要的。特別是沖繩縣實地調查的對象只有釣魚島一島，但山縣有朋卻在上報中，將「釣魚島」修改為「久米赤島」，筆者推斷可能出自於兩個原因：第一是「釣魚島」本為中國對該島的稱呼，山縣有朋有意迴避使用；第二種可能是，有意讓太政大臣三條實美將「久米赤」理解成琉球境內之「久米島」，這樣不明實情的三條實美，可能就會給予支持。

〔註 19〕《沖繩県ト清國福州トノ間ニ散在スル無人島へ國標建設ノ件》，JCAHR：A03022910000。

〔註 20〕《沖繩県ト清國福州トノ間ニ散在スル無人島へ國標建設ノ件》，JCAHR：A03022910000。

〔註 21〕《沖繩県ト清國福州トノ間ニ散在スル無人島へ國標建設ノ件》，JCAHR：A03022910000。

山縣有朋的這種做作，筆者認為是一種欺騙性的「有意所為」。故我們就能理解為什麼前述 B03041152300 收錄的「1885 年」相關資料中，凡涉及到標題中有「釣魚島」的，一律修改為「久米赤島」。

同時，「指示同縣令進行實地踏查」之語，則證明對釣魚臺群島建立國標事宜，是由日本內務省發起的。其證據就在外務省在獲得通報後，考慮到與清朝的關係，最終提出反對的意見的「親展第三十八號」中。

「親展第三十八號」起草於 10 月 16 日，發文於 10 月 21 日。井上馨在此件中，對山縣有朋言：「經沖繩縣對散落沖繩與清國福州之間無人島——久米赤島及兩島的實地調查，於本月 9 日以附甲第 38 號就建立國標進行商議。幾經熟慮後，認為上記各島嶼靠近清國國境，非以前調查過的大東島可比，其周圍看似很小，清國竟附有島名。近來清國報紙等盛載我政府欲佔據臺灣附近的清國屬島之傳言，對我國懷有猜疑。於頻頻敦促清政府注意之際，我若於此時遽爾公然建立國標，反易招致清國之猜忌。當前僅須實地調查港灣形狀及開發土地物產可能性做成詳細報告。至於建立國標之事須俟它日時機。請諸位注意，已調查大東島一事及此次調查之事，恐均不刊載官報及報紙為宜。上述答覆順申拙官意見。」〔註 22〕

從「親展第三十八號」內容來看，明治政府內部對在釣魚島建立國標事宜，進行了具體的商議，但顧慮沒有歷史證據證明釣魚島為沖繩所屬，如冒然建立國標事宜，恐與清朝產生摩擦與矛盾，故希望俟它日以便等待時機。

「親展第三十八號」也說明井上馨等人反對在釣魚島建立國標，故指令沖繩縣繼續對該島進行調查，以便等待好的時機。同時，為了不引起國際上的注意，連對大東島的調查，也不許在報紙上公開發表，為了達到保密的效果，連外務省發出的文件，也明令收回，即是以「秘字第二一八號之二」追申：「望處理後返還此件。」〔註 23〕

內務省在接到外務省井上馨暫時擱置建立國標事宜後，並沒有馬上通知沖繩縣。沖繩縣令西村舍三於 11 月 5 日將《釣魚島及二島實地調查情況之上報》遞交給山縣有朋的同時，以「第三百八十四號」要求正式將釣魚島納入沖

〔註 22〕《沖縄県久米赤島、久場島、魚釣島へ國標建設ノ件明治十八年十月》，JCAHR：B03041152300；《日本外交文書》第十八卷，第 572 頁。

〔註 23〕《沖縄県久米赤島、久場島、魚釣島へ國標建設ノ件明治十八年十月》，JCAHR：B03041152300；《日本外交文書》第十八卷，第 572 頁。

繩縣：「最初考慮與清國接近，懷疑其所屬，不敢決斷。這次覆命及報告書中，記載其為貴重之島嶼，從地理上看，其在我縣八重山群島西北、輿那兩島的東北，可決定為本縣所轄。如果這樣，即引自大東島之例，在釣魚島、久場島建立我縣所轄之標識。」〔註 24〕

從「第三百八十四號」內容分析來看，西村舍三在實地考察釣魚島後，積極要求馬上建立國標，緣於釣魚島為「貴重之島」。11 月 21 日，西村舍三又將《釣魚島礦石實驗報告》交給山縣有朋。11 月 24 日，西村舍三再次給外務卿井上馨及內務卿山縣有朋同時發信，就釣魚島建立國標事宜，再次提出請求：「提議在該島建立國標一事，與清國不無關係，萬一發生矛盾衝突，如何處理至關重要，請給予具體指示。」〔註 25〕

從 11 月 24 日西村舍三信的內容分析來看，儘管沖繩縣認識到釣魚島為「貴重之島」，希望劃歸其所轄，但恐怕與清政府產生衝突，故敦請日本中央政府給予具體指示。而日本政府內部，就此事件的具體討論，沒有詳細的記載資料保留下來，但根據現存的 1885 年 11 月 30 日三條實美給內務卿山縣有朋及外務卿井上馨的指令按「秘第二一八號之二」之內容分析來看，外務卿井上馨的意見佔了上峰。

「秘第二一八號之二」之內容為：「由沖繩縣令提出，別紙所附之無人島國標建設之議案，為右下記的具體意見——目前應緩建散落沖繩縣與清國之間無人島的國標。該案之涉及指令之官方記載及捺印之書類，望處理後返還。」〔註 26〕

指令書是太政大臣三條實美批覆給山縣有朋及井上馨的。故可分析出，就建設國標案，在日本政府內部，其意見不完全統一。外務卿井上馨從外交的角度出發，不願意在此時期與清政府產生矛盾，故雖支持對釣魚群島進行調查，但不主張馬上建立國標。從三條實美的批覆指令來看，日本政府也是知道這些島嶼位於清朝邊境處，且已有中國之名稱，恐與清政府產生矛盾與衝突，不敢輕舉妄動，權衡輕重利弊，最後採取井上馨的建議，暫時擱置國標建立之事宜，

〔註 24〕《沖縄県久米赤島、久場島、魚釣島へ國標建設ノ件明治十八年十月》，JCAHR：B03041152300。

〔註 25〕《沖縄県ト清國福州トノ間ニ散在スル無人島へ國標建設ノ件》，JCAHR：A03022910000。

〔註 26〕《沖縄県久米赤島、久場島、魚釣島へ國標建設ノ件明治十八年十月》，JCAHR：B03041152300；《日本外交文書》第十八卷，572 頁。

退而等待竊取之機會。

四、日本「竊占」釣魚島群島

1890年1月13日，日本沖繩縣知事再次向內務大臣呈文，要求將釣魚島納入沖繩：「關於鄰近本官管轄下八重山群島內石垣島的無人島——釣魚島及外兩島，明治十八年十二月五日，已於同年十一月五日第三百八十四號請示進行作業。上述島嶼為無人島，迄今尚未確定其所轄。近年因管理水產業之需要，故八重山島官署報請確定其所屬。藉此機會，請求將其劃歸本官轄下之八重山島官署所轄。」〔註27〕

日本政府內部對此怎樣討論，沒有資料記載。但同年的2月7日，內務省以縣治局長公函，對沖繩縣的請求以「縣沖第六號」給予駁回：「本年一月十三日甲第一號的無人島貴縣所轄之提議，如明治十八年十一月五日貴縣之第三百八十四號之請求，已有十二月五日指令案的答覆，請在調查的基礎上參照，特此照會。」〔註28〕

從明治政府的答覆來看，可推斷政府內部在討論後，認為時機還不成熟，故沒有批准沖繩縣的請求。

1893年11月2日，沖繩縣知事奈良原繁再次向內務大臣井上馨及外務大臣陸奧宗光提出《久場島釣魚島本縣所轄標權建設之請求》（甲第百十一號）：「位於本縣下八重山群島西北的無人島——久場島釣魚島本縣所轄之提議，可援引大東島之例，建設本縣所轄之標權。明治十八年十一月五日第三百八十四號上報，同年十二月五日批覆『目前應緩建』。近年來嘗試在該島進行漁業等，由於管理上的需要，從明治十八年開始，就不斷提出請求。該島作為本縣所轄，建立標權至急，仰望給予具體指示。」〔註29〕

此時期，日本已經開始大陸作戰的準備，故對沖繩縣提出的請求給予了積極的回應。1894年4月14日內務省以「秘別第三四號」，由縣治局長將沖繩縣的請求報告給內務大臣、次官及參事官，同時，指令沖繩縣就以下內容進行

〔註27〕《沖縄県久米赤島、久場島、魚釣島へ國標建設ノ件明治十八年十月》，JCAHR：B03041152300。

〔註28〕《沖縄県久米赤島、久場島、魚釣島へ國標建設ノ件明治十八年十月》，JCAHR：B03041152300。

〔註29〕《沖縄県久米赤島、久場島、魚釣島へ國標建設ノ件明治十八年十月》，JCAHR：B03041152300。

調查：「該島港灣之形狀；未來有無物產及土地開拓的可能；舊記口碑等有無記載我國所屬之證據及其與宮古、八重山島之歷史關係。」〔註 30〕

沖繩縣在接到「秘別第三四號」後，奈良原繁於 5 月 12 日，以「復第百五十三號」回覆內務省縣治局長江木干之：「久場島釣魚島港灣形狀及其他之件的秘別第三四號照會已經瞭解，然而該島自 1885 年由本縣派出警部等進行踏查以來，再沒有進行實地調查，故難於確報。故別紙附當年調查書及出雲丸船長的回航報告。」該件最後還追述：「沒有舊記書類相關該島我邦所屬之明文證據及口碑傳說等，只是本縣下之漁夫經常到八重山島及這些島嶼進行漁業，特此申報。」〔註 31〕

從沖繩縣 5 月 12 日「復第百五十三號」內容來看，沖繩縣並沒有找到釣魚臺群島屬該縣的歷史證據，也沒有提及前述的「貴重之島」的內容，要求成為其所轄的理由為漁業管理的需要。

此後日本在甲午海戰中逐漸佔據優勢，並擬定強迫中國割讓臺灣為和談條件。釣魚臺群島在琉球與臺灣之間，故日本認為竊取釣魚島時機已經成熟。12 月 15 日，內務省以「秘別一三三號」，由縣治局長向內務大臣、次官、參事官及庶務局長遞交《久場島釣魚島所轄標權建設之上報》，提出：「對釣魚島久場島相關地理等進行了逐次調查，不論怎麼講，和平山及釣魚島二島，位於海軍省水路部二百十號地圖的八重山島東北方，其依照部員的口述，右二島從來都是屬領土的範圍，其在地形上當然地被認為沖繩群島之一部。」〔註 32〕

12 月 27 日，日本內務大臣野村靖發密電給外務大臣陸奧宗光，稱：關於在久場島（黃尾嶼）、釣魚島建標一事，雖已下令暫緩，但「今昔形勢已殊」，對這些島嶼「需要管理」，故應當重議此事。此次日本外務省未表異議，並答覆「請按預定計劃適當處置」。

1895 年的 1 月 14 日，為內閣會議召開預定日。內務大臣野村靖於 12 日向內閣總理大臣伊藤博文發件《關於修建界樁事宜》（「秘別第 133 號」），提出：「位於沖繩縣下轄八重山群島之西北的久場島、釣魚島一直為無人島，但

〔註 30〕《沖繩県久米赤島、久場島、魚釣島へ國標建設ノ件明治十八年十月》，JCAHR：B03041152300。

〔註 31〕《沖繩県久米赤島、久場島、魚釣島へ國標建設ノ件明治十八年十月》，JCAHR：B03041152300。

〔註 32〕《沖繩県久米赤島、久場島、魚釣島へ國標建設ノ件明治十八年十月》，JCAHR：B03041152300。

近年有人試圖在該島從事漁業等，對此須加以管理之，故該縣知事呈報修建該縣所轄之界樁。懇請上述內閣會議批准歸由該縣所轄，准其修建呈報之界樁。」〔註 33〕

內閣會議在內外大臣溝通良好的基本上當然討論通過。1 月 21 日一份帶有內閣總理大臣、內閣書記官長、外務大臣、大藏大臣、海軍大臣、文部大臣、通信大臣、內務大臣、陸軍大臣、司法大臣及農商務大臣畫押的批覆文發下，具體批示為：「對於內務大臣建議的位於沖繩縣八重山群島之西北稱為久場島、釣魚島之無人島，近年來有人試圖從事漁業等，故應有序加以管理之，對此，應按照該縣知事呈報批准該島歸入沖繩縣轄，准其修建界樁，此事如建議順利通過。指示：按照關於修建界樁事宜的建設辦理。」〔註 34〕

同時，內閣（1895 年 1 月）還發表了政府文書《久米赤島、久場島及魚釣島編入版圖經過》，具體內容如下：

> 散落在沖繩與清國福州之間的久米赤島（距久米島西南方約七十里，位於離清國福州近二百里處）、久場島（距久米島西南方約百里，位於靠近八重山島內石垣島約六十餘里處）及釣魚島（方位同久場島，僅比久場島遠十里左右）之三島未發現所屬清國的特別證跡，且靠近沖繩所轄之宮古、八重山島等，為無人島嶼，故沖繩縣知事呈請修建國標。上述審議在呈報太政大臣前，山縣內務卿於明治十八年十月九日已徵詢井上外務卿的意見。經外務卿熟慮，鑒於本島嶼靠近清國國境，為蕞爾孤島，當時我國政府因清國報紙刊載我佔據臺灣附近清國屬島等流言而敦促清國政府注意等理由，於十月二十一日答覆把建立國標、開拓島嶼之事延至它日時機為宜。十二月五日內務、外務兩卿指示沖繩知事，對目前不修建國標望加諒解。明治二十三年一月十三日，沖繩縣知事向內務大臣請示，要求確定這些島嶼的管轄。請示提出本案島嶼一直為無人島，未特別確定其所轄，近年因取締水產之需要，故八重山官署報請確定其所轄。進而明治二十六年十一月二日，當時有人試圖在本案島嶼從事漁業生產等，沖繩縣知事為管理之，向內務、外務兩大臣呈報修建該縣所轄之界樁。內務大臣就本案提交內閣會議與外務大臣磋商，外務

〔註 33〕《釣魚臺群島（尖閣群島）問題研究資料彙編》，第 169 頁。
〔註 34〕《釣魚臺群島（尖閣群島）問題研究資料彙編》，第 169 頁。

大臣未表示異議。於明治二十七年十二月二十七日提交內閣會議。明治二十八年一月二十一日，內閣會議決定由內務、外務兩大臣指示沖繩縣知事：報請修建界樁一事已獲批准。〔註35〕

小結

綜上所述，歷史的真相只有一個，即釣魚臺群島是中國的固有領土，早在明清時期就已經有中國自己的稱謂，且為中國冊封琉球國王及往來船隻的航海指針。日本現存資料也充分證明，日本明治政府對此心知肚明，雖在 1885 年通過踏查知道釣魚臺群島為「貴重之島」，想將其納入到領土之內，但懾於清政府的實力，沒敢具體實施，一直等待著機會。1895 年 1 月 14 日，日本政府不等甲午戰爭結束便迫不及待地通過內閣決議，單方面決定將覬覦 10 年之久的釣魚島劃歸沖繩縣所轄。日本沒有將此決定通告給清政府，即使是在 1895 年 1 月至 4 月中日簽署《馬關條約》的談判過程中，日本也從未提及釣魚臺群島。在 4 月 17 日簽訂的《馬關條約》中更沒有涉及，一直到 1902 年，日本才以天皇敕令的形式試圖把釣魚臺群島併入日本領土。日本就這樣竊取了中國的釣魚島。日本迄今一直堅持的「釣魚島」為無主之地的說法，根本沒有歷史根據。

〔註35〕《新領土ノ発見及取得ニ関スル先例》，JCAHR：B04120002200。

第十七章　法國侵入臺灣及粵桂滇三省勢力範圍的攫取

清政府收復臺灣後於 1684 置於福建省管轄，臺灣府下轄臺灣、鳳山，諸羅三縣。長期以來清政府對臺灣戰略地位重要性的認識嚴重不足，錯誤地認為臺灣孤懸海外，遠隔重洋，無足輕重，缺乏防禦外患的意思，執行「防臺制臺」的消極海防措施，因此臺灣的防務極為薄弱，軍備也鬆弛，第一次鴉片戰爭期間，英國軍艦曾多次侵犯臺灣，均被臺灣軍民擊敗。其後其他列強艦隊也曾多次進入臺灣。1874 年 5 月。山原號難船事件入侵臺灣後，促使清政府認識到加強臺灣地區防務和建設的重要性，一批有志之士先後向清廷提出在臺灣設省的建議。丁日昌、沈寶楨等大臣也一再奏請在臺灣建省，但都未得到清政府的採納。1884 年法國入侵臺灣，臺灣成為繼越南北部的又一個戰場，可以說中法戰爭成為臺灣建省的一個催化劑。

一、中法戰爭

越南古稱為安南，根據歷史古籍的記載，早在公元前秦朝時期，秦始皇就在嶺南，主要是指大庾嶺、始安嶺、臨賀嶺、桂陽嶺、揭陽嶺等五嶺以南的地區，設立了桂林郡（今廣西貴港市境）、南海郡（今廣州）、象郡（今廣西來賓象州縣）三郡，並遷徙五十萬人到五嶺，與越人居住在一起，和睦相處，共同開發，加強了民族的融合。公元 679 年，唐朝在南越設安南都護府，「安南」的名稱由此而來。因越南與中國山川相連，唇齒相依，關係密切，長期以來一直以中華王時及「藩屬國」的形勢存在。

十八世紀末期法國天主教勢力開始染指越南。1802 年，原阮氏家族的後代阮福映在法國的支持下消滅了「西山朝」，建立阮朝（1802 年～1945 年）。次年阮福映遣使宗主國中國，請求改國號為「南越」，最終清嘉慶皇帝賜其國號為「越南」，並冊封阮福映為「越南國王」。

第一次鴉片戰爭後，西方資本主義列強相繼侵入中國，但它們不滿足已經取得的特權和利益，蓄意加緊侵犯中國主權，進行經濟掠奪，並要求修改《南京條約》，被清政府拒絕後，西方列強決心對中國發動一場新的侵略戰爭。英國以「亞羅號事件」、法國以「馬神甫事件」為由開啟了第二次鴉片戰爭。法國以武力侵佔越南南部的南圻（西方人稱為交址支那），使越南南部六省淪為法國的殖民地。接著利用紅河作為通道開始入侵中國的雲南。

1873 年 11 月，法國派安鄴率軍百餘人侵襲並攻陷河內及其附近各地。越南國王阮福時請求當時駐紮在中越邊境保勝地方（今老街）的中國軍隊救援。劉永福認為越南北圻局勢混亂，越南阮福時政府無法平息，決定協助阮朝解決北圻問題，於是率黑旗軍一部轉進越南，在離河內城只有十里的羅城地方安營紮寨。12 月 21 日，黑旗軍來挑戰，安鄴聞訊急忙帶 20 名法軍和幾名越南士兵出城迎戰，黑旗軍佯裝撤退，將安鄴引入自己設下埋伏的紙橋，斬安鄴及其麾下將士十多人。這是劉永福黑旗軍對法的第一戰。但當時法國已經控制了阮朝，越南官員也在河內城內同法國人談判。

1874 年 3 月 15 日，越南在法國侵略者的壓迫和訛詐下，簽訂了《越法和平同盟條約》，即第二次《西貢條約》，越南向法國開放紅河，並給予法國在越南北部通商等多種權益。1875 年 5 月 25 日，法國照會照清政府，通告該約內容，意在爭取清政府的承認，從而排除在歷史上形成已久的中國在越南的影響。6 月 15 日清政府覆照，對該條約不予承認，埋下了十年後中法戰爭的種子。

1881 年 7 月，由法國總理茹費理主導的法國議會通過了 240 萬法郎的軍費用於越南。1882 年 3 月，由海軍司令李維業的指揮下，法軍第二次侵犯越南北部，4 月，侵佔河內城砦，進而以兵船溯紅河進行偵察，直到河內西北的山西附近。次年 3 月，又攻佔產煤基地鴻基和軍事要地南定。越南朝廷一再要求清政府速派軍應援。清政府鑒於形勢變化，命令滇桂兩省當局督飭邊外防軍扼要進紮，但強調「釁端不可自我而開」。1883 年 5 月 19 日，劉永福率黑旗軍在懷德府紙橋進行決戰，李維業及副司令盧眉以下三十餘名軍官、兩百餘名士兵被擊斃。法軍被迫退回河內。法國利用李維業之死，隨即宣布要「光榮的孩子復仇」，撥給法軍 350 萬法郎，竭力煽動全面的侵越戰爭，除增援陸軍外，成立北越艦隊，調兵遣將，積極部署。8 月間，法軍一面在北越加緊攻擊黑旗軍，一面以軍艦進攻越南中部，直逼越南都城順化。1883 年 8 月 25 日，迫使越南簽訂《順化條約》，取得了對越南的「保護權」。

《順化條約》簽訂後，中國成為法國佔有越南的唯一障礙，法國決定消除這一障礙，立即禁絕了越南與中國的一切關係，並強迫越南撤退包括黑旗軍在內的抗法軍。於是造成了與中國直接對峙的形勢。

1883 年 12 月，法軍進攻黑旗軍駐防的山西。中國駐軍被迫實行了軍事抵抗。法軍依靠優勢的裝備，16 日佔領山西。1884 年 2 月，米樂繼孤拔為法軍統帥，兵力增至一萬六千人，圖謀侵犯北寧，籌劃給中國軍隊更大的打擊，從而迫使清統治者完全屈服。3 月 12 日，法軍來攻，北寧失守；19 日，太原失陷；4 月 12 日，法軍進駐興華。法國利用軍事勝利的形勢，對越南和中國都展開了進一步的政治脅迫。6 月，法國政府與越南訂立最後的保護條約。

1884 年 6 月 23 日，法軍突然到諒山附近的北黎地區「接防」，無理要求清軍立即退回中國境內。中國駐軍沒有接到撤軍命令，要求法軍稍事等待，法軍恃強前進，開槍打死清軍代表，炮擊清軍陣地。清軍被迫還擊，兩日交鋒，法軍死傷近百人，清軍傷亡尤重。這次事件史稱「北黎衝突」。法國以此為擴大戰爭的藉口，照會清政府要求通飭駐越軍隊火速撤退，並賠償軍費兩億五千萬法郎（約合白銀三千八百萬兩），並威脅說，法國將佔領中國一兩個海口當作賠款的抵押。清政府雖然認為這是無理勒索，但仍派兩江總督曾國荃於 7 月下旬在上海與巴德諾談判，以求解決爭端。談判未有結果，法國重新訴諸武力。

二、法國入侵臺灣及臺灣建省

法國將它在中國和越南的艦隊合成遠東艦隊，任命孤拔為統帥，乘機分別開進福州和基隆，一方面脅迫中國接受法國條件，一方面準備隨時發動攻擊，佔領這些口岸。8 月 5 日，法艦轟擊基隆並強行登陸。法艦在利比士的指揮下齊向基隆炮臺猛烈開火，摧毀了清軍數處炮壘及營房，守軍於死傷十餘人後向內地撤退。法軍登陸，佔領基隆港，將港內各種設施和炮臺進行破壞。6 日下午，法軍陸戰隊向基隆市街搜索前進，並攻擊附近高地。守軍在劉銘傳親自統率下奮勇從各個方向進行反擊，逐漸縮小包圍圈。經過幾小時的激戰，法軍傷亡百餘人，狼狽逃回軍艦，侵佔基隆的計劃破產了。

法軍侵犯基隆首戰即告失敗，於是又向清政府提出新的和議條件，清政府再次拒絕。此時，法艦已有預謀地集中於福州馬江，乘清軍將吏相信「和談大有進步」、沒有準備之際，於 23 日下午發動突然襲擊，把福建水師所有戰艦全部擊沉，然後炮轟馬尾造船廠和馬江沿岸各炮臺。

此時法軍掌握了臺灣海峽的制海權。法軍兵分兩路，由孤拔進攻基隆，利士比指揮進攻滬尾。基隆清守軍奮勇抵抗約兩小時，傷亡百餘人，最後被迫後撤。法軍乘勢登陸進攻，基隆港灣及周圍陣地盡失，基隆市區告危。劉銘傳在得到大批法軍猛攻滬尾，滬尾不斷告急要求增援的消息後，考慮到臺北府城是統帥部所在地，軍資餉械集中於此，不可稍有疏虞。為保臺北，滬尾重於基隆，於是決定撤離基隆，移師滬尾。法軍佔領基隆後，於 8 日又對滬尾發起進攻。利士比以戰艦七艘轟擊滬尾市街和各處據點，然後登陸，分幾路前進。法軍對地形不熟悉，叢林中失去了統一指揮，只得各自為戰。這時，預先埋伏在各處的清軍三面合圍奮起截殺，短兵相戰之中，守軍充分發揮自己的優勢展開近戰，而法軍卻潰不成軍，傷亡累累，法軍彈藥已罄，全線崩潰，只得奔向海灘，逃回艦上。清軍取得滬尾之戰的勝利。

滬尾之戰後，法國提出新的議和條件，其中一條是法國佔領基隆、淡水作為可以接受第三者調停的先決條件。由於滬尾大捷，清政府斷然拒絕這樣的條件。為了挽救進攻受挫、和談停頓的困境，法國侵略者宣布自 10 月 23 日起封鎖臺灣。法軍的封鎖使臺灣對外貿易交通中斷，生產停滯，糧餉支絀。但在這種情況下，全臺軍民同仇敵愾，有錢出錢，有力出力，支持前線。許多大陸大小船隻，不顧風浪和被截捕的危險，採取夜航、偷渡或在東南部海岸登陸等方式，突破法軍封鎖線，把 3000 名淮軍、60 門鋼炮、9000 支步槍、200 萬發彈藥、40 只魚雷和 10 萬兩餉銀安全運到臺灣。沿海地方當局也紛紛「協餉饋械，南洋最多，北洋次之」。此外，雲南廣西兩省軍隊也相機向安南邊境的法軍陣地進攻，以為牽制。

1885 年，法軍在鎮南關大敗，導致茹費理內閣倒臺，中國佔有了極其有利的形勢。清政府卻採取了「乘勝即收」的政策。實際上自法國發動侵華戰爭後，各方面圍繞和戰問題的外交活動和秘密談判幾乎沒有停止過。鎮南關大捷本來使中國在軍事上、外交上都處於有利地位，但清政府在整個中法戰爭期間，即使在被迫宣戰以後，也擔心「兵連禍結」會激起「民變」、「兵變」，因此始終或明或暗、直接間接地向法國侵略者進行求和活動。李鴻章等人更是主張「乘勝即收」，把鎮南關大捷當作尋求妥協的絕好機會，建議清政府立即與法國締結和約。1885 年 6 月 9 日，《中法合訂越南條約》在天津正式簽訂，中國承認越南為法國的保護國，開放蒙自、龍州兩地與法國通商，法軍撤出基隆、澎湖，並撤銷對於中國海面的封鎖。在中國軍民的英勇抵抗下，法國侵佔臺灣的戰爭以失敗而告結束。但「條約」中清政府承認法國吞併了安南，中國的西南門戶自此洞開。

綜上，中法戰爭爆發以後，法軍先後佔領了基隆和澎湖，對臺灣海域進行軍事封鎖，隔絕了大陸與臺灣的往來，法軍控制基隆達九個月之久，從而以此作為勒索的抵押品。雖然最終清政府贏得了戰爭的勝利，但還是對法國進行政治上的妥協。此事亦深深刺激了當時的清政府及朝中部分官員，他們對臺灣也有更加清晰的認識，肯定臺灣在海防戰略位置上的重要性。清政府於 1885 年（九月初五日）奉慈禧太后懿旨：「臺灣為南洋門戶，關係緊要，自應因時變通，以資控制。著將福建巡撫改為臺灣巡撫，長期駐紮。福建巡撫事即著閩浙總督兼管，所有一切改設事宜，該督詳細籌議，奏明辦理。」〔註 1〕自此，臺灣成為中國新建之一省。臺灣建省後，劉銘傳因抗法保臺有功而成為首任臺灣巡撫。

三、法國覬覦海南島及粵桂滇三省勢力範圍的攫取

1886 年～1888 年，清政府又被迫與法國簽訂了《中法越南邊界通商章程》、《中法界務條約》、《中法續議商務條約》等一系列不平等條約，使法國又得到很多權益。中國西南門戶洞開，法國侵略勢力以印度支那為基地，長驅直入雲南、廣西和廣州灣（今湛江市），並使之一度變成法國的勢力範圍。法國與英國在東南亞的殖民競爭，使其將地緣上接近的海南島作為下一個目標。

在十九世紀末期，中國南海北岸直至印度支那半島的地區內，英、法殖民利益爭奪異常激烈，而英國佔有相對的優越，而方式就是在遠東從經濟上和戰略上孤立法國，把法國在印度支那領地封鎖在一個從緬甸到廣東的環形英國勢力範圍之內，並經過泰國，向湄公河上游及中國雲南推進。

根據以前的簽訂的條約規定英、法在雲南和四川「利益均霑」。而中國的大西南地區擁有廣闊的土地和豐富的物產資源，佔有連接經濟比較發達的長江下

〔註 1〕趙松林：《清代臺灣建省之歷程》，《統一論壇》，2022 年第 1 期。

游各省的優越地理條件，還具有能和英國的殖民地緬甸和印度、法國的殖民地越老柬三國連成一片的重要戰略地位，這促使英、法加緊對這一區域的侵略。

法國便以劃界為名，在 1896 年《英法協定》簽訂以前，就侵佔了中國大片領土，並攫取了兩廣和雲南在商業、開礦以及建築鐵路的諸多特權。《英法協定》締結以後，法國更加緊對中國西南地區的侵略和爭奪。

為實現從香港向廣東西部擴張，英國於 1897 年 2 月 4 日與中國簽訂了《續議緬甸條約附款》，其中有如下內容：「今彼此言明，將廣西梧州府、廣東三水縣、城江根墟開為通商口岸，作為領事官駐箚處所，輪船由香港至三水、梧州，由廣州至三水、梧州往來，由海關各酌定一路，先期示知，並將江門、甘竹灘、肇慶府、及德慶州城外四處，同日開為停泊上下客商貨物之口，按照長江停泊口岸章程一律辦理。現在議定，以上所定中、緬條約附款及專條各節，應於畫押後四個月之內開辦施行……」〔註 2〕，顯然，英國簽訂此條約的一個重要作用，就是借助此條約權利，來壓制法國勢力在廣西的擴張。

由於西江全程流經和法屬印度支那越南接壤的廣西省，「中英貿易協定」將有可能打通其至廣州和南海的全部運輸。此條約將在 1897 年 7 月 1 日生效，會給法國遠東殖民地的貿易擴張帶來沉重打擊。

為了挫敗英國經廣東和海南島封閉起來包圍印度支那的「環形勢力範圍」，時任印度支那總督的保羅・杜梅在向清政府提出補償，提出：「由於（海南島）其島嶼屬性及其地下的寶藏，距東京東南 100 海里的海南地區從兩方面受到我們的注意，一方面為了在相對價值上能夠媲美中國最近讓與相關外國的租借地，另一方面為了確保從東京到中國的海路暢通。」〔註 3〕

為維護自身在南中國的巨大利益不受法國威脅，對此，英國堅持提出反對，「英國在洞悉法國的意圖之後，通過英國外交部向清政府總理衙門提出抗議」〔註 4〕，「英國暗地裏讓中國朝廷明白，這塊地方對於我們來說太大了，英國外交部決不允許出現一個距離香港 24 小時的法國的錫蘭」〔註 5〕。

〔註 2〕王鐵崖，《中外舊約章彙編》（第一冊），北京：生活・讀書・新知三聯書店，1957 年，第 690 頁。

〔註 3〕郭麗娜，《論廣州灣在法屬印度支那聯邦中的「邊緣化」地位》，《史林》2016 年第 1 期。

〔註 4〕郭麗娜，《論廣州灣在法屬印度支那聯邦中的「邊緣化」地位》，《史林》2016 年第 1 期。

〔註 5〕郭麗娜，《論廣州灣在法屬印度支那聯邦中的「邊緣化」地位》，《史林》2016 年第 1 期。

清政府從各方考慮，最終沒有答應法國的無理要求。法國並未善罷甘休，轉而強烈要求清政府做出聲明，保證不會將海南島及其對面的海岸讓與其對手，聲稱「中國和法國在南海的共同利益讓我們有同樣的責任務必在這個地區保持領土的現狀以避免所有的威脅。」〔註 6〕

為了掌握海南島及附近水域的水文地理地貌等，1896 年，保羅・杜梅和法國駐穗領事於雅樂於 1896 年委託法國地理協會成員、著名探險家馬德羅爾赴海南島進行勘測。〔註 7〕

馬德羅爾從海口出發，沿逆時針方向主要對海南島沿海地區的土地、物產、地形、地貌、地質、礦藏、水文、氣象、動植物資源、地方疫病乃至人文語言等方面進行了細緻的調查和勘測，並於 1898 年在巴黎出版了《海南島研究》。書中提出：「中日 1895 年條約割讓了中國的臺灣島，讓海南成為天朝最後的海外領地，中國領土最令人垂涎的地點之一。日本成為第一個瞭解這個島的重要性的國家，並且從 1896 年起它就試圖用遼東交換海南。這個政治事件，在法國當時人們不明白其全部的後果，幸好沒有任何下文，法國在中國南部的擴張沒有感到受制。……海南的戰略重要性，其在東京灣和中國海的位置，鄰近雷州半島和富有的廣東省，基於這些原因，此島應該會在未來引起法國人的興趣並且讓它進入人們可以稱之為『法國可能的勢力範圍』」。〔註 8〕

1900 年，馬德羅爾還出版了《海南及鄰近的大陸海岸》一書，在此書的扉頁印刷著「服務於在中國的法國勢力範圍的研究。該書序言中提出海南島在法國東南亞的殖民地的安全和發展上具有巨大優勢，海南島是「印度支那之眼」，提出海南島和對面的大陸以及它毗鄰的海岸區域進入法國的勢力範圍是必須的。

根據學者郭麗娜的研究，馬德羅爾還發表了數篇相關論文和資料，如 1897 年 1 月，他在河內出版的《法屬印度支那畫報增刊》發表了這次考察所攝照片及所繪地圖；1897 年 1 月 15 日他在巴黎《科學總志》發表文章《海南及其外國影響》；1897 年 7 月 1 日，他在《外交與殖民問題》雜誌發表文章《海南，

〔註 6〕郭麗娜，《論廣州灣在法屬印度支那聯邦中的「邊緣化」地位》，《史林》2016 年第 1 期。

〔註 7〕郭麗娜，《論廣州灣在法屬印度支那聯邦中的「邊緣化」地位》，《史林》2016 年第 1 期。

〔註 8〕郭麗娜，《論廣州灣在法屬印度支那聯邦中的「邊緣化」地位》，《史林》2016 年第 1 期。

中國的殖民，從經濟和外交的觀點看該島》。另外他還在 1898 年出版了一本專門研究海南人文語言的專著《海南島及雷州半島的人民及其語言》。1900 年在巴黎出版了海南的彩色地圖。1907 年再度踏足海南，對其東部地區及中部山區進行「探險」。馬德羅爾對海南島的地理考察極為專業，在研究的深度和廣度上，甚至超過了當時的中國學者，可見，十九世紀末法國殖民者已經對海南島的真實情況有了全面深入的瞭解。

1896 年 6 月 5 日，清政府與法國某公司簽訂了修築《龍州至鎮南關鐵路合同》，使「龍州、越南各路相接」，用鐵路把廣西和越南連接起來，這樣法屬印度支那就與中國大陸直接聯繫起來，而海南島處於廣西與廣州灣的下部，是構成法國西南勢力範圍的一個支點，故法國政府於 1897 年 3 月 3 日向清政府發出照會，提出：「法國因欲堅固與中國友誼鄰邦之情，極盼中國國家永不將海南島讓予任何他國，不論久暫，作為停船躉煤之所」，〔註 9〕要求清政府不能將海南島割讓給他國。

總理衙門於 3 月 15 日回覆法方照會：「查瓊州屬中國，中國國家有自主之權，何能讓予他國？所稱該地暫租外國一節，亦實無此事。用特備文照會貴大臣，即請查照可也。須至照會者。」〔註 10〕獲得清政府承諾不割讓海南島後，法國外交部加快和清政府的談判進程，達成一系列協議，企圖迅速取得在印度支那東西兩側對英國的優勢。

中法之間的交涉及協議，令在中國擁有利益的英國大商人感到強烈震驚。英國政府堅決反對，因此，海南島最終未落入法人之手。法國開始將目光轉向廣州灣。

1897 年 6 月 13 日，清政府與法國簽訂了《滇越界約》〔註 11〕，商定中國與越南陸上邊界及設立中越第一、第二、第三、第四段界牌。18 日，清政府又與法國簽訂了《商務專條及鐵路合同等事照會》，法國又取得從同登至龍州鐵路築竣之後，可接造南寧、百色的權利；同時重申法國「在廣東、廣西、雲南南邊三省界內礦務」的開採特權，要求清政府自「越南交界起百色河一帶或紅河上游一帶修建鐵路，已達省城，應由中國漸次勘察辦理」〔註 12〕。

〔註 9〕王鐵崖編，《中外舊約章彙編》（第一冊），第 697～698 頁。
〔註 10〕王鐵崖編，《中外舊約章彙編》（第一冊），第 697～698 頁。
〔註 11〕王鐵崖編，《中外舊約章彙編》（第一冊），第 716～720 頁。
〔註 12〕王鐵崖編，《中外舊約章彙編》（第一冊），第 722 頁。

法國用鐵路將侵略觸角伸至廣東及雲南後，於 1898 年 4 月 4 日由法國大使向總理衙門發照會，要求與越南接壤的各省不能割讓：「茲因欲堅固兩國友誼鄰邦之情，並願見中國國家領土之完整獲得維持，復因越南鄰省之現況應注意不予變動，法國國家深望中國應允，無論永暫，無論租界或以其他名義，均不將各該省地方全部或一部割讓他國。應請貴王大臣接准此文，予以照覆，以符法國國家之意也。」〔註 13〕

清政府於 10 日回覆稱「查越南鄰近各省係屬中國邊疆要地關係重大，總由中國國家管理，係其自主之權，絕無讓與或租借他國之理。法國國家即請應允，用特備文照役貴大臣，並請查照轉報可也。」〔註 14〕

這樣法國通過《越南鄰省不割讓來往照會》，宣布兩廣和雲南是法國的「勢力範圍」，這樣粵桂滇三省遂成為法國的勢力範圍。

四、法國強租廣州灣

廣州灣是指廣東高州府吳川縣南三都田頭汛以南的一個村坊及其附近的港汊海面。1701 年 7 月，法國船「白瓦特號」來到中國海面，遇颱風停泊於廣洲灣避風，乘機登陸窺探，見地形重要，港灣優良，便探測水道，繪製地圖，返國時提交法國政府。法國早已有東侵的企圖，發現了廣州灣這個地方之後，向東侵略的野心加速膨脹。

中日甲午戰爭後，德國於 1897 年底強佔膠州灣，繼而俄國提出租借旅大，為法國趁機謀占類似租借地創造了有利的歷史時機。1898 年 4 月 9 日，法國駐華代辦呂班照會總理衙門，提出三款要求，其中之一即是「因和睦之由，中國國家將廣州灣作為停船躉煤之所租與法國國家九十九年，在其地查勘後，將來彼此商訂該租界四至，租界將來另議」。懾於法國的強硬態度，次日，總理衙門以照錄法方照會的方式覆照予以允准。〔註 15〕

獲得廣州灣租借權後，法國採取「先佔地後談判」的策略，迫不及待地前往接收。1898 年 4 月 12 日，法國外交部便促請海軍部盡快派兵進駐廣州灣。次日，法國遠東艦隊指揮官博蒙少將命令比道里埃爾准將赴廣州灣建立殖民機構。

〔註 13〕王鐵崖編，《中外舊約章彙編》（第一冊），第 743 頁。

〔註 14〕王鐵崖編，《中外舊約章彙編》（第一冊），第 743 頁。

〔註 15〕《所請三端可允照辦由》，1898 年 4 月 10 日，「中研院」近代研究所檔案館藏，總理各國事務衙門檔案（O1 － 1O －）04—o1—OO2。

4 月 22 日，在未照會地方官的情況下，比道里埃爾率領的法國遠東艦隊單方面採取行動，在雷州府遂溪縣登陸，強佔海頭汛炮臺。

6 月 6 日，總理衙門諮行兩廣總督譚鍾麟委派督辦欽防候補道潘培楷為廣州灣勘界談判代表。法國方面派博蒙少將為代表，法國駐海口副領事甘司東以翻譯身份陪同前往。由於中法兩國對「廣州灣」的理解出現偏差，致使談判並不順利。

潘培楷、譚鍾麟均堅持清政府的範圍，據理力爭不願退讓。法國方面為了實現強租案，拖延甚至中斷與潘培楷的正式交涉，轉而通過縱兵強佔。11 月 12 日，駐守在吳川縣屬門頭的「笛卡兒」號巡洋艦上的兩名下級軍官，在門頭執行地形測量任務之時被遂溪縣平石村眾殺死並割下首級赴縣衙請賞，史稱「平石事件」。

「平石事件」正處於中法談判的關鍵期，也正好授予法方以口實，使清政府在外交上處於被動。法國採取強硬的措施進行軍事報復，高禮睿下令佔領的門頭炮臺的法軍炮轟「廣玉號」，甚至出兵三路攻打遂溪縣團練組織規模最為龐大的黃略村。在外交被動的前提下，11 月 16 日，中法雙方勘界代表簽訂了《廣州灣租界約》，其內容如下：

第一款　因和睦之由，中國國家將廣州灣租與法國國家，作為停船躉煤之所，定期九十九年，惟在其租界之內，訂明所租情形於中國自主之權無礙。

第二款　議定在停船躉煤之界，以守衛、備運、興旺等情，所有租界水面，均歸入租界內管轄，其未入租界者，仍歸中國管轄，開列於下：東海全島。硇州全島，該島與東海島中間水面，係中國船舶往來要道，嗣後仍由中國船舶任便往來租界之內停泊，勿得阻滯，並毋庸納鈔、徵稅等事。其租界定在遂溪縣屬南，由通明港登岸向北至新墟，沿官路作界限，直至志滿墟轉向東北，至赤坎以北福建村以南，分中為赤坎、志滿、新墟歸入租界；黃略、麻章、新埠、福建各村均歸中國管轄。復由赤坎以北福建村以南，分中出海水面，橫過調神島北邊水面，至兜離窩登岸向東，至吳川縣屬西炮臺河面，分中出海三海里為界（即中國十里），黃坡仍歸中國管轄。又由吳川縣海口外三海里水面起，沿岸邊至遂溪縣屬之南通明港，向北三海里轉入通明港內，分中登岸，沿官路為界。此約訂明並繪圖畫明界址，互相劃界分執後，兩國特派委員會勘明確，妥定界址，以免兩國爭執。

第三款　於九十九年內所租之地，全歸法國一國管轄，以免兩國爭執。又議定，租界內華民能安分並不犯法，仍可居住照常自便，不可迫令遷移。其華民物業，仍歸華民管業，法國自應一律保證。若法國需用物業，照給業主公平價值。

第四款　在租界之內，法國可築炮臺，駐紮兵丁，並設保護武備各法。又在各島及沿岸，法國應起造燈塔，設立標記、浮樁等，以便行船，並總設整齊各善事，以利來往行船，以資保護。

第五款　中國商輪船隻在新租界灣內，如在中國通商各口，一律優待辦理。其租界各地灣內水面，均歸法國管轄，法國可以立定章程，並徵收燈、船各鈔，以為修造燈樁各項工程之費。此款專指廣州灣內水面而言，至硇東水面，已在第二款內聲明。

第六款　遇有交犯之事，應照中、法條款互訂中、越邊界章程辦理。

第七款　中國國家允准法國自雷州府屬廣州灣地方赤坎至安鋪之處建造鐵路、旱電線等事，應備所用地段，由法國官員給價，請中國地方官代向中國民人照購，給與公平價值。而修造行車需用各項材料及養修電路各費，均歸法國辦理。且按照新定總則數目，華民可用線路、電線之益。至鐵路、旱電線若在中國者，中國官員應有防護鐵道、車機、電線等務之責；其在租界者，由法國自理。又議定，在安鋪鐵路、電線所抵之處，水面岸上，均准築造房屋，停放物料。並准法國商輪停泊上落，以便往來，而重邦交。此約應由畫押之日起開辦施行，其現由大清國大皇帝批准及大法國民主國大伯理璽天德批准後，即在中國京都互換，以法文為憑。

第八款　此約在廣州灣繕立漢文四分、法文四分，共八分。大清國欽差廣州灣勘界大臣太子少保廣西提督蘇大法國欽差廣州灣勘界全權大臣水師提督高光緒二十五年十月十四日

西曆一千八百九十九年十一月十六號。〔註 16〕

法國根據此條約獲得廣州灣為租借地，但其面積比早期的「博蒙方案」縮小了近千平方公里。與其他列強在中國強佔的殖民地相比，廣州灣面積其實並不算大。廣州灣「陸地面積約 518 平方公里」〔註 17〕，而其中東海島「面積 286 平方千米」〔註 18〕，陸上範圍是環海的狹長地帶。

故法國對此並不滿足，「法國外交部部長阿諾托倒不一定對廣州灣感到滿意，巴黎保守共和派報刊《小報》也曾指出『廣州灣的價值多體現於道德，而非實用』。但是在阿諾托任內，英法在非洲上尼羅河地區因爭奪勢力範圍而發生嚴重衝突，阿諾托……不願東亞再起紛爭，因此支持杜美選擇廣州灣。……阿諾托的繼任者德爾卡塞（Théophile Delcassé）在遠東把廣州灣『當作遺產接受』，並決定予以『冷落』，向英國示好」〔註 19〕。法國外交家方蘇雅（Auguste Francois）這樣評價廣州灣：「異想天開的海軍上將博蒙（Beau-mont）讓我們選擇廣州灣，……沒有任何軍事和商業價值，這個海灣和一塊沒有絲毫前途的內地相接。」〔註 20〕

法國海軍方面認為博蒙是「在未深入港灣進行調查的情況下，單純根據地理位置判斷廣州灣十分理想，『海灣扼住海南海峽，如果納入法國勢力範圍，將成為東京灣的門閂』」〔註 21〕。然而「早在 1896 年，法國海軍軍官布戴（Boutet）已對廣州灣的水文做過詳細勘察，指出港灣主海道的入口處有一道沙壩，在當時的技術條件下不宜建設軍港，法國遠東艦隊覬覦海南榆林或山東芝罘等更具戰略價值的地點」〔註 22〕。甚至博蒙也開始「強烈要求放棄廣州灣」〔註 23〕。

〔註 16〕王鐵崖編，《中外舊約章彙編》（第一冊），第 929～930 頁。

〔註 17〕邱炳權，《法國租借地廣州灣概述》，政協湛江市委文史資料研究委員會編：《湛江文史資料第九輯（法國租借地史料專輯）》，湛江，1990 年，第 4 頁。

〔註 18〕張澤南，《中國第五島：東海島》，《海洋世界》1995 年第 10 期。

〔註 19〕郭麗娜，《論廣州灣在法屬印度支那聯邦中的「邊緣化」地位》，《史林》2016 年第 1 期。

〔註 20〕郭麗娜，《論廣州灣在法屬印度支那聯邦中的「邊緣化」地位》，《史林》2016 年第 1 期。

〔註 21〕郭麗娜，《論廣州灣在法屬印度支那聯邦中的「邊緣化」地位》，《史林》2016 年第 1 期。

〔註 22〕郭麗娜，《20 世紀上半葉法國在廣州灣的鴉片走私活動》，《中山大學學報（社會科學版）》2015 年第 2 期。

〔註 23〕郭麗娜，《論廣州灣在法屬印度支那聯邦中的「邊緣化」地位》，《史林》2016 年第 1 期。

「在種種不足中，最致命的是法國海軍早對廣州灣不抱希望，勘界工作在海軍准將高禮睿（Courrejolles）的主持下草草了事，邊界問題的許多細節沒有得到落實」〔註 24〕。

廣州灣在地緣上甚至比香港更「扼奇制勝」，法國佔據廣州灣後，通過雷州、廉州及高州並海南島各處，就與法屬印度支那連成一體。

小結

綜上所述，歷史上的安南是中國的藩屬國，與中華王朝帝國並不存在著領土的爭議。法國侵略安南之後，其在遠東印度支那的利益開始與中國相關。為切斷安南與中國的從屬關係，法國與清政府於 1883 年 12 月至 1885 年 4 月間進行戰爭。在戰爭中，法海陸兩軍雖於多數戰役占上風，但均無法取得底定全局的戰略性大勝，故法國開始入侵臺灣。在中法越南戰爭巔峰期間，日本在朝鮮扶持的親日派的開化黨趁機勾結日軍挾持朝鮮國王暗殺諸位朝鮮親華大臣發動甲申政變，謀求脫離中國獨立，後被清軍擊敗，埋下了甲午戰爭的種子。中法戰爭以鎮南關大捷中方獲得勝利的前提下，還是簽訂了不平等的條約，使法國事實上獲得了安南。此後，法國又強迫清政府簽訂一系列不平等條約，使法國又得到很多權益，中國西南門戶洞開。甲午戰爭臺灣被割讓後，法國侵略勢力以印度支那為基地，長驅直入雲南、廣西和廣州灣（今湛江市），並使之一度變成法國的勢力範圍。特別是法國獲得清政府承諾不割讓海南島後，迅速地取得在印度支那東西兩側對英國的優勢。法國又通過一系列不平等條約，使粵、桂、滇三省成為其勢力範圍。而法國獲得租界廣州灣後，海南島就與法屬印度支那連成一體，南海諸島就成為其防禦的外圍。

〔註 24〕郭麗娜，《20 世紀上半葉法國在廣州灣的鴉片走私活動》，《中山大學學報（社會科學版）》2015 年第 2 期。

第十八章　甲午戰爭中日本強迫清割讓臺灣

日本明治維新後，資本主義迅速發展，對外擴張領土的野心也日益膨脹。1874 年首次出兵侵略臺灣，雖殖民臺灣的野心沒有得逞，但為吞併琉球奠定了基礎。1879 年日本完全吞併了琉球。日本在侵略琉球的同時於 1875 年製造了「雲揚號事件」，1876 年以此為藉口強迫朝鮮簽訂不平等的《江華條約》；其後，利用朝鮮發生的「壬午兵變」及「甲申政變」進一步擴大在朝鮮的勢力以排擠宗主國中國，並於 1885 年與清政府簽訂《天津會議專條》，事實上取得了與中國在朝鮮的對等地位。1894 年 1 月，朝鮮國內爆發了東學黨起義，6 月，朝鮮國王請求清政府派兵鎮壓。日本認為這是千載難逢的好機會，一方面勸誘中國「何不速代韓戡亂」，另一方面又以保護使館、僑民為由，大量出兵至漢城。7 月中旬，入朝日軍已達近二萬人，大大超過了赴朝清軍之人數。這時，日本政府便訓令駐朝公使，「促成中日之衝突」。〔註 1〕7 月 25 日，日軍在牙山口外豐島海面不宣而戰，對中國船隊發動了突然襲擊，戰火在「渡滿洲的橋樑」上燃燒起來。清政府被迫於 8 月 1 日對日宣戰。此戰日方蓄謀已久，準備充分，而清政府方面卻是倉促上陣。黃海海戰後，日軍很快就佔領了大連、旅順，並發動了對威海衛軍港的襲擊，至此，北洋海軍瓦解劫滅，不久，牛莊、田莊臺、營口相繼失陷。清政府被迫於 1895 年 3 月 14 日，派李鴻章赴日本「議和」。

〔註 1〕陸奧宗光著，陳鵬仁譯：《甲午戰爭外交秘錄》，海峽學術出版社，2005 年，第 25～27 頁。

一、日本對臺灣的野心

1895 年日本強迫清政府割讓臺灣一事，有研究者認為是日本經過長期的計劃，目的在於尋找海外市場與原料供應地；亦有研究者認為是日本因戰爭獲勝而臨時起意，呼應當時乘勝擴張之意見。但不可否認的是，日本對臺灣的野心，早有其思想之淵源。

早在幕府統治末期，日本國內便有「臺灣領有論」的論點。1880 年，菅沼貞風就在其《變小為大轉敗為勝——新日本的圖南之夢》中，鼓吹藉由佔領太平洋要衝之臺灣，來與列強爭逐東洋之霸權，在這個「大東亞共榮圈」中，賦予「臺灣領有論」非常積極的意義。所以擁有「臺灣」，可以說是自幕末以來根深蒂固的思想，只是到了中日甲午戰爭時才付諸實現罷了。

歷史上就對臺灣的認識而言，日本人因受鄭成功生母為日本人的影響，並不將臺灣視為清朝的固有領土。明治維新後，日本開始策動「琉球處分」，並因 1871 年琉球「山原號難船事件」，而受美國駐中國領事密妥士提醒，意欲利用這次事件出兵臺灣，以釐清琉球的歸屬，吞併琉球。〔註 2〕因此，日本開始派遣軍人和留華學生赴臺調查，調查臺灣的山川地理人物風俗，以便為日後殖民做準備。

1873 年 4 月，日本派留華學生黑岡勇之丞首先赴臺灣踏查。歸國後，黑岡提交了《臺灣見聞書》，報告了踏查臺灣的情況，並提出臺灣本為日本人開創，後由紅毛荷蘭人據有，此後被鄭成功奪回，後清討伐鄭氏，據有了西部，但東部沒有實施教化，天授日本皇國德化此地。〔註 3〕

此後，又有福島九成、水野遵、樺山資紀等人。其中臺灣第一屆總督，當時的陸軍少佐樺山資紀受日本政府的指派，兩次赴臺進行實地踏查。〔註 4〕

樺山資紀自 1873 年 9 月 8 日自雞籠（今基隆）港啟航，經烏石港，到達蘇澳港，探險結束後，於當年 10 月 15 日回到基隆。樺山在此次踏查中，每天都記寫日記，記錄每日之行動行程，甚至連晴雨氣溫都有詳細的記錄，當然內容也記載其所見所聞，還有其特別留意的相關政治、經濟及軍事方面的內容。日記的另一內容，即是從琉球人遇難之消息到達鹿兒島後，歷經日本侵臺，直

〔註 2〕《臺灣征討事件／86 臺灣征討事件補足二柳原外務大丞兼少弁務使米國領事「メットホルス」対話》，JCAHR：B03030121600。

〔註 3〕《黑岡勇之丞清國へ再航願及成富忠蔵臺灣風土探偵書》《黑岡勇之丞成富忠蔵より臺灣見込書差出方》，JCAHR：A01000015800；B03050001100。

〔註 4〕《樺山陸軍少佐清國臺灣視察差遣》，JCAHR：A01000016800。

至達成談判協定的，有關臺灣事件所不為人真相，赤裸裸露地記錄下來，對臺灣相關之文物、制度、人情、風俗、政治、軍備、交通等諸方面加以搜羅，為明治初年認識臺灣之珍貴秘史。該日記後被藤崎濟之助整理，將其內容出版於《臺灣史與樺山大將》第二、三篇中。

水野遵 1873 年時在清國留學，他接受日本政府的指令，赴臺灣進行偵察活動，後在 1874 年日本侵臺之時，擔任海軍翻譯官。他根據偵察臺灣之情況，及征臺之役的經過，以及他的實際經歷、往來文書，以及與樺山資紀及其其他有關人員之談話，於是 1879 年撰寫了《征蕃私記》一書。《征蕃私記》可補「樺山記事」之不足之處。

另外，赴臺灣偵察的富島九成也向日本政府提交了「臺灣見聞錄」，記錄臺灣距離廈門之東六十里，琉球之西南七十里，其周邊約二百五十海里，居於我西南咽喉之處，土地肥沃，物產豐富，進而窺視印度諸地，退而充當歐洲各國之折衝，現在清國只領有西面半島，其餘乃為番地。〔註 5〕成富清風亦在「臺灣事情書」〔註 6〕上，持同樣觀點。

其後，日人仍不斷的派人來臺調查。1881、1891 年駐上海、福州領事上野專一曾兩度來臺調查商況與原住民。其向外務省提報的「臺灣視察覆命」，詳細的記載了臺灣之地理、物產和原住民的風俗。而在東京地學協會的報告中則表示，臺灣熱帶物產、礦產豐富，不論在貿易或東亞政略上均對日本具有重要之關係。上野的調查包括了臺灣的自然資源及政、經、社會之動態，對日後中日戰爭時日本朝野對臺灣的認識有不容小覷的影響。

除了實地調查外，日人亦編譯有關臺灣之中西文獻。1874 年 5 月，島村泰將 William Flet Meyers 所著的《中國與日本之通商口岸》（The Treaty Ports of China and Japan）一書中，關於臺灣的部分譯出，以《臺灣風土記》之書名刊行。本書就臺灣的地理位置、礦物、動物、植物、進口和出口商品、街市和港口狀況均較中文志書來的具體詳細。曾於 1874 年隨日軍侵臺的中山克己，收集了中文文獻中各種關於臺灣的數據，於 1884 年編成〈臺灣島支那管轄史略〉一文。文中解說臺灣被中國合併之原因，並指出綜合中外文獻，實難謂中國自古便領有臺灣。之後中山又譯有〈臺灣島荷蘭管轄史略〉一文，敘述荷治時期如何實施殖民統治和教育、貿易狀況、鎮壓漢人暴動之經過等，文末並附上

〔註 5〕《外務省ヨリ清國視察福島九成臺灣聞見錄上申》，JCAHR：A03030099400。
〔註 6〕《清國視察成富清風臺灣事情書上申》，JCAHR：A03030099500。

1874 年侵臺時對原住民所做調查數據。

1885 年，曾任學習院院長的渡邊洪基撰《臺灣語解》一文，將荷蘭文之《臺灣語箋》中較重要的字譯成日文，及抄譯臺灣原住民語與荷蘭語之會話。1892 年，東京地學協會會員田代安定，以〈臺灣島事情一斑〉為題，譯載美國人的臺灣探險報告。該文看好臺灣的經濟前景，認為日本應予以重視。此論點與上野專一和宮里正靜的呼籲相同。此外，在臺灣的動態方面，臺灣道劉璈編定《全臺團練章程》，也被日本人翻譯。1892 年的《東京地學協會報告》之《臺灣近事彙報》，便是譯載有關淡水港及南臺灣之近況報導。1895 年黑谷了太郎將英國駐淡水代理理事荷西（Alex Hosie）於 1893 年向國會提出臺灣的資源與貿易之報告譯成《臺灣》一書。日人不斷的將臺灣史地文化與現況數據加以翻譯，使日人對於臺灣的認識逐漸增加，增強對臺灣之興趣。

除了上述的實地調查與文獻編譯外，臺灣研究亦隨著應運而生。1873 年，滿川成種根據中、日舊籍及其採訪所得，撰述《臺灣紀聞》，裏面除了記載臺灣的地理、風俗、民情、物產外，亦附上鄭成功、濱田彌兵衛事蹟。滿川藉此表示，臺灣東部並非清廷所管轄的範圍。1874 年，染崎延房撰《臺灣外紀》（一名國姓爺），為一傳記書。作者為了讓日人認識鄭成功偉大的日本魂，故撰寫其略傳。文中強調鄭成功出身於日本，故頗具日本精神，而反清復明之義，亦值得後人效法，頗有出兵臺灣是繼承鄭成功精神之意。1875 年東條保根據各方數據，撰《臺灣事略》一書。此書內容與《臺灣軍記》內容大同小異，惟增補日本代表與大久保利通與中國總署談判簽約之經過。

1894 年中日戰爭爆發不久後，足立栗園根據中、日文獻，撰成《臺灣志》一書。此書分為地理、歷史兩編。當時著名雜誌《國民之友》便讚揚該書出版正得其時，有助日人瞭解臺灣；一方面又批評該書詳古略今，對臺灣現時之地理風俗及建省以來軍備狀況付諸闕如。同時間，《國民新聞》編輯冢越芳太郎根據水野遵的臺灣調查報告，編寫《臺灣》一文，翌年民友社將之編成《臺灣》一書初版。本書強調，臺灣無論過去或將來，永遠是日本海南之鎖鑰、擴張之跳板，為促使當局斷然決定佔領臺灣之政策，乃刊行此書。

1895 年 1 月，參謀本部編纂課編輯完成《臺灣志》一書，內容包括臺灣的地理、人口、軍情、物產、風俗和原住民等。其中充分利用近年來的調查報告與官方記錄，故其內容十分詳盡。由此可知，日本據臺前已確實掌握臺灣之實況，此乃其長期準備和留意搜羅之結果。

值得一提的是，此一時期從事臺灣調查和研究的「臺灣領有論」者，不少人在日據初期成為臺灣總督府之重要官員，可說是「臺灣領有論」者如願以償地成為臺灣經營的先驅者。

二、日本謀取割讓臺灣

日本窺伺臺灣，早於西方列強，從倭寇開始，只是倭寇之侵犯，日商之來臺，屬個人行為，以國家力量計劃侵臺的，以豐臣秀吉為開始。明治維新後，日本雖積極謀求與中國締結修好條約，但其企圖卻是為突破日韓外交僵局，仿列強跟中國簽訂「一體均霑」之條約，以提高自己的國際地位。同時，日本也確定了領土擴張之政策，即是北部，必先佔領朝鮮，南進，先侵佔臺灣。1874年，日本藉口「山原號難船事件」，發動了侵臺之役，最後雖在中國因循舊事及外國的反對聲中，沒有達到殖民臺灣的目的，但其對外殖民擴張的野心，卻開始得寸進尺，乃有滅琉球，侵朝鮮等一系列事件發生，更為乙未割臺種下了惡果。

甲午戰爭後期，日本政府內部開始醞釀獲取中國之土地，陸軍方面認為：「遼東半島既為我軍流血暴骨結果所取得，不得與我軍足跡未至之臺灣比較，且該半島撫朝鮮之背後，扼北京之咽喉，為國家將來之長計，主張必須予以佔領。」〔註7〕故在1894年11月，大連、旅順相繼失陷後，以山縣有朋為代表的軍部，主張繼續進攻占山海關及直隸，直逼北京皇城。但海軍方面則明確提出割讓臺灣之主張，認為：「割讓臺灣全島比割讓遼東半島重要。」〔註8〕而財政當局切望獲得更多的賠款。駐清公使青木周藏則主張割讓不與俄國接壤的吉林及直隸。這些說明日本政府內部及軍方，就割讓領土一事，存在著不少意見。但為什麼最後只鎖定臺灣，此與俄國的遠東利益密切相關。

日本駐俄公使西德二郎探悉，俄國特別反對割讓遼東半島，預測「遼東半島之割讓，尤其接近朝鮮國境部分之割讓，俄國絕不可能坐視。」〔註9〕而俄對臺灣之讓與不持異議，故先向外務大臣陸奧宗光建議政府索取臺灣。

首相伊滕博文匯總各方意見，也認為取得臺灣是最可行之策。12月4日，伊藤博文向日本大本營遞交了《攻陷威海衛略取臺灣之方略》，提出：留下相

〔註7〕陸奧宗光著，陳鵬仁譯：《甲午戰爭外交秘錄》，第102～103頁。
〔註8〕陸奧宗光著，陳鵬仁譯：《甲午戰爭外交秘錄》，第102頁。
〔註9〕陸奧宗光著，陳鵬仁譯：《甲午戰爭外交秘錄》，第103頁。

應的部隊駐守佔領地，其他的部隊與海軍一起，攻擊威海衛，徹底摧毀北洋艦隊，同時向臺灣派出軍隊，並佔領之，以此作為將來講和的條件，奠定割讓此島的基礎。〔註 10〕

另外，他還對各列強干涉佔領臺灣的態度，也進行了具體的分析：「雖然列國中也有垂涎臺灣並伺機染指的國家，對於我方佔領臺灣或許會感到不快，但我方並不妨礙各國的通商權利，且我方也不會給他們留下保護商民的藉口。另外我軍逼近直隸重地，彼方將陷入無政府狀態，即使各列國共同干涉，也不可同日而語，況且最近朝野上下多數人主張，戰爭的結果，就是臺灣諸島必須歸屬我方。割讓臺灣，是和平條約的一個要件，如果不先行武力佔領的話，就會喪失割讓的基礎。」〔註 11〕

從伊藤博文的「方略」之內容分析來看，作為日本首相的伊藤本人，極力主張以武力佔領臺灣，使割讓臺灣成為和平條約之要件。另外，從「方略」中也可看出，日本朝野中想要擁有臺灣的人很多。

當時負責財政的松方正義，也批評大本營不應當把作戰方向指向直隸，認為佔領北京雖然聲名赫赫，但在實際利益上卻不如佔領臺灣重要，因為「臺灣之於我國，正如南門之鎖鑰，如欲向南發展，以擴大日本帝國之版圖，非闖過這一門戶不可，佔領了臺灣，既可使日本的勢力伸向東南亞及南洋群島，還可防止其他國家插足。今日不能佔領（臺灣），則將永遠失去佔領的機會。」〔註 12〕

日本的輿論界，此時對割地賠款的呼聲也日益高漲，「把臺灣永久割讓給日本」，幾乎是當時日本各階層人士的共同要求。明治啟蒙思想家、有「日本的盧梭」之稱的福澤瑜吉在中日開戰後不久，便連續在報刊上發表文章，主張：「應首先佔領盛京、吉林和黑龍江三省，……納入我國版圖」、「把旅順口變成東亞的直布羅陀，……把金州、大連港變成屬日本的華北的香港」，並希望「除佔有威海衛，山東省和臺灣之外」，「即使要求幾十億的賠償也並不苛刻。」〔註 13〕另外，前首相大隈重信、眾議員島田五郎等，都有類似的意見。

故在媾和條件中包括割讓臺灣等土地，是日本內部既定的方針。但為了確保不受列強干涉，日本政府內部還確定：「清國誠實來求和以前，我方絕對隱

〔註 10〕春畝公追頌會、金子堅太郎：《伊藤博文傳》（下卷），日本株式會社統正社，1940 年，第 136～137 頁。

〔註 11〕春畝公追頌會、金子堅太郎：《伊藤博文傳》（下卷），第 137 頁。

〔註 12〕藤村道生：《日清戰爭》，上海澤文出版社，1981 年，第 179 頁。

〔註 13〕藤村道生：《日清戰爭》，第 133～134 頁。

藏要求條件，嚴格將時侷限於清日之間，使第三國事先毫無作任何交涉餘地之方針。」〔註 14〕故 1895 年 1 月 27 日，日本大本營召集在廣島的閣員及高級幕僚，就兩國媾和問題舉行御前會議，所確定的媾和條約方案為：「以此次中日兩國開戰主因之朝鮮獨立、割讓土地、賠償軍費及將來帝國臣民在中國通商航海之利益等問題為重點」。〔註 15〕

此方案沒有明確規定割讓之土地。但日本軍方卻採納了伊藤博文的建議，12 月 4 日，大本營決定了派遣軍隊奪取臺灣，以迫使清國割讓臺灣。日本海軍大臣西鄉從道，即命令其常備艦隊司令官海軍中將伊東佑亨，率松島、千代田、高雄三艦，以「遊歷」為名到臺灣沿海一帶活動，並在淡水窺探多日。

1895 年 1 月 14 日，日本內閣秘密決議，攻佔臺灣附屬島嶼，為進攻臺灣本島作準備。3 月中旬，抽調東京灣、下關海峽的守備隊，組編南方部隊，即日本聯合艦隊，繞過臺灣南端，開進澎湖列島，佔領了該島所有炮臺，並以此島為據點，進行攻佔臺灣的準備。〔註 16〕為確保割讓臺灣成功做保證。

三、攻占澎湖以強制割讓臺灣

澎湖列島位於東經 119.32.0 度、北緯 23.30.5 度，是中國臺灣海峽斷裂帶中噴出的玄武岩臺地，經海浪侵蝕分割成的一片島群。列島呈團塊狀，東西 45 千米，南北 70 千米，面積 127 平方千米。由 64 個大小島嶼組成。其中馬公島最大，又名澎湖島，面積 64.3 平方千米。澎湖島與北面的白沙島、東面的漁翁島環成一內灣即澎湖灣。馬公港水深港寬，但風大、浪大、潮急。澎湖列島地理位置優越，東隔澎湖水道，與臺灣島相對，最短距離約 24 海里，兩面與福建省廈門市隔海相望，最短距離約 75 海里。過去橫渡臺灣海峽，往來於大陸與臺灣島之間的船隻，常常進入澎湖島上的馬公港停泊。從這裡出發，往北可抵達馬祖列島、大陳島和舟山群島，往南可去東沙群島，南沙群島，並可通往菲律賓和東南亞各國。澎湖列島居臺灣海峽的中樞，扼亞洲東部的海運要衝，被稱為「東南鎖匙」。

澎湖很早以前就是臺灣島的軍事要衝，同時也是艦船登陸臺灣本島的必

〔註 14〕陸奧宗光著，陳鵬仁譯，《甲午戰爭外交秘錄》，第 105 頁。

〔註 15〕王芸生：《六十年來中國與日本》第二卷，三聯書店，2005 年，第 201～204 頁。

〔註 16〕鞠德源：《日本國竊土源流釣魚列嶼主權辨》，首都師範大學出版社，2001 年，第 149 頁。

經之所。故早在清政府統一臺灣之前，平臺功臣施琅就上奏朝廷，提出了臺灣海防的重點，強調臺澎相互成防，對於屏障東南的重要。此種觀點一直是康熙、雍正、乾隆朝的海防政策。由於「澎湖乃臺灣之門戶，而鹿耳門又臺灣之咽喉。」〔註 17〕加之清政府戰勝鄭氏政權的經驗，使清政府認識到澎湖對於控制臺灣的重要性。於是清初臺灣防禦的措施得以明確，決定厚結兵力於澎湖、鹿耳門，借助守軍熟悉港灣優勢，以逸待勞地迎戰敵人。

1884 年清法戰爭中，澎湖大部分防禦設施遭到法軍破壞。清政府從 1887 年至 1889 年間，重新修建了防禦工程。甲午戰爭爆發前，澎湖島已修建了拱北、天南、東南、西嶼東和西嶼西 5 座炮臺，配置各種火炮 14 門。島上駐有果毅軍、宏字練軍 3 營。戰爭爆發後，清廷為加強澎湖的防禦力量，令閩浙總督譚忠麟增募兵勇，島上防軍續有增加，至 1894 年底，駐軍達 13 營，另有保護糧臺親兵百餘人，分別由澎湖鎮總兵周振邦和知府朱上泮統領。

日本在攻佔威海衛以後，即派艦隊南進佔領澎湖，對清國艦隊形成鉗式包圍，以殲滅南部清政府的殘存海軍，形成戰場上的有利局勢，也為了確保割讓臺灣的成功作準備。〔註 18〕

日本軍方大本營方面，早在甲午戰爭爆發後，就開始對澎湖駐軍情況進行偵察。當大本營確定出兵澎湖時，即評估此情況而編組了日本遠征軍，由後備步兵第一聯隊長比志島義輝兼任「混成支隊」司令官，總計約 5508 名士兵。〔註 19〕

1895 年 2 月中旬之時，當日本大本營獲悉，清政府北洋艦隊留滯於山東威海衛的其餘戰船，已經全部被日軍消滅後，便下令千代田、近江丸、相撲丸、元山丸等，集結於日本九州島的佐世保軍港，又令混成支隊與常備隊在此進行等待出兵澎湖。〔註 20〕大本營 3 月 13 日正式下達攻佔澎湖島的命令。

15 日清晨，日本常備艦隊由佐世保起錨出發，繞經臺灣南方海域，於 20 日午前到達澎湖近海將軍澳嶼附近，日軍在倉島拋錨休息，並馬上派出吉野及浪速兩船開赴澎湖島，偵察預定的上陸地點及全島炮臺的情況。午後五時，吉野、速浪返回，向東鄉報告認為：里正角附近為最佳登陸地點，附近沒有炮臺，

〔註 17〕高拱乾：《臺灣府志》（卷 1），臺灣省文獻委員會，1993 年，第 25 頁。
〔註 18〕《日本軍の佔領／其の 1 攻略の動機》，JCAHR：C11110362200。
〔註 19〕鄭天凱：《攻臺圖錄》，遠流出版事業有限公司，1995 年，第 11 頁。
〔註 20〕《連合艦隊出征第 26 報告》，JCAHR：C08040482400。

只有三艘帆船停泊，人家也只有一百多戶；角灣以北二點的高地上，有並新築的炮臺，園頂山上，亦有炮臺，園頂灣里停泊著五艘帆船，「シヤウチ」灣有法國軍艦三艘停泊，其附近陸上有大小五所炮臺，大炮臺各有四門大炮，其他炮臺炮數不詳。〔註21〕

但由於天氣不佳及風浪過大，日軍一直等到23日，才將登陸澎湖的作戰計劃付諸行動。此日，風浪漸停，早六點，日本西京丸及載有混成支隊的運輸船出航。各艦沿既定之陣形，漸次靠近登陸點。九點四十九分，日艦向清陣地之炮臺開火。清炮臺當即還擊，並企圖遏止日軍，但由於清火炮射程遠不及日炮，沒有擊中日艦，反被日炮擊中了炮臺。日軍從里正角開始登陸。

7時，日本艦隊又開始攻擊里正角海灣西側的拱北炮臺，守臺清軍以岸炮還擊，炮戰持續數小時，清軍炮兵擊傷日艦1艘。11時許，日軍步兵在里正角西側海岸登陸，清軍炮兵猛烈轟擊登陸的日軍步兵，日艦也用猛烈炮火壓制清軍炮臺，掩護步兵搶佔了拱北炮臺以北的太武山，因兵力軍火未齊，日軍沒有立即進攻拱北炮臺。駐馬公城的總兵周振邦，要知府朱上泮率圓頂半島守軍支持拱北炮臺。朱上泮顧慮日軍攻打圓頂半島，沒有及時赴援。周振邦率宏字軍、果毅軍和親兵，進至拱北炮臺西面的東衛社，見朱上泮沒有到來，就停止前進。日軍火炮猛轟拱北炮臺，守軍傷亡很大。

24日天未明，日軍即向太武山背後的馬公城進攻。日軍兵分兩路，步兵首先攻打拱北炮臺，而以佔領馬公城為最後目標；陸戰隊負責阻擋澎湖西方圓頂半島上的清軍，使他們無法趕赴馬公城救援。朱上泮率軍在大城北社抗拒日軍。日軍從太武山來攻，日艦從海上發炮支持。清軍佔據民房，憑壁抵抗，傷亡甚眾，朱上泮受傷，率部西走。周振邦正派軍來援，見朱軍已退，便隻身逃往白沙島。朱上泮退回馬公城，乘舟逃往西嶼，後雇船渡海至廈門。這時，馬公城及火燒坪守軍尚在拒守。聞統帥已逃，紛紛丟棄陣地，逃往白沙島和吉貝嶼。在圓頂半島堅守的清軍被日軍圍困，於25日投降。守禦西嶼東、西兩炮臺的清軍，見日軍入城，乃卸下炮栓，盡投海中，於翌晨退往吉貝嶼，轉赴廈門或臺灣，澎湖淪於日軍之手。

事實上，自二月威海衛北洋艦隊覆沒的消息傳來，不論澎湖還是臺灣皆非常緊張，澎湖更是嚴加戒備。但由於清軍將領內部的矛盾，在大敵當前的最關鍵時刻，不能相互援助，甚至彼此猜疑，抵抗力量大量降低，致使日軍很快就

〔註21〕《連合艦隊出征第26報告》，JCAHR：C08040482400。

佔領了澎湖。

日軍隨即以澎湖鎮署為行政廳，展開招撫居民的工作，並在澎湖鎮署內巡捕房舊址，開設第一野戰郵局。這樣澎湖就淪為日軍之佔領區。

日軍佔領澎湖島，使臺灣失去了地緣上的屏障，直接處於日軍敵對前沿。特別是日軍攻下澎湖之時，正值馬關談判不斷拉鋸，相互折衝，且俄、德、法三國積極干涉還遼，使日本認識遼東半島歸還清朝是形勢所逼。特別是當時清軍之全部精銳都駐紮於遼東半島，日本主力船隊又全部集結於澎湖，國內海陸軍空虛，日本無力對抗三國聯合之海軍。故日本決定「絕不可與第三國撒破臉，以不新增敵國為上策。」〔註 22〕

但為保證臺灣的割讓，日軍先行攻下澎湖，並於 4 月 1 日談判停戰地區時，刻意提出不包括臺灣，從武力上保證實現奪取臺灣的目標。

四、西方列強對割讓臺灣之態度

日本的割臺方案並非孤立和偶發。隨著甲午戰爭的發展，日本開始評估割取臺灣可能，特別是各西方列強的反應。西方對日本覬覦臺灣，也有一定的瞭解，曾有一位英國人對日本割臺之動機，作過詳細的分析：「日本覬覦臺灣的原因是多方面的。從地理上看，地理學家可能這樣說，臺灣是日本以琉球群島為終點的島鏈上繼續延伸的一部分，健全這條島鏈對組成日本帝國十分必要。從感情上說，三百七十多年前，在中國人獲得任何立足之地以前，日本已試圖在臺灣島上培植一塊殖民地。若不是荷蘭冒險者憑詭計佔有了這塊殖民地，並把日本人驅逐出去，日本本來可以長期佔領整個島嶼的。從經濟上說，臺灣島對日本將來的潛在價值幾乎是不可估量的。再就戰略而言，日本不用多少年就能夠在島上建成軍事基地。萬一將來中國恢復了足夠的國力，並試圖為目前遭受屈辱而對日本進行報復時，該基地不僅對包括汕頭、廈門、福州等重要而富裕的城市在內的整個中國南海岸構成真正的威脅，而且將使經過臺灣海峽的中國南北口岸之間的海岸貿易線可能隨時被切斷。這樣，日本南有不亞於旅順的海軍基地的臺灣島，北有派駐精兵把守的遼東半島，就再也不用擔心中國東山再起。無論其未來的命運如何，日本都可以高枕無憂了。」〔註 23〕這一分析，準確地說明了臺灣在近代日本對外擴張中的作用，在甲午戰爭中日本要求

〔註 22〕陸奧宗光著，陳鵬仁譯：《甲午戰爭外交秘錄》，第 142 頁。

〔註 23〕王芸生：《六十年來中國與日本》第 1 卷，第 64 頁。

割取臺灣，並非是出自其當政者的一時心血來潮，而是有著長遠的戰略考慮。

隨著戰局的發展越來越有利於日本，西方各列強，為了自己的利益，開始轉變態度，以尋求自己利益的保證。最先轉變的是英國，基本上完全移到了日本一側。平壤戰役之後，英國輿論表現了對日本一邊倒的傾向。倫敦《泰晤士報》刊文稱：「日本的軍功不愧享受戰勝的榮譽，吾人今後不能不承認日本為東方一方興未艾的勢力，英國人對於這個彼此利害大體相同，而且早晚要密切相交的新興島國人民，不可有絲毫妒忌之意。」〔註 24〕

戰爭後期，英國政府曾暗示「對由清國割讓土地一事，並無非常之異議」〔註 25〕。甚至認為日本割占臺灣等處將使英國受益：「割讓臺灣、澎湖列島和盛京省的一部分，會給日本在這些地區帶來管理上的好處，但日本的貿易本身並不很大，而且即使在它佔領後有所增長，也不會具有直接的重要意義。據《泰晤士報》的電訊，長江和廣州河流將對所有國家開放，這倒大有文章可做。看來，在條約的所有條款中，這一條才是最重要的。我們將按最惠國條款得到好處。」〔註 26〕

1895 年 2 月，日本提出的一個主要議和條件，就是中國必須派出有商讓土地之全權的大臣。李鴻章得到消息後，連日奔走於各國使館，尋求支持。早在李鴻章赴日議和之前，他即曾密訪英國公使歐格訥，請求英國的支持，但歐格訥根本不作正面的回答。於是，李鴻章便向歐格訥出示了一份《中英同盟密約草稿》。此稿係英國傳教士李提摩太草擬，自稱為「救急之法」，由張之洞奏明，奉旨「不妨一試」〔註 27〕。告以中國所持的基本立場：「承認朝鮮獨立和戰爭賠款不會有太大困難，惟要求割地則成為締結和約之嚴重障礙。」並提出：「特別希望英國出來幫助中國，我國將會以德報德，準備讓出最有價值的重要權利。」〔註 28〕

英國外交部解密檔《中英同盟密約草稿》中，開列了中國欲出讓的「重要權利」。其中包括四項條款，其主要內容是：英國政府應代表中國政府同日本

〔註 24〕陸奥宗光：《蹇蹇錄》，商務印書館，1963 年，第 87 頁。

〔註 25〕日本外務省編纂：《日本外交文書》第 27 卷（第 2 冊），昭和 28 年，第 483 頁。

〔註 26〕British Documents on Foreign Affair-Reports and Papers from the Foreign Office Confidentiel Print, Part I, Series E, Vol. 5, pp.179。

〔註 27〕《張文襄公全集》（海王村古籍叢刊）第 77 卷，中國書店，1990 年，第 14 頁。

〔註 28〕British Documents on Foreign Affair-Reports and Papers from the Foreign Office Confidentiel Print, Part I, Series E, Vol 5, pp.234。

交涉，即由英國出面結束戰爭，挽救中國，使之不喪失任何領土。中國政府為報答這一援助，將實際上在若干年內將整個國家的管理權交給英國，並由英國獨攬改組和控制陸海軍、修築鐵路、開採礦山的權利，而且還為英國通商增開幾個新的口岸。但是，歐格訥極其鄭重地聲稱：「我只能最真誠地提醒中堂，不失時機地開始和談是極為適宜而重要的。和談的基礎，也只能以日本可能接受為準。」〔註 29〕不僅拒絕了清政府提出的訂立「同盟」的請求，而且還催促中國完全接受日本割地的要求。

李鴻章又電令駐英公使龔照瑗，求助英國外交大臣金伯利，回答竟然如出一轍：「李鴻章應得到就所有問題，包括割地問題，進行談判的全權。中國的處境非常危險，所以有可能簽訂和約顯然是有利的。」〔註 30〕

從以上內容來看，當時中國甚至以國家管理權及軍事權力出讓給英國，以保全領土的完整，都未能得到英國的同情和支持。英國為什麼會有如此絕情，這不應當僅從商貿上來分析，更應當從地緣利益上來分析。當時英國的東亞外交方針，是把防俄放在第一位，其他問題都是次要的，一切都要服從於防俄的需要。甲午戰前的一個相當長的時期內，從英國的防俄戰略看，和中國有著廣泛一致的利益，是把中國的存在看作它防俄戰略計劃的一個組成部分。但是，甲午戰爭爆發之後，隨著清軍在戰場上的節節失利，英國看到中國根本無力抵禦俄國的東進和南下，為了防俄的戰略需要，英國的東亞政策也在調整，轉而將日本視為準軍事同盟，其「支持日本的意識是在不斷地強化，終於成為英國遠東政策的指導思想」〔註 31〕。這也正是清政府為對抗日本的割地要求，多次努力爭取英援，而英國始終不肯施以援手的真正原因。另外，英國認為日本割占臺灣，對英國並無害處，反倒會從最惠國條款中，享受到中國河流沿岸開放的好處。

在馬關議和期間，歐洲國家也曾出現反對日本割占臺灣的呼聲。俄國對於日本要求中國「割地」的問題有所不滿的，甚而表示了反對的態度。俄國新任外交大臣羅拔諾夫稱：「俄國反對日本擬議中的領土獲得，當然會盡力加以阻

〔註 29〕British Documents on Foreign Affair-Reportsand Papers from the Foreign Office Confidentiel Print, Part I, Series E, Vol 5, pp.234～235。

〔註 30〕British Documents on Foreign Affair-Reportsand Papers from the Foreign Office Confidentiel Print, Part I, Series E, Vol 5, pp.92～93。

〔註 31〕戚其章：《甲午中日戰爭與遠東國際關係》，《中華文史論叢》，第 54 輯，第 23 頁。

止。……可以預見，一旦日本在大陸得到一塊立足地，它便會得寸進尺，直至形成與俄國接壤之勢。這自然是俄國所不願看到的。」〔註 32〕

俄國反對日本在中國大陸獲得土地，但其範圍主要是指日本意欲佔領的遼東半島，似乎並不包括臺灣。因為對於俄國來說，日本割占遼東，會使日本勢力接近俄國邊境，造成「日本之佔領南滿，直接威脅俄國，因為此一地區會成為日本進攻俄國阿穆爾邊區的基地。佔領南滿以後，日人將逼近俄國邊界，在我們有必要重劃阿穆爾疆界時，將使我們非常困難」。反對日本割占卻有意外的收穫，即「我們就成為中國的救星，中國會尊重我們的效勞，因而會同意用和平方式修改我國的國界。」〔註 33〕遼東半島與俄國具有特殊的利益，但是臺灣對於俄國來講就沒有什麼利益關切了。這也是日本駐俄公使西德二郎建議索取臺灣的重要根據。

除俄國之外，法國和德國也對英國的對日政策不滿，發出了類似的反對呼籲。德國外交大臣馬沙爾對英國駐德大使馬來特（Edward Malet）警告說：從長遠看，日本據有澎湖列島、臺灣和旅順港，對歐洲在東方的商業利益構成真正的威脅。現在正是列強應該發出一致呼聲之際，如果喪失了這一時機，恐怕此後歐洲會發現自己犯了一個嚴重的錯誤。

德國對臺、澎未來的態度是，既不希望日本割取，也反對其他國家染指，因為這都會影響到德國在遠東的利益。法國對日本割臺的態度前後有所變化。最初反對日本佔領臺、澎。其駐日公使哈爾曼稱：「日本若作為媾和條件要求割讓臺灣和澎湖列島，法國就會抗議侵犯了其利益。」〔註 34〕但後來態度稍有變化，通過其駐英大使柯賽（Baron de Courcel）表示：「法國將不反對把臺灣割讓給日本，卻堅決反對割讓澎湖列島。」〔註 35〕

由於歐洲列強間的利益難以調和，法國只好放棄初衷，與俄、德兩國協商，要求日本政府「承認臺灣海峽為公共航路，並不歸日本管轄，亦非日本所得獨自利用，且不將臺灣及澎湖列島讓與他國。」〔註 36〕法國雖不想臺、澎落入日

〔註 32〕British Documents on Foreign Affair-Reportsand Papers from the Foreign Office Confidentiel Print, Part I, Series E, Vol. 5, pp.209～210。

〔註 33〕邵循正等編：《中日戰爭》第 7 冊，上海人民出版社，1961 年，第 314～316 頁。

〔註 34〕British Documents on Foreign Affair-Reportsand Papers from the Foreign Office Confidentiel Print, Part I, Series E, Vol. 5, pp.252。

〔註 35〕British Documents on Foreign Affair-Reportsand Papers from the Foreign Office Confidentiel Print, Part I, Series E, Vol. 5, pp.143。

〔註 36〕邵循正等編：《中日戰爭》第 7 冊，第 392 頁。

本手裏，無奈力不從心，只得退而求其次，遏制日本在臺灣海峽航運的專權，避免臺灣和澎湖成為列強共有物。

以上數據證明，各列強都是從自己的利益角度，來審度日本對清之索取。面對日本割臺在即，雖然西方列強態度不一，但未有國家真正站在中國一邊。日本也是在權衡國際形勢於己有利之後，才要求割讓垂涎已久的臺灣。伊藤博文曾言：「英國的政略是一點也不反對的，以前英國全權大使也只說過，好久以來就等待著在臺灣佔有根據地的時機的到來。現在在佔領臺灣的問題上，還沒有看到另外從哪個方面有帶來什麼障礙的情況。如果早一點幹會很順利地結束，可是做什麼事情都不能保證不會發生什麼故障。」〔註 37〕顯然，日本是評估各列強的態度後，才堅持要割讓臺灣的。

五、馬關談判中割臺之議

至馬關議和時，日本已經基本上探明了西方各列強，對其要求割讓領土之態度。最讓日本擔心的是俄羅斯。但日本駐俄公使西德二郎從俄國外交部探悉，俄國特別反對割讓遼東半島，對臺灣之讓與不持異議。

也是駐俄公使西德二郎，最先向外務大臣陸奧宗光建議政府索取臺灣：「既然我得此機會不能不索取土地，依本官之見，莫如以軍費賠償之一部指望於臺灣，因此島今後可給我以重大利益，且久被清國擱置，讓之，對其國運之興衰並無重大影響。即使對於俄國，亦無任何關係。雖可推知英國有所舉動，然若俄國不加反對，恐英國亦必不強爭之。」〔註 38〕

西德二郎建議較切合實際，具有很強的說服力。為了確認西德二郎情報的準確性，日本陸奧宗光親自會見俄國駐日公使希特羅渥，告以割地為講和條件之一，希特羅渥則明確地表示：「俄國對合併臺灣並不表示異議。」〔註 39〕

因此陸奧採納了西德二郎的建議，在《媾和預定條約》草稿乙案的第二項列入了「中國將臺灣全島割讓予日本」〔註 40〕。此一主張得到日本海軍方面的支持，他們聲稱：「與其割取遼東半島，不如割取臺灣全島。」〔註 41〕

政府於 10 月份公開提出割臺方案。到 11 月底前後，陸奧宗光考慮了內

〔註 37〕戚其章主編：《中日戰爭》第 7 冊，中華書局，1994 年，第 128、170 頁。
〔註 38〕《日本外交文書》第 27 卷，日本國際聯合會，1953 年，第 837 頁。
〔註 39〕戚其章主編：《中日戰爭》第 10 冊，第 60 頁。
〔註 40〕陸奧宗光：《蹇蹇錄》，第 106 頁。
〔註 41〕陸奧宗光：《蹇蹇錄》，第 114 頁。

閣總理大臣伊藤博文的意見，在草稿的基礎上，按通常的條約形式，正式寫出了《媾和預定條約》第一稿。

此稿凡十條，其第三條曰：「清國將臺灣全島及……島之主權，並該地方所有堡壘及官屬對象永遠割與日本，作為賠償軍費，清國軍隊即從該地方撤退。自本約批准交換日起，日本國得任便佔領上述地方。」〔註42〕此稿中臺灣的割讓，是以「賠償軍費」的名義。這種避免採用武力攻取的方式，明顯地是來自西德二郎的如意算盤。

12 月，日本政府已經探知，俄、英等國對日本割臺不會提出反對意見，於是在《媾和預定條約》第二稿中對「將臺灣全島及……島之主權」等字樣仍保持不動。其中的刪節號顯然是暗指澎湖列島，因日本當局一時尚摸不准法國的態度，故暫時空了起來。〔註43〕可見，割取臺灣也好，割取澎湖列島也好，日本在何時提出方案，主要是根據西方列強的態度而定。

在媾和條件中包括割讓臺灣等土地，是日本內部既定的方針。但為了確保不受列強干涉，日本決定不向任何人透露：「清國誠實來求和以前，我方絕對隱藏要求條件，嚴格將時侷限於清日之間，使第三國事先毫無作任何交涉餘地之方針。故我亦將我所起草之媾和條約案深藏筐底，至他日時機到來之前未示任何人。」〔註44〕故 1895 年 1 月 27 日，日本大本營會議所確定的媾和條約方案為：「以此次中日兩國開戰主因之朝鮮獨立、割讓土地、賠償軍費及將來帝國臣民在中國通商航海之利益等問題為重點。」〔註45〕沒有明確說明具體割讓土地之名稱。

廣島談判破裂後，日本方面認識到：「嚴加限制時局於清日兩國間，使第三者無任何干涉餘地之方針，已恐難維持永久。但今若要得歐洲強列國之秘密承諾、默認，時機不僅已遲，情況亦不許我卒然變更既定方針。故我以不如設法誘導清國政府，早日再派媾和使臣，迅速息戰恢復和平，以一新列國之視聽。然要如此作，則不能如從前對清國政府隱秘我一切媾和條件，至少在再派來清國使臣之前應將最重要條件知照清國，使其有心裏準備。」〔註46〕這說明，日本方面已經知道，如果再以什麼國際法為藉口，破壞談判，必將遭到列強的反

〔註42〕《日清媾和始末附遼東半島還付始末》，JCAHR：A04017264600。
〔註43〕戚其章：《甲午戰爭國際關係史》，人民出版社，1994 年，第 358～395 頁。
〔註44〕陸奥宗光著，陳鵬仁譯：《甲午戰爭外交秘錄》，第 105 頁。
〔註45〕王芸生：《六十年來中國與日本》第二卷，第 201～204 頁。
〔註46〕陸奥宗光著，陳鵬仁譯：《甲午戰爭外交秘錄》，第 116～117 頁。

對，故也希望盡快息戰，並不再隱藏媾和條件。

在清朝政府和李鴻章是否接受日本提出的割地的談判條件問題上，作為調停者的美國駐華公使田貝實質上也偏袒日本。2 月 22 日，李鴻章在覲見光緒皇帝之後即拜見田貝，請求美國向中國提供幫助，說服日本結束戰爭，尤其希望日本方面不要將割讓領土作為和談的條件。對此，田貝明確加以拒絕，警告李鴻章必須首先接受日本方面提出的同意朝鮮獨立、賠款和割讓土地的條件。對於李鴻章向歐洲國家尋求外交支持，田貝極為反感，認為李鴻章的想法不切實際。田貝還勸說其他國家的公使與他一致行動，打消李鴻章尋求其他國家干涉的念頭。

日本方面也採取欲擒故縱之策略，即在 3 月 20 日首次與李鴻章會談時，要求提出媾和談判之前先議定停戰事項。在次日談判中，提出非常苛刻之停戰條件：「日本國軍隊佔領大沽、天津、山海關及其城堡，駐各該處清國軍隊之一切軍器、軍需交府日本國軍隊，天津、山海關鐵路歸日本軍務官管轄，停戰中，清國要負擔一切日本軍事費用對此清國如無異議，可提出實行停戰之細節。」〔註 47〕

日本知道李鴻章不可能接受這樣嚴苛的停戰條件，故伊藤稱希望清國提出修正案，以將李鴻章引到媾和問題上。3 月 24 日，第三次談判時，李鴻章真的提出希望撤回休戰問題，立即開始媾和談判。在此次談判中伊藤博文試探性地問李鴻章：「我國之兵，現往攻臺灣，不知臺灣之民如何？」〔註 48〕。李則答曰：「貴大臣提及臺灣，想遂有往踞之心，願停戰者，固此。但英國將不甘心。」〔註 49〕這樣狡猾的伊藤博文，摸清了清政府妄想依靠列強保臺之想法，也有意隱藏了覬覦臺灣的企圖，更隱瞞了日軍正攻取澎湖，向臺灣開進的事實，企圖在日軍佔領臺灣成為既成事實後，再逼李鴻章就範。

也就在當天下午 4 時，中日第三次談判結束後，滿懷心事的李鴻章步出春帆樓，乘轎返回驛館時遭刺殺，所幸沒有危及李鴻章的性命。日本政府本來擬就的談判方略，是借戰爭逼迫清政府簽訂不平等條約，然後見好就收。伊藤博文最擔心的，就是有什麼把柄落在列強手中，讓一直虎視眈眈的西洋各國從中干涉，坐收漁翁之利。而小山六之助刺殺行為，恰恰無異於授人以柄。為緩和

〔註 47〕陸奧宗光著，陳鵬仁譯：《甲午戰爭外交秘錄》，第 117 頁。

〔註 48〕《日清媾和始末附遼東半島還付始末》，JCAHR：A04017264600。

〔註 49〕《日清媾和始末附遼東半島還付始末》，JCAHR：A04017264600。

形勢，日本天皇出面下令停戰，並提出隨時可簽訂停戰協議。30 日，中日停戰條約簽字。停戰協議規定：「日本政府除在臺灣、澎湖列島及其附近從事交戰之遠征軍外，同意在其他戰地停戰。」〔註 50〕

當時李鴻章對此也提出了異議，要求日本方面將停戰效力及於南征軍所在的臺灣諸島中，但日本沒有答應。此時正值日軍攻打澎湖之時，李鴻章或許不知道，但伊藤博文卻明白，日軍已經攻佔了澎湖，這使臺灣地區實際上成為日本佔有優勢的戰區，日本可隨時登陸臺灣本島。如果在停戰協議包括臺澎，日本就可能會喪失其現在的軍勢優勢，更不能保證在割讓地問題上，達到自己的要求。故停戰區域不包括臺澎，一來企圖迫使清政府盡早日簽訂條約，二來為割占臺灣預作準備。

4 月 1 日談判時，日本明確提出割地之範圍，其和約底稿第二款，即要求將「奉天省南部之地、臺灣全島及其附屬諸島嶼與澎湖列島」〔註 51〕永遠讓與日本。李鴻章對此提出長篇意見書進行反駁，言「日本所提出媾和條約案緒言云：締結媾和條約以除兩國及其臣民將來紛議之端，然若強割讓此次要求割讓之土地，不啻不能除爭議，將來必繼生紛議，兩國人民子子孫孫永遠互相仇視，吾輩既為兩國全權大臣，為兩國臣民深謀遠慮，該締結持永久和好，互相援助之條約，以保持東洋之大局。清日兩國為比鄰之邦，歷史、文化、工藝、商業無一不相同，何必如此仇敵。蓋數千百年來，國家歷代相傳基業之土地一朝割棄時，為其臣者，將飲恨含冤日夜圖復仇乃為勢力之所必然，何況奉天省為我朝發祥之地，以南部為日本國所有且為海陸軍根據地後，隨時得攻北京，凡清國臣民觀此條約必謂：日本國取我祖宗之地為海陸軍根據地，則欲為我久遠之仇敵者。」〔註 52〕伊藤博文不但不聽，反而在接下來的談判中，施恫嚇手段，聲稱：「廣島有六十餘隻運船停泊，計有二萬噸運載，今日已有數船出口，兵糧齊備，若中國不肯相讓，當即遣兵至臺灣。」〔註 53〕

4 月 9 日，李鴻章代表清政府提出一個修正案，在割地部分並不包括臺灣，主要是「割地，在奉天省內為安東縣、寬甸縣、鳳凰廳、岫岩州，在南方限於澎湖列島。」〔註 54〕

〔註 50〕陸奥宗光著，陳鵬仁譯：《甲午戰爭外交秘錄》，第 125 頁。
〔註 51〕陸奥宗光著，陳鵬仁譯：《甲午戰爭外交秘錄》，第 127 頁。
〔註 52〕陸奥宗光著，陳鵬仁譯：《甲午戰爭外交秘錄》，第 128～129 頁。
〔註 53〕《馬關議和中日談話錄》，《東行三錄》，上海書店，1982 年，第 238 頁。
〔註 54〕陸奥宗光著，陳鵬仁譯：《甲午戰爭外交秘錄》，第 134 頁。

日本顧及各列強責其苛酷，對原提案進行了修改，10日作為最後提案交給李鴻章，關於領土部分修正為：「臺灣及澎湖列島照原案，奉天省南部之地減為自鴨綠江口溯該江至安平河口，自該河口至鳳凰城、海域及營口折線以南之地。但包括前述之各城市、遼東灣東岸及黃海北岸而屬奉天省之島嶼。」〔註55〕

對此，李鴻章再次提出強烈反駁，特別在割讓臺灣上，其強調：「臺灣為未經日本軍侵略之地，日本竟要予以割取頗為非理，故不能割讓臺灣。」〔註56〕日方強言：「至於臺灣，割地之索求未必限於攻取之地，唯顧戰勝者之意向，例如山東省為我所攻取之土地，然此次並未包含於割地部分，且清國從前對俄國割讓吉林、黑龍江地區，此亦非俄攻取之地，果爾獨怪我要求割讓臺灣全島。」〔註57〕並強硬地表示，10日所提出的為最後條款。

15日第六次談判時，李鴻章打出臺民反對割臺這張牌，冀有一線之轉機：「我接臺灣巡撫來電，聞將讓臺灣，臺民鼓譟，誓不肯為日民。」〔註58〕伊藤的回答很乾脆：「聽彼鼓譟，我自有法。中國一將治權讓出，即是日本政府之責。我即派兵前往臺灣，好在停戰約章，臺灣不在其內。」〔註59〕然日本侵略者割取臺灣的決策已定，李鴻章之爭辯只能是徒費唇舌。

1895年4月17日，李鴻章與日本代表簽訂了《馬關條約》。臺灣、澎湖列島及附屬島嶼被迫割讓給日本。日本趁著清政府無力回天的羸弱局面，借助於西方近代文明旗號，施展恃強凌弱的殖民手段，通過一系列的陰謀行徑，臺灣全島及所有附屬島嶼完全被納入日本殖民者的囊中。

從以上內容分析來看，取得臺灣是日本既定方針，作為清談判代表的李鴻章也不願割讓。特別是在朝廷在給李鴻章的電報中，均是模棱兩可的「著鴻章酌量辦理」之語。李鴻章深知以清國之國力，如果採取強硬的態度，只能導致中日戰爭繼續擴大，中國的東北將可能被佔領，臺灣也會被攻下，兩害取其輕，這是面對殘局的李鴻章，沒有辦法的選擇。所以，筆者認為，當後人責怪謾罵李鴻章之時，更應當反思，為什麼我們會敗於一個彈丸小國，怎樣避免中華民族再遭受這樣的恥辱。另外，美國在這個過程中是幫助日本的，也是我們以往研究中所忽略的。清政府聘請的談判法律顧問科士達及美國駐中國領事李德，

〔註55〕陸奧宗光著，陳鵬仁譯：《甲午戰爭外交秘錄》，第135頁。
〔註56〕陸奧宗光著，陳鵬仁譯：《甲午戰爭外交秘錄》，第136頁。
〔註57〕陸奧宗光著，陳鵬仁譯：《甲午戰爭外交秘錄》，第136頁。
〔註58〕《馬關議和中日談話錄》，《東行三錄》，第245頁。
〔註59〕《馬關議和中日談話錄》，《東行三錄》，第238、245、252～253頁。

不但不幫助清政府，還在充當清朝談判法律顧問期間，極力地幫助日本。日本天皇在中日互換和約後的 5 月 12 日，專程寫了一封感謝信給美國國務卿，希望對在中國和日本的美國外交官和領事官予以嘉獎。這一建議被美國國務院拒絕之後，日本又於 11 月 1 日將這封感謝信通過日本駐美公使送達美國總統克利夫蘭，向他表示最崇高的問候和敬意：「我尊敬的友好的朋友，在日本帝國與中國進行戰爭期間，在您的善意允許及直接英明的指示下，在中國的美國外交官和領事官們為我們在中國的日本臣民提供了友好服務，並在許多場合向他們提供援助和幫助。此外，戰爭進入最後階段時，東京和北京的美國外交代表在您的授權下，為中國能夠與我們的政府進行直接聯繫提供了途徑，正是通過在東京和北京的美國外交代表為日中兩國政府所提供的直接交流，所有有望最終結束敵對狀態的和談準備工作才得以安排。藉此機會，我們謹對您及閣下的官員們所做的事情表示萬分感激。您們所做的工作不僅減緩了戰爭的殘酷和痛苦，並最終成功促成和談，而且也有助於密切我們兩國的友誼和睦鄰友好關係。」〔註 60〕由此可見，美國在中日甲午戰爭期間究竟做了什麼，對日本的外交支持和幫助，就一定傷害到中國的利益。

六、簽約前國內的反割臺

《馬關條約》簽訂以前，歐美各國報紙紛紛猜測日本的媾和條件，日本索割臺灣之說，已經成為街談之議。1895 年 2 月，當李鴻章奉召入京商議和約條款之時，兩江總督兼南洋大臣張之洞認為割臺之事斷不可行，直接致電李鴻章，提出「臺灣萬不可棄，從此為倭傅翼，北自遼，南至粵，永無安枕，且中國水師運船終年受其挾制，何以再圖自強？臺灣每年出產二百萬，所失更不可數計」，提出：「與其失地賠費求和與倭，不如設法乞援於英、俄，餌以商務利益」。他分析此策的利弊說：「英、俄本強，我雖吃虧於英、俄，而不屈倭，中國大局尚無礙，兵威亦尚未盡損，猶可再圖自強雪恥之策，似與古語遠交近攻之義相合。總之，與倭和而能不索地最妥；如必索地，則無論他事中國如何吃虧，總勝於棄臺灣與倭矣。」〔註 61〕

同時，他還上書力陳臺灣不可割讓：「傳聞倭有索臺灣之說，或去借臺灣開礦十年等語，未知確否？即使倭真有此意，朝廷權衡至當，知亦必斷然不允。

〔註 60〕崔志海：《甲午戰爭中美國的角色》，《國家人文歷史》，2014 年，第 18 期。
〔註 61〕《張文襄公全集》第 139 卷，第 31～32 頁。

查臺灣極關緊要，逼近閩、浙；若為敵踞，南洋永遠事事掣肘。且雖在海外，實為精華；地廣物蕃，公家進款每年二百餘萬，商民所入數十倍於此，未開之利更不待言。」〔註 62〕

張之洞之言論，非常有遠見卓識，其所言的「若為敵踞，南洋永遠事事掣肘。」之預見，今天也時時痛感。張之洞當時還給清政府提出一個避免割讓臺灣的辦法，即是利用「外洋各國豔羨重視臺灣之至」，建議以臺灣為抵押，向英國借款，或允許英國以臺灣開礦之利，以保存臺灣：「似可與英公使、外部商之，即向英國借款二、三千萬，以臺灣作保。臺灣既以保借款，英必不肯任倭人盜踞，英必自以兵輪保衛臺灣，臺防可緩。借款還清，英自無從窺伺臺灣，其權在我。如昭此辦法，英尚不肯為我保臺灣，則更有一策，除借鉅款外，並許英臺灣開礦一、二十年，此乃於英國家有大益之事，必肯保臺灣矣。」〔註 63〕雖然張之洞提出的辦法，也許是可以保存臺灣，但也可能會使英國長期佔有臺灣，但不管怎麼樣，張之洞為避免臺灣之割讓所做出的努力，非常值得後人紀念！

3 月 1 日，翰林院編修英華如箕、丁立鈞、徐世昌等八人，也上書條陳割臺之不可行：「近日李鴻章來京，外間復傳有奉使求和之說，並謂倭人要挾之意，償費而外，割地為先。竊惟兵敗求成，虧損固不能免，然即以償費論，國家豈能竭有限之脂膏，填無窮之欲壑？為數過巨，斷不能遷就曲從。至於割地之舉，則尤有必不可行者。……倭人所垂涎者，臺灣也。臺灣……論形勢，是我先朝所經營，以屏南服；論規制，則我皇上所增廓，以控重瀛；論物產，則賦稅有過於邊省；論民情，則輸將幾埒於常供，何罪何辜而論為異域？」〔註 64〕

馬關談判時的 4 月 1 日，日本刻意提出規定談判中停戰地點不包括臺灣，從武力上保證實現奪取臺灣的目標。6 日，翰林院侍讀學士文廷式，針對李鴻章的以京畿為重之言論，上奏力陳，請朝廷以固民心維國脈為重，不割讓臺灣：「今日臺灣之事，尤為存亡所關。李鴻章之行也，其秘計在割臺灣；曾與孫毓汶、徐用儀密議於美國使署，雖大臣秘之，而舉國皆知之。其言謂：以散地易要地。夫奉天固要地矣；臺灣關係江、浙、閩、廣之得失，可謂散地乎？乃近日有焦點二十一日之說，曰：『停北不停南。』……此李鴻章父子恐臺民之不

〔註 62〕《清光緒朝中交涉史料》卷三四，北平故宮博物院，1921 年，第 12 頁。
〔註 63〕《清光緒朝中交涉史料》卷三四，第 12 頁。
〔註 64〕《清光緒朝中交涉史料》卷三四，第 18 頁。

愛割，而勸倭人專力攻之也。其心路人所知，其事天下所駭！夫戰而失地，出於勢之無可如何；百姓雖死，亦無所怨。若朝廷隱棄之而不言，姦臣巧割之而不恤，四方之人誰不解體？不獨各國環起之可慮。……應請旨飭李鴻章與倭辯論，若不能一律停戰，則毋庸虛受此名，墮其術中。倭之欲離間民心久矣，安可復授以隙！此事徑行，臣知不能苟安，而益增危亂，斷斷然也。伏望皇上念大業之艱難，鑒民心之不可失，天下幸甚！」〔註 65〕

4 月 8 日，江南道監察御史張仲炘也上書，舉歷史之證，陳反對之意：「石晉燕雲之割，終宋世不可復還，而金人即乘之以覆宋，反客為主。」他請求皇帝「統籌全局，深維後患，勿為敵人之所挾，勿為群言之所蒙，斷自宸衷，嚴為駁斥。」〔註 66〕

隨著談判的深入，上書阻止割讓者越多。4 月 15 日，割臺問題已經到了最後階段。翰林院編修丁立鈞、華輝、沈曾桐、黃紹第及閏志廉等五人，疏陳割地賠款之害，云：「臺灣沃野千里，當倭全國三分之一，割以與敵，俾彼富強，異日南洋禍端面出。」〔註 67〕同日，吏科掌印給事中余聯沅亦上摺力陳：「無臺灣，則閩、浙失基屏蔽」〔註 68〕，極力反對割臺。吏科給事中褚博亦因聞及「倭人竟肆意要挾兵費之外，兼索臺灣」，而「曉夜彷徨，心結氣悸」，披瀝陳辭，於 16 日上書，言臺地不可割讓，否則「所失不僅一隅而已也。」〔註 69〕另外，江西道監察御史王鵬運、督辦東征軍務的劉坤一等，都上書勸阻割讓臺灣。

大清皇帝也深知割臺之危害，當李鴻章在馬關議和之時，曾針對其重視遼東而直接訓示云：「南北兩地，朝廷視為並重，非至萬不得已，極盡駁論而不能得，何忍輕言割棄。……所交說帖，但云奉天南邊割地太廣，而於臺澎如何置辦，並未敘及。」〔註 70〕

從光緒帝的訓示來看，清政府實不想割讓臺灣與日本。但身為直隸總督兼北洋大臣的李鴻章，其重北輕南之思維一定存在。雖文廷式所說李鴻章「勸倭人專力攻之」之說法不可信，但「以散地易要地」之語，實擊中了李鴻章之軟肋。

〔註 65〕《清光緒朝中交涉史料》卷三七，第 22 頁。
〔註 66〕《清光緒朝中交涉史料》卷三七，第 26 頁。
〔註 67〕《清光緒朝中交涉史料》卷三八，第 5 頁。
〔註 68〕《清光緒朝中交涉史料》卷三八，第 7 頁。
〔註 69〕《清光緒朝中交涉史料》卷三八，第 10 頁。
〔註 70〕《李文忠公全集．電稿》卷 20，文海出版影印，1926 年，第 32～33 頁。

在李鴻章心目中，遼東半島實仍北洋的外唇，為保其北洋勢力，也必須確保遼東半島。北洋為李鴻章多年之經營，雖甲午之役慘敗，但京師不保，怎可復興北洋。在馬關議和的最後階段，李鴻章面臨著確保遼東、解除京師危機、割讓臺灣等三大難題。其中關於割讓遼東半島，其割讓面積已經較原案減少了約二分之一，且俄國亦曾暗示會出面干涉，遼東不割讓，那麼即可確保京師無危，如果在臺灣割讓問題上不妥協，以日本佔領澎湖之現狀，戰爭將無法結束，也許還將再戰。

另外，日本先行攻佔了澎湖，實為確保取得臺灣；其停戰地點不包括臺灣，更是從武力上保證實現割讓臺灣的目標。在馬關條約批准之後，李鴻章在《致前太僕寺正卿林時甫（林維源）書》中，曾云：「割臺之議，前往馬關爭執再四，迄不可回。倭欲得之意甚堅，即不許亦將力取，澎湖先以殘破，臺防亦斷不可支，與其糜爛而仍不能守，不如棄地以全人，藉以解京師根本之危迫，兩害取輕，實出萬不得已。」〔註 71〕從李鴻章的言語中，能看出不割讓臺灣，日本不可能停戰簽約。

七、《馬關條約》對現今東亞格局的影響

清政府在 1895 年甲午戰爭中的失敗，對東亞地區的影響是結構性的，特別是《馬關條約》的簽訂，標誌著中國真正開始走向半殖民地半封建社會。甲午戰爭更是日本處心積慮全面侵略中國的開端，爾後的日俄戰爭、第一次世界大戰、吞併朝鮮、五卅慘案、炸死張作霖、九一八事變，七七事變以至太平洋戰爭，從某種意義上來說，都是甲午戰爭的延續和結果。而由甲午戰爭中國戰敗所簽訂的《馬關條約》，至今乃對中國乃至整個東亞的影響巨大，甚至今天的整個東亞，仍然時刻感受其深刻的影響。

首先、《馬關條約》使「琉球」復國無望

琉球在歷史上本為一個國家。從明朝開始就接受中國的冊封，成為中國的藩屬國。由於地緣上接近日本，1609 年時遭到日本的侵略，並控制了琉球北方的五個島嶼。明治維新後，日本將琉球確定為第一塊領土目標，為切斷中琉關係取得吞併琉球的藉口，於 1874 年出兵侵略中國臺灣。此過程美國駐日公使德朗積極參與，並介紹美國駐廈門及臺灣領事李仙就任日本「二等出仕」官，幫助日本出謀劃策，藉口琉球漁民遭風漂到臺灣被害的普通「難船事件」，強

〔註 71〕《李文忠公尺牘》下冊，文海出版影印，1926 年，第 785 頁。

說臺灣「蕃地」為無主之地，於 1874 年出兵侵略中國臺灣。這個「保民義舉」的侵略行為，後變成日本吞併琉球的國際法依據，使日本於 1879 年正式吞併了琉球。中日之間曾就琉球問題進行大量交涉，中國始終沒有認同日本吞併琉球的正當性。而《馬關條約》的簽訂，使中國再也無力交涉琉球。戰後，美、日無視琉球人獨立建國的意願，私相授受「琉球」，使「琉球」成為日本的「沖繩縣」，至今復國無望。

第二、《馬關條約》掩蓋日本竊取中國領土釣魚島之實

由中國人命名的釣魚島，為中國臺灣附屬之無人島，與「琉球」古國沒有任何關係，它在歷史上是作為中琉航線上的航標而存在。日本於 1879 年單方面吞併琉球後，又確定了一系列的「外島嶼佔領計劃」，釣魚島就是其中之一。1885 年時，日本第一次想建立「國標」，將釣魚島納到領土之內，但躡於清政府的威力，沒有敢具體實施。1890 年第二次提出建立「國標」案，後來不了了之。1893 年底時，第三次提出建立「國標」。此時正值日本準備發動甲午戰爭之際，日本政府積極回應，趁著甲午戰爭勝利之際，於 1895 年 1 月 14 日以內閣決議的方式，偷偷將中國釣魚島竊取。戰後，釣魚島被裹挾在「琉球」領土中，成為美國沖繩基地的打靶場。而美國為籠絡日本，爭取核武器過境或停靠日本美國基地，暗通款曲，竟將中國的釣魚島，於「琉球返還」之時，作為琉球的一部分，賜給了日本。此後在全世界保釣魚運動及中國的反對下，美國又說只給日本釣魚島的行政權。隨著中國國力的強大，美國為遏制中國，將釣魚島作為籌碼，慫恿日本「買賣」釣魚島，使中日關係跌落到戰後的最低谷，來坐收漁人之利。

第三、臺灣的割讓使中國「南洋事事掣肘」

臺灣自古與中國大陸相連，後才被海峽所隔斷。1661 年鄭成功收復臺灣後，清朝在臺灣統治長達二百多年之久。臺灣處於中國東南海上，是中國走向海洋的戰略要地，它對中國的國家安全更具戰略地位。但從地緣上講，臺灣也是日本以琉球群島為終點的島鏈上繼續延伸的一部分，是日本在明治維新後確定的第二塊領土目標。《馬關條約》對臺灣的割讓，是兩岸長期分離的遠因，而日本殖民佔據臺灣，更為後來侵略中國的「大東亞」戰爭奠定了關鍵的一步。戰後因各種原因，臺灣沒有回歸到中國的懷抱。臺灣的割讓，是中華民族永遠的恥辱及傷痛。兩岸長期的分治，使「臺灣」成為美國遏制中國、日本牽制中國的「利器」。張之洞之遠見「若為敵踞，南洋永遠事事掣肘」之卓識，今天

我們時時感受得到。

第四、日本控制吞併朝鮮為南北分裂的遠因

朝鮮半島上的朝鮮，在歷史上一直是朝貢體系下一個獨立的王國。日本早在豐臣秀吉之時代，就曾出兵公開侵略朝鮮，後在明朝的支持下得以復國。染指朝鮮的野心形成了日本明治維新後所謂的「征韓派」，朝鮮半島成為繼琉球、臺灣之後第三塊領土目標。1874 年日本謀取到吞併琉球的口實之後，馬上開始著手染指朝鮮。甲午戰爭就是因日本想獨霸朝鮮而爆發的。《馬關條約》迫使朝鮮完全脫離朝貢體系，完全淪入到日本軍國主義手中，此後日本一步步以改革為名，將朝鮮變成日本附屬的殖民地。戰後由於各種勢力的鬥爭，使本應當獨立的朝鮮形成南、北韓，至今依然處於分裂的現狀。

第五、日本沒有反省甲午戰爭形成錯誤的思想

甲午戰爭使日本人對中國的看法開始轉變，對中國由敬畏、仰視到貶低、蔑視，演變為極端民族主義思潮。這種極端民族主義思潮，演化成為新的排外狂潮，為日本繼續向中國大陸擴張提供輿論支持。戰後，日本並沒有認真反省其侵略行為給東亞人民帶來的沉重災難。以至於日本至今依然有人將對中國及東亞的侵略，錯認為日本戰爭的目的不在於侵略中國，而是為了幫助中國復興，共同對抗西方。近十年以來，隨著日本經濟的衰落，日本舊民族主義重新復活，從小泉參拜靖國神社，到現任安倍晉三及其支持者對二戰、中國南京大屠殺、慰安婦問題的胡說八道，這些都不能不說是日本自甲午戰爭以來形成的軍國主義思想在作怪。美國是日本對外侵略擴張的幕後推手。

第六、美國扶植日本控制東亞

美國自「黑船事件」扣開日本的大門後，就在東亞扶植日本對外侵略擴張，以達到美國的「利益均霑」。日本侵略東亞的整個戰略，都起始於被日本人稱為「外交大恩人」的美國人李仙得。日本吞併琉球時，美國在背後大加支持。1874 年出兵臺灣時，更是出人、出謀、出利參與日本的侵臺活動。中日甲午戰爭之時，美國更是公開偏袒日本，在馬關條約簽訂過程中，協助日本達到其利益的最大化。美國或在臺前或幕後，在日本對外侵略擴張中，起著巨大的助力作用。美國卵翼著日本，使其成為一個供美國驅使和利用的國家。日本侵略朝鮮、琉球和中國的領土臺灣，美國莫不贊助，原因是他們企圖假手於日本來達到自己的利益。另外，美國也盡可能挑撥中日之間的惡感，以達到用亞洲人來打來說亞洲人的分治政策。

小結

明治維新之後，日本在美國「外交大恩人」的幫助下，蓄意對外擴張，逐漸形成了以吞併琉球、朝鮮、臺灣進而侵略中國的「大陸政策」。1874 年日本借 1871 年底的琉球難船事件開始侵入臺灣，其後又染指朝鮮，而日本在甲午戰爭的勝利及《馬關條約》的簽訂則使日本的野心變成現實。《馬關條約》已經過去百年，但其影響還在繼續著。日本戰後沒有認真反省其侵略行為給東亞人民帶來的痛苦，反而借助美國的力量，續想著軍國主義的舊夢。美國也沒有人反思自己在近代日本對外擴張中所扮演的推波助瀾的作用，今天依然採取縱容日本的策略。

結　語

近代西方歐美資本殖民侵略的浪潮洶湧東來之時，明治維新後的日本在「脫亞入歐」的政策下，也加入了對外侵略擴張的行列。於是西方列強、俄國及日本，共同對中國進行近百年的侵略掠奪，隨之東亞格局也發生了翻天覆地的變化。在這場來自海上的殖民侵略中，位置特殊的臺灣，一直是列強掠奪侵吞的目標，故在東亞格局改變過程中，臺灣首當其衝，先後受到荷蘭、西班牙、美國、日本及法國的入侵，命運多舛上下沉浮，最終還是被日本軍國主義強行割占成為其殖民地。近代東亞格局轉變的歷史過程警示我們，每當我們中華民族孱弱動盪之時，臺灣就會受到他族的侵略，而每當民族國家興盛之時，臺灣就會回到祖國的懷抱。而回顧歷史也必將增強我們的信心，臺灣問題終將隨著中華民族的偉大復興而得到最終的解決。

參考文獻

一、日本國立公文書館所收藏原始檔案

1.《単行書・処蕃書類蕃地事務局諸表類纂》，A03031149300。
2.《単行書・処蕃提要後編並附錄共》，A03031149215。
3.《単行書・処蕃提要後編・第七巻》，A03031144700。
4.《単行書・処蕃提要後編・第六巻》，A03031143400。
5.《単行書・処蕃提要後編・第五巻》，A03031141900。
6.《単行書・処蕃提要後編・第四巻》，A03031140100。
7.《単行書・処蕃提要後編・第三巻》，A03031137900。
8.《単行書・処蕃提要後編・第二巻》，A03031136900。
9.《単行書・処蕃提要後編・第一巻》，A03031135800。
10.《単行書・処蕃提要・第六巻》，A03031133600。
11.《単行書・処蕃提要・第五巻》，A03031129500。
12.《単行書・処蕃提要・第四巻》，A03031126500。
13.《単行書・処蕃提要・第三巻》，A03031123500。
14.《単行書・処蕃提要・第二巻》，A03031119800。
15.《単行書・処蕃提要・第一巻》，A03031117200。
16.《単行書・処蕃類纂・第三十八巻》，A03031113000。
17.《単行書・処蕃類纂・第三十七巻》，A03031107200。
18.《単行書・処蕃類纂・第三十六巻》，A03031105900。
19.《単行書・処蕃類纂・第三十五巻》，A03031104800。

20.《単行書・処蕃類纂・第三十四卷》，A03031102900。
21.《単行書・処蕃類纂・第三十三卷》，A03031096500。
22.《単行書・処蕃類纂・第三十二卷》，A03031090400。
23.《単行書・処蕃類纂・第三十一卷》，A03031083300。
24.《単行書・処蕃類纂・第三十卷》，A03031078500。
25.《単行書・処蕃類纂・第二十九卷》，A03031074700。
26.《単行書・処蕃類纂・第二十八卷》，A03031071900。
27.《単行書・処蕃類纂・第二十七卷》，A03031070200。
28.《単行書・処蕃類纂・第二十六卷》，A03031068500。
29.《単行書・処蕃類纂・第二十五卷》，A03031067100。
30.《単行書・処蕃類纂・第二十四卷》，A03031064400。
31.《単行書・処蕃類纂・第二十三卷》，A03031062700。
32.《単行書・処蕃類纂・第二十二卷》，A03031059300。
33.《単行書・処蕃類纂・第二十一卷》，A03031055100。
34.《単行書・処蕃類纂・第二十卷》，A03031052200。
35.《単行書・処蕃類纂・第十九卷》，A03031049100。
36.《単行書・処蕃類纂・第十八卷》，A03031043300。
37.《単行書・処蕃類纂・第十七卷》，A03031036500。
38.《単行書・処蕃類纂・第十六卷》，A03031028900。
39.《単行書・処蕃類纂・第十五卷》，A03031024300。
40.《単行書・処蕃類纂・第十四卷》，A03031021800。
41.《単行書・処蕃類纂・第十三卷》，A03031017200。
42.《単行書・処蕃類纂・第十二卷》，A03031013100。
43.《単行書・処蕃類纂・第十一卷》，A03031011200。
44.《単行書・処蕃類纂・第十卷》，A03031009900。
45.《単行書・処蕃類纂・第九卷》，A03031008500。
46.《単行書・処蕃類纂・第八卷》，A03031007400。
47.《単行書・処蕃類纂・第七卷》，A03031005600。
48.《単行書・処蕃類纂・第六卷》，A03031004800。
49.《単行書・処蕃類纂・第五卷》，A03031004500。
50.《単行書・処蕃類纂・第四卷》，A03031003000。

51.《単行書・処蕃類纂・第三卷》，A03031001000。
52.《単行書・処蕃類纂・第二卷》，A03030997700。
53.《単行書・処蕃類纂・第一卷》，A03030995000。
54.《単行書・処蕃類纂外編総目・完》，A03030991000。
55.《単行書・処蕃類纂拾遺》，A03030982400。
56.《単行書・処蕃類纂拾遺・詔勅及達伺》，A03030973900。
57.《単行書・処蕃類纂拾遺》，A03030967100。
58.《単行書・処蕃類纂》，A03030963700。
59.《単行書・処蕃類纂・雑件》，A03030958100。
60.《単行書・処蕃類纂・雑件》，A03030953600。
61.《単行書・処蕃類纂》，A03030952300。
62.《単行書・処蕃類纂》，A03030946500。
63.《単行書・処蕃類纂》，A03030942300。
64.《単行書・処蕃類纂・會計・自十二月一日至同月二十八日》，A03030935500。
65.《単行書・処蕃類纂・會計・自十一月二日至同月》，A03030929300。
66.《単行書・処蕃類纂・會計》，A03030918500。
67.《単行書・処蕃類纂》，A03030912900。
68.《単行書・処蕃類纂・會計》，A03030906600。
69.《単行書・処蕃類纂・會計・自七月二日至八月三十一日》，A03030896100。
70.《単行書・処蕃類纂・會計・自六月一日至同月三十日》，A03030888600。
71.《単行書・処蕃類纂・會計・自三月三十一日至五月三十一日》，A03030875900。
72.《単行書・処蕃類纂》，A03030871500。
73.《単行書・処蕃類纂》，A03030866400。
74.《単行書・処蕃類纂》，A03030863900。
75.《単行書・処蕃類纂》，A03030858600。
76.《単行書・処蕃類纂》，A03030850500。
77.《単行書・処蕃類纂》，A03030847400。
78.《単行書・処蕃類纂・汽船買收・自四月三十日至八月三十日》，A03030839700。
79.《単行書・処蕃類纂》，A03030821800。

80.《単行書・処蕃類纂》，A03030800100。
81.《単行書・処蕃類纂》，A03030785400。
82.《単行書・処蕃類纂》，A03030774500。
83.《単行書・処蕃類纂》，A03030756500。
84.《単行書・処蕃類纂》，A03030735500。
85.《単行書・処蕃類纂》，A03030733100。
86.《単行書・処蕃類纂》，A03030721900。
87.《単行書・処蕃類纂・官署往復》，A03030716000。
88.《単行書・処蕃類纂・官署往復》，A03030709500。
89.《単行書・処蕃類纂・官省往復》，A03030702900。
90.《単行書・処蕃類纂・官省往復》，A03030692100。
91.《単行書・処蕃類纂・官省往復》，A03030686500。
92.《単行書・処蕃類纂・官省往復》，A03030675300。
93.《単行書・処蕃類纂・官省往復》，A03030662000。
94.《単行書・処蕃類纂・官署往復・自八月一日至同月三十日》，A03030649800。
95.《単行書・処蕃類纂・官署往復・自七月二日至同月三十一日》，A03030641600。
96.《単行書・処蕃類纂・官署往復・自五月一日至六月三十日》，A03030632000。
97.《単行書・処蕃類纂・官署往復》，A03030625300。
98.《単行書・処蕃類纂》，A03030607700。
99.《単行書・処蕃類纂》，A03030596000。
100.《単行書・処蕃類纂・支局往復・自八月一日至同月二十九日》，A03030586400。
101.《単行書・処蕃類纂・支局往復・自七月二日至同月三十一日》，A03030573700。
102.《単行書・処蕃類纂・支局往復・自六月一日至同月三十日》，A03030564700。
103.《単行書・処蕃類纂・支局往復・自四月十五日至五月三十一日》，A03030557100。

104.《単行書・処蕃類纂》，A03030553200。
105.《単行書・処蕃類纂・詔勅及達伺》，A03030545500。
106.《単行書・処蕃類纂・詔勅及達伺》，A03030534200。
107.《単行書・処蕃類纂・詔勅及達伺》，A03030527100。
108.《単行書・処蕃類纂》，A03030523200。
109.《単行書・処蕃類纂・詔勅及達伺》，A03030515300。
110.《単行書・処蕃類纂・窺達・自六月二日至八月三十一日》，A03030506000。
111.《単行書・処蕃類纂》，A03030493400。
112.《単行書・処蕃類纂内編総目・前函下》，A03030493350。
113.《単行書・処蕃類纂内編総目・前函上》，A03030493310。
114.《単行書・処蕃始末総目・下》，A03030493000。
115.《単行書・処蕃始末総目・上》，A03030492800。
116.《単行書・処蕃始末・拾遺之四》，A03030490200。
117.《単行書・処蕃始末・拾遺之三》，A03030485200。
118.《単行書・処蕃始末・拾遺之二》，A03030482700。
119.《単行書・処蕃始末・拾遺之一》，A03030480000。
120.《単行書・処蕃始末・附錄之二十五・漢新聞》，A03030479400。
121.《単行書・処蕃始末・附錄之二十四・漢新聞》，A03030479000。
122.《単行書・処蕃始末・附錄之二十三・漢新聞》，A03030478700。
123.《単行書・処蕃始末・附錄之二十二・漢新聞》，A03030478400。
124.《単行書・処蕃始末・附錄之二十一・洋新聞》，A03030478100。
125.《単行書・処蕃始末・附錄之二十・洋新聞》，A03030477800。
126.《単行書・処蕃始末・附錄之十九・洋新聞》，A03030477500。
127.《単行書・処蕃始末・附錄之十八・洋新聞》，A03030477200。
128.《単行書・処蕃始末・附錄之十七・洋新聞》，A03030476200。
129.《単行書・処蕃始末・附錄之十六・洋新聞》，A03030475900。
130.《単行書・処蕃始末・附錄之十五・洋新聞》，A03030475500。
131.《単行書・処蕃始末・附錄之十四・洋新聞》，A03030475200。
132.《単行書・処蕃始末・附錄之十三・洋新聞》，A03030474900。
133.《単行書・処蕃始末・附錄之十二・洋新聞》，A03030474600。
134.《単行書・処蕃始末・附錄之十一・新聞類》，A03030474200。

135.《単行書・処蕃始末・附錄之十・新聞類》，A03030473700。
136.《単行書・処蕃始末・附錄之九・新聞類》，A03030473400。
137.《単行書・処蕃始末・附錄之八・新聞類》，A03030473100。
138.《単行書・処蕃始末・附錄之七・新聞類》，A03030472800。
139.《単行書・処蕃始末・附錄之六・新聞類》，A03030472500。
140.《単行書・処蕃始末・附錄之五・新聞類》，A03030472200。
141.《単行書・処蕃始末・附錄之四・新聞類》，A03030471900。
142.《単行書・処蕃始末・附錄之三・新聞類》，A03030471600。
143.《単行書・処蕃始末・附錄之二・新聞類》，A03030471300。
144.《単行書・処蕃始末・附錄之一・職外建言並節儉方法》，A03030469000。
145.《単行書・処蕃始末・乙亥五月之四・第一百十二冊》，A03030465400。
146.《単行書・処蕃始末・乙亥五月之三・第一百十一冊》，A03030462900。
147.《単行書・処蕃始末・乙亥五月之二・第一百十冊》，A03030459900。
148.《単行書・処蕃始末・乙亥五月之一・第一百九冊》，A03030457000。
149.《単行書・処蕃始末・乙亥四月之三・第一百八冊》，A03030454200。
150.《単行書・処蕃始末・乙亥四月之二・第一百七冊》，A03030450400。
151.《単行書・処蕃始末・乙亥四月之一・第一百六冊》，A03030446700。
152.《単行書・処蕃始末・乙亥三月之四・第一百五冊》，A03030444300。
153.《単行書・処蕃始末・乙亥三月之三・第一百四冊》，A03030440500。
154.《単行書・処蕃始末・乙亥三月之二・第一百三冊》，A03030436600。
155.《単行書・処蕃始末・乙亥三月之一・第一百二冊》，A03030432700。
156.《単行書・処蕃始末・乙亥二月之四・第一百一冊》，A03030428600。
157.《単行書・処蕃始末・乙亥二月之三・第一百冊》，A03030424800。
158.《単行書・処蕃始末・乙亥二月之二・第九十九冊》，A03030420500。
159.《単行書・処蕃始末・乙亥二月之一・第九十八冊》，A03030416200。
160.《単行書・処蕃始末・乙亥一月之五・第九十七冊》，A03030410000。
161.《単行書・処蕃始末・乙亥一月之四・第九十六冊》，A03030405400。
162.《単行書・処蕃始末・乙亥一月之三・第九十五冊》，A03030403500。
163.《単行書・処蕃始末・乙亥一月之二・第九十四冊》，A03030399300。
164.《単行書・処蕃始末・乙亥一月之一・第九十三冊》，A03030393700。
165.《単行書・処蕃始末・甲戌十二月之十・第九十二冊》，A03030390800。

166.《単行書・処蕃始末・甲戌十二月之九・第九十一冊》，A03030386100。
167.《単行書・処蕃始末・甲戌十二月之八・第九十冊》，A03030382900。
168.《単行書・処蕃始末・甲戌十二月之七・第八十九冊》，A03030379500。
169.《単行書・処蕃始末・甲戌十二月之六・第八十八冊》，A03030375700。
170.《単行書・処蕃始末・甲戌十二月之五・第八十七冊》，A03030372100。
171.《単行書・処蕃始末・甲戌十二月之四・第八十六冊》，A03030369000。
172.《単行書・処蕃始末・甲戌十二月之三・第八十五冊》，A03030367100。
173.《単行書・処蕃始末・甲戌十二月之二・第八十四冊》，A03030364700。
174.《単行書・処蕃始末・甲戌十二月之一・第八十三冊》，A03030360900。
175.《単行書・処蕃始末・甲戌十一月之十二・第八十二冊》，A03030357900。
176.《単行書・処蕃始末・甲戌十一月之十一・第八十一冊》，A03030353900。
177.《単行書・処蕃始末・甲戌十一月之十・第八十冊》，A03030349800。
178.《単行書・処蕃始末・甲戌十一月之九・第七十九冊》，A03030346200。
179.《単行書・処蕃始末・甲戌十一月之八・第七十八冊》，A03030343000。
180.《単行書・処蕃始末・甲戌十一月之七・第七十七冊》，A03030340800。
181.《単行書・処蕃始末・甲戌十一月之六・第七十六冊》，A03030337300。
182.《単行書・処蕃始末・甲戌十一月之五・第七十五冊》，A03030333700。
183.《単行書・処蕃始末・甲戌十一月之四・第七十四冊》，A03030330100。
184.《単行書・処蕃始末・甲戌十一月之三・第七十三冊》，A03030327800。
185.《単行書・処蕃始末・甲戌十一月之二・第七十二冊》，A03030324600。
186.《単行書・処蕃始末・甲戌十一月之一・第七十一冊》，A03030321500。
187.《単行書・処蕃始末・甲戌十月之十七・第七十冊》，A03030318700。
188.《単行書・処蕃始末・甲戌十月之十六・第六十九冊》，A03030313800。
189.《単行書・処蕃始末・甲戌十月之十五・第六十八冊》，A03030311000。
190.《単行書・処蕃始末・甲戌十月之十四・第六十七冊》，A03030308200。
191.《単行書・処蕃始末・甲戌十月之十三・第六十六冊》，A03030305300。
192.《単行書・処蕃始末・甲戌十月之十二・第六十五冊》，A03030302000。
193.《単行書・処蕃始末・甲戌十月之十一・第六十四冊》，A03030298400。
194.《単行書・処蕃始末・甲戌十月之十・第六十三冊》，A03030295700。
195.《単行書・処蕃始末・甲戌十月之九・第六十二冊》，A03030293300。
196.《単行書・処蕃始末・甲戌十月之八・第六十一冊》，A03030289600。

197.《単行書・処蕃始末・甲戌十月之七・第六十冊》，A03030287100。
198.《単行書・処蕃始末・甲戌十月之六・第五十九冊》，A03030283000。
199.《単行書・処蕃始末・甲戌十月之五・第五十八冊》，A03030281100。
200.《単行書・処蕃始末・甲戌十月之四・第五十七冊》，A03030277900。
201.《単行書・処蕃始末・甲戌十月之三・第五十六冊》，A03030274700。
202.《単行書・処蕃始末・甲戌十月之二・第五十五冊》，A03030272000。
203.《単行書・処蕃始末・甲戌十月之一・第五十四冊》，A03030270400。
204.《単行書・処蕃始末・甲戌九月之十三・第五十三冊》，A03030268000。
205.《単行書・処蕃始末・甲戌九月之十二・第五十二冊》，A03030263800。
206.《単行書・処蕃始末・甲戌九月之十一・第五十一冊》，A03030259600。
207.《単行書・処蕃始末・甲戌九月之十・第五十冊》，A03030256600。
208.《単行書・処蕃始末・甲戌九月之九・第四十九冊》，A03030253900。
209.《単行書・処蕃始末・甲戌九月之八・第四十八冊》，A03030252200。
210.《単行書・処蕃始末・甲戌九月之七・第四十七冊》，A03030249000。
211.《単行書・処蕃始末・甲戌九月之六・第四十六冊》，A03030246100。
212.《単行書・処蕃始末・甲戌九月之五・第四十五冊》，A03030242700。
213.《単行書・処蕃始末・甲戌九月之四・第四十四冊》，A03030240200。
214.《単行書・処蕃始末・甲戌九月之三・第四十三冊》，A03030236800。
215.《単行書・処蕃始末・甲戌九月之二・第四十二冊》，A03030233700。
216.《単行書・処蕃始末・甲戌九月之一・第四十一冊》，A03030231900。
217.《単行書・処蕃始末・甲戌八月之九・第四十冊》，A03030228200。
218.《単行書・処蕃始末・甲戌八月之八・第三十九冊》，A03030224700。
219.《単行書・処蕃始末・甲戌八月之七・第三十八冊》，A03030220900。
220.《単行書・処蕃始末・甲戌八月之六・第三十七冊》，A03030218100。
221.《単行書・処蕃始末・甲戌八月之五・第三十六冊》，A03030215900。
222.《単行書・処蕃始末・甲戌八月之四・第三十五冊》，A03030213300。
223.《単行書・処蕃始末・甲戌八月之三・第三十四冊》，A03030210300。
224.《単行書・処蕃始末・甲戌八月之二・第三十三冊》，A03030207200。
225.《単行書・処蕃始末・甲戌八月之一・第三十二冊》，A03030203000。
226.《単行書・処蕃始末・甲戌七月之八・第三十一冊》，A03030200700。
227.《単行書・処蕃始末・甲戌七月之七・第三十冊》，A03030196400。

228.《単行書・処蕃始末・甲戌七月之六・第二十九冊》，A03030192100。
229.《単行書・処蕃始末・甲戌七月之五・第二十八冊》，A03030188700。
230.《単行書・処蕃始末・甲戌七月之四・第二十七冊》，A03030185700。
231.《単行書・処蕃始末・甲戌七月之三・第二十六冊》，A03030182900。
232.《単行書・処蕃始末・甲戌七月之二・第二十五冊》，A03030179600。
233.《単行書・処蕃始末・甲戌七月之一・第二十四冊》，A03030175100。
234.《単行書・処蕃始末・甲戌六月之七・第二十三冊》，A03030172700。
235.《単行書・処蕃始末・甲戌六月之六・第二十二冊》，A03030169900。
236.《単行書・処蕃始末・甲戌六月之五・第二十一冊》，A03030167000。
237.《単行書・処蕃始末・甲戌六月之四・第二十冊》，A03030164000。
238.《単行書・処蕃始末・甲戌六月之三・第十九冊》，A03030161700。
239.《単行書・処蕃始末・甲戌六月之二・第十八冊》，A03030160300。
240.《単行書・処蕃始末・甲戌六月之一・第十七冊》，A03030157600。
241.《単行書・処蕃始末・甲戌五月之七・第十六冊》，A03030155100。
242.《単行書・処蕃始末・甲戌五月之六・第十五冊》，A03030151000。
243.《単行書・処蕃始末・甲戌五月之五・第十四冊》，A03030149000。
244.《単行書・処蕃始末・甲戌五月之四・第十三冊》，A03030144700。
245.《単行書・処蕃始末・甲戌五月之三・第十二冊》，A03030141900。
246.《単行書・処蕃始末・甲戌五月之二・第十一冊》，A03030139200。
247.《単行書・処蕃始末・甲戌五月之一・第十冊》，A03030135800。
248.《単行書・処蕃始末・甲戌四月之五・第九冊》，A03030130500。
249.《単行書・処蕃始末・甲戌四月之四・第八冊》，A03030122400。
250.《単行書・処蕃始末・甲戌四月之三・第七冊》，A03030116100。
251.《単行書・処蕃始末・甲戌四月之二・第六冊》，A03030107700。
252.《単行書・処蕃始末・甲戌四月之一・第五冊》，A03030101400。
253.《単行書・処蕃始末・甲戌春・第四冊》，A03030099600。
254.《単行書・処蕃始末・癸酉下・第三冊》，A03030098100。
255.《単行書・処蕃始末・癸酉上・第二冊》，A03030097100。
256.《単行書・処蕃始末・辛未壬申・第一冊》，A03030094700。
257.《単行書・処蕃書類追錄九》，A03030092300。
258.《単行書・処蕃書類追錄八》，A03030090700。

259.《単行書・処蕃書類追錄七》，A03030088100。
260.《単行書・処蕃書類追錄六》，A03030085000。
261.《単行書・処蕃書類追錄五》，A03030082500。
262.《単行書・処蕃書類追錄四》，A03030080800。
263.《単行書・処蕃書類追錄三》，A03030075900。
264.《単行書・処蕃書類追錄二》，A03030072100。
265.《単行書・処蕃書類追錄一》，A03030069400。
266.《単行書・処蕃書類臺灣蕃地草木略記》，A03030069320。
267.《単行書・処蕃書類公法類纂五》，A03030069100。
268.《単行書・処蕃書類公法類纂四》，A03030067400。
269.《単行書・処蕃書類公法類纂三》，A03030066300。
270.《単行書・処蕃書類公法類纂二》，A03030064700。
271.《単行書・処蕃書類公法類纂一》，A03030064100。
272.《単行書・処蕃書類汽船要領・天》，A03030060600。
273.《単行書・李氏書翰目錄・横文》，A03030060300。
274.《単行書・蒸気船兵庫丸書類目錄》，A03030056400。
275.《単行書・処蕃書類横文記錄類総目錄》，A03030055200。
276.《単行書・処蕃書類フヲルモサレコルド原稿・第二號・横文》，A03030053400。
277.《単行書・処蕃書類フヲルモサレコルド原稿・第一號・横文》，A03030043200。
278.《単行書・処蕃書類フヲルモサレコルド横文》，A03030038800。
279.《単行書・処蕃書類フヲルモサレコルド横文》，A03030035600。
280.《単行書・処蕃書類フヲルモサレコルド横文》，A03030031100。
281.《単行書・処蕃書類フヲルモサレコルド横文》，A03030022900。
282.《単行書・処蕃書類フヲルモサレコルド横文》，A03030022100。
283.《単行書・処蕃書類フヲルモサレコルド横文》，A03030020200。
284.《単行書・処蕃書類フヲルモサレコルド横文》，A03030012400。
285.《単行書・処蕃書類フヲルモサレコルド横文・電報類》，A03030002900。
286.《単行書・処蕃書類フヲルモサレコルド横文・蕃地事務局横文記錄総目錄・第一號記錄》，A03030000100。

二、日文參考書目

1. 金城正篤，《琉球處分論》，沖縄タイムス社，1978 年。
2. 仲里讓，《琉球處分的全貌》，クォリティ出版，2001 年。
3. 新川明，《琉球處分以後（上、下）》，朝日新聞社，2005 年。
4. 渡久山寬三，《琉球處分》，新人物往來社，1990 年。
5. 大城立裕，《琉球處分》，講談社，1968 年。
6. 嶽生，《尚泰王／琉球処分（上、中、下）》，新星出版，2006 年。
7. 大城立裕，《小說琉球處分》，講談社，1972 年。
8. 伊波普猷，《古琉球》，青磁社，昭和 18 年。
9. 東恩納寬淳，《琉球の歷史》，志文堂，昭和 47 年。
10. 宮城榮昌，《琉球の歷史》，吉川弘文館，1977 年版。
11. 大城立裕，《沖繩歷史散步》，創元社 1991 年版。
12. 宮城榮昌等編，《沖繩歷史地圖》，柏書房，1983 年版。
13. 金城正篤，《琉球處分論》，沖繩タイムス社，1980 年版。
14. 高良倉吉，《琉球的時代》，日本沖繩南西出版社 1989 年版。
15. 《琉球王國》，岩波書店，1993 年版。
16. 毛利敏彥的，《臺灣出兵》，中央公論社，1996 年。
17. 明治文化研究會主編，《明治文化全集》第 24 卷，日本評論社，1993 年。
18. 明治文化資料叢書刊行會主編，《明治文化資料叢書》第 4 卷，風間書房，1962 年。
19. 那霸市企劃部市史編集室所編著，《那霸市資料》中的第 2 卷資料篇，那霸市，1971 年。
20. 嶋津與志，《琉球王國衰亡史》，岩波書店，1992 年。
21. 番地事務局，《処番趣旨書》，內閣秘本，大久保文庫 952．031S55，日本立教大學図書館蔵。
22. 金井之恭，《使清辨理始末》，日本立教大學図書館蔵，明治八年刊。
23. 板野正高，《近代中國政治外交史》，東京大學出版會，1973 年。
24. 板野潤治，《近代日本の外交と政治》，研文出版社，1985 年。
25. 我部政男、栗原純，《ル・ジャンドル臺灣紀行》，緑陰書房，1998 年。
26. 山本春樹、黃智慧，《臺灣原住民の現在》，株式會社草風館，2004 年。
27. 東アジア近代史研究會，《東アジア近代史》，第二號（東アジア近代史研究會，1999 年 3 月。

28. 東アジア近代史研究會，《東アジア近代史》，第三號（東アジア近代史研究會，2000 年 3 月。
29. 佐藤慎一，《近代中國の知識人と文明》，東京大學出版會，1996 年。
30. 山室信一，《思想課題としてのアジア》，岩波書店，2001 年。
31. 清澤きよし，《外政家としての大久保利通》，中央公論社，昭和十七年。
32. 安岡昭男，《明治前期日清交涉史研究》，嚴南堂書店，1995 年。
33. 茂木敏夫，《変容する近代東アジアの國際秩序》，山川出版社，1997 年。
34. イアンニッシュ編麻田貞雄訳，《歐米から見た岩倉使節团》，ミネルバ書房，2002 年。
35. 田中彰，《岩倉使節团の歴史的研究》，岩波書店，2002 年。
36. 浜下武治，《朝貢システムと近代アジア》，岩波書店，1997 年。
37. 岡崎久英，《百年の遺產》，扶桑社，2002 年。
38. 加藤陽子，《戦争の日本近現代史》，講談社，2002 年。
39. 竹內好，《近代の日本と中國》，朝日新聞社，1971 年。
40. 入江昭，《日本の外交》，中公新書，1966 年。
41. 戶川豬佐武，《山県有朋と富國強兵のリーダー》，講談社，1983 年。
42. 多田好問，《岩倉公実記》，原書房，1968 年。
43. 日本史籍協會，《大久保文書》，東京大學出版會，1929 年。
44. 田中彰，《岩倉使節团と歐米回覧実記》，岩波書店，1994 年。
45. 久米邦武，《米歐回覧実記》，博聞社，1878 年。
46. 東亜同文會編，《対支回顧錄東京》，原書房，1968 年。

三、中文史料及著作

1. 國史館臺灣文獻館，《處番提要》，民國九十四年，2005 年。
2. 國史館臺灣文獻館，《風港營所雜記》，民國九十二年，2003 年。
3. 中國第一歷史檔案館編，《清代中琉關係檔案選編》，中華書局 1993 年 4 月版。
4. 李鴻章，《李文忠公全書譯署函稿》，北京圖書館古籍館清史文獻中心藏。
5. 寶鋆等編修，《同治朝籌辦夷務始末》，北京圖書館古籍館清史文獻中心藏。

6. 沈雲龍主編，《清末臺灣洋務臺灣對外關係史料》，近代中日史料叢刊續編第五十一輯，文海出版社，北京圖書館古籍館清史文獻中心藏。
7. 王鐵崖，《中外舊約章彙編》第二冊，三聯書店 1962 年版。
8. 安間繁樹，《琉球列島》，東海大學出版會，1982。
9. 楊仲揆，《琉球古今談》，臺灣商務印書館，1990 年。
10. 陳碧笙，《臺灣地方史》，中國社會科學出版社 1982 年版。
11. 陳劍峰著，《文化與東亞、西歐國際秩序》，上海大學出版社 2004 年版。
12. 陳守亭，《牡丹社事件與沈葆楨治臺政績考》，正中書局民國七十五年版。
13. 陳向陽，《中國睦鄰外交》，時事出版社 2004 年 1 月版。
14. 程道德，《近代中國外交與國際法》，現代出版社 1993 年版。
15. 戴寶村，《帝國的入侵牡丹社事件》，自立晚報社文化出版部 1993 年版。
16. 李雲泉，《朝貢制度史論》，新華出版社 2004 年版。
17. 李祖基，《臺灣歷史研究》，臺海出版社 2006 年版。
18. 米慶餘，《日本近代外交史》，南開大學出版社 1988 年版。
19. 戚其章，《國際法視角下的甲午戰爭》，人民出版社 2001 年 9 月版。
20. 沈予，《日本大陸政策史》，社會科學文獻出版社 2005 年 8 月版。
21. 藤井志津枝，《近代中日關係史源起 1871 年～1874 年臺灣事件》，金禾出版社 1992 年版。
22. 伊能嘉矩著、楊南郡譯，《臺灣踏查日記》，遠流出版公司 1996 年版。
23. 中國社會科學院近代史所，《日本侵華七十年史》，中國社會科學出版社 1992 年 10 月版。
24. 蕭一山，《清史》，臺北，臺灣商務印書館 1980 年版。

四、論文

1. 我部政男，《明治國家與沖繩》，《歷史評論》，第 379 號，1981。
2. 熊谷光久，《從軍事面上看琉球處分》，《政治經濟史學》，第 208 號，1983 年。
3. 菊山正明，《琉球處分中裁判權接收問題與真宗法難事件》，《琉球大學教育學部紀要》，第 27 號，1984 年。
4. 伊東昭雄，《「琉球處分」與琉球救國運動——以脫清者的活動為中心》，《橫浜市立大學論叢人文科學系列》，第 38 號，1987 年。

5. 山下重一，《琉球處分概說》，《國學院法學》，第 27 號，1990 年。
6. 安岡昭男，《山縣有朋與琉球處分——圍繞壬申 8 月建議》，《政治經濟史學》，第 312 號，1992 年。
7. 原剛，《明治初期沖繩的軍備——琉球處分時分遣隊的派遣》，《政治經濟史學》，第 317 號，1992 年。
8. 小林隆夫，《臺灣事件與琉球處分——李仙得的作用再考—1》，《政治經濟史學》，第 340 號，1994 年。
9. 小林隆夫，《臺灣事件與琉球處分——李仙得的作用再考—2》，《政治經濟史學》，第 341 號，1994 年。
10. 小沢隆司，《日本與沖繩——琉球處分的憲法史》，《法學研究》，第號 1997 年。
11. 德松信男，《被侵略的尖閣列島——是日本人守衛國土（6）從琉球處分到日清戰爭》，《祖國與青年》，第 259 號，2000 年。
12. 閻立，《清末洋務派的『近代』受容——以『琉球處分』為中心》，《法政大學教養部紀要》，第 116 號，2001 年。
13. 芳澤拓也，《琉球處分以後、明治期沖繩社會構造——以伊波普猷為中心的新知識人的誕生》，《教育科學研究》，第 19 號，2001 年。
14. 山下重一，《「ジャパン・ガゼット」論說的琉球處分批判與井上毅的反論》，《國學院法學》，第 154 號，2002 年。
15. 山下重一，《井上毅的反駁稿（ミニシンポジウム「琉球処分をめぐる國際紛爭）》，《國學院法學》，第 158 號，2003 年。
16. 山口栄鐵，《ガゼット論說の琉球処分批判（ミニシンポジウム「琉球処分をめぐる國際紛爭）》，《國學院法學》，第 158 號，2003 年。
17. 梧陰文庫研究會，《ミニシンポジウム「琉球処分をめぐる國際紛爭」》，《國學院法學》，第 158 號，2003 年。
18. 後藤新，《「琉球處分」的基礎研究——以琉球番設置為中心》，《法學政治學論究》，第 56 號，2003 年。
19. 孫軍悅，《「同文」的陷阱——圍繞著「琉球處分」的日清交涉為中心》，《奈良教育大學國文》，第 27 號，2004 年。
20. 里井洋一，《日本·臺灣·中國教科書中臺灣事件·琉球處分記述的考察》，《琉球大學教育學部紀要》，第 68 號，2006 年。

21. 塩出浩之,《圍繞琉球處分日本的報紙報導》,《政策科學·國際關係論集》,第 9 號,2007 年。
22. 上間創一郎,《近代天皇制與琉球處分》,《應用社會學研究》,第 50 號,2008 年。
23. 割田聖史,《「琉球處分」史中的民族——「琉球處分」史相關基礎的考察》,《沖繩研究日記》,第 17 號,2008 年。
24. 西里喜行,《東亞史中的琉球處分》,《經濟史研究》,第 13 號,2009 年。
25. 川畑惠,《琉球處分研究的回顧——以一九五〇年代～七〇年代為中心》,《沖繩研究日記》,第 18 號,2009。
26. 波平恒男,《「琉球處分」再考——琉球藩王冊封和臺灣出兵問題》,《政策科學·國際關係論集》,第 11 號,2009 年。
27. 與儀秀武,《薩摩侵攻四〇〇年和琉球處分一三〇年》,《情況》,第三期,第 87 號,2009 年。
28.《特集琉球侵略四〇〇年、琉球處分一三〇年》,《飛碟》,通號 62,2009 年。
29. 我部政男,《公開研究會關於「琉球處分」》,《沖繩研究日記》,第 19 號,2010 年。
30. 波平恒男,《琉球處分的歷史過程再考——從「琉球處分」的本格化到廢藩置縣》,《政策科學·國際關係論集》,第 12 號,2010 年。
31. 西里喜行,《「琉球處分」的負遺產》,《環》,第 43 號,2010 年。
32. 陳在正,《牡丹社事件所引起之中日交涉及其善後》,《中央研究院近代史研究所集刊》,第二十二期,民國 82 年 6 月。
33. 陳在正,《1874 年日本出兵臺灣與挑起臺灣內山領土主權的爭論》,《中國邊疆史地研究報告》1992 年第 1～2 期合刊。
34. 陳在正,《1874 年中日〈北京專條〉辨析》,《臺灣研究集刊》1994 年第一期、中國史學會、全國臺灣研究會主編的《臺灣史研究論集》,華藝出版社 1994 年版。
35. 程鵬,《西方國際法首次傳入中國問題的探討》,《北京大學學報》,1989 年第五期。
36. 曹勝,《試論國際法的輸入對晚清近代化的影響》,《青島科技大學學報》,2002 年第四期。

37. 曹英、劉蘇華，《論早期維新派的國家主權觀念》，《長沙理工大學學報》，2004 年第四期。
38. 丁光泮，《試論北京同文館對近代國際法的翻譯與教學》，《西華師範大學學報》，2005 年第四期。
39. 黄俊華，《李鴻章與晚清宗藩體制的瓦解》，2004 年河南大學碩士論文。
40. 洪燕，《同治年間萬國公法在中國的傳播和應用》，2006 年華東師範大學碩士論文。
41. 況落華，《大沽口船舶事件：晚清外交運用國際法的成功個案》，《安慶師範學院學報》，2006 年第一期。
42. 孔凡嶺，《1874 年日本出兵臺灣探析》，《臺灣研究》1997 年第二期。
43. 呂彩雲，《晚清中日兩國修改不平等條約之比較》，2005 年西南交通大學碩士論文。
44. 路偉，《日本與近代東北亞國際體系的轉型》，2005 年吉林大學碩士論文。
45. 劉彬，《李鴻章外交思想評析》，《北方論叢》，2000 年第三期。
46. 劉悦斌，《薛福成對近代國際法的接受和運用》，《河北師範大學學報》，1998 年第二期。
47. 米慶餘，《琉球漂民事件與日軍入侵臺灣（1871～1874 年）》，《歷史研究》，1999 年第一期。
48. 歐陽躍峰，《李鴻章與近代唯一的平等條約》，出自《安徽師大學報》，1998 年第二期。
49. 藤井志津枝，《一八七一年～一八七四年臺灣事件之研究》，臺灣大學歷史系碩士論文，1982 年。
50. 張振鵾，《關於中國在臺灣主權的一場嚴重鬥爭——1874 年日本侵犯臺灣之役在探討》，《近代史研究》，1993 年第六期。
51. 鄒芳，《近二十年對郭嵩濤與國際法問題研究綜述》，《船山學刊》，2006 年第一期。
52. 孫承，《1874 年日本侵略臺灣始末》，《日本問題》，1980 年第二十六期。